KB041580

세계미래보고서 2021

The Millennium Project

세계미래보고서 2021

★ 포스트 코로나 특별판 ★

박영숙 · 제롬 글렌 지음

세계적인 미래연구기구
'밀레니엄 프로젝트'가 예측한
코로나가 만든 세계!

비즈니스북스

세계미래보고서 2021

1판 1쇄 발행 2020년 10월 22일
1판 14쇄 발행 2021년 1월 29일

지은이 | 박영숙 · 제롬 글렌
발행인 | 홍영태
발행처 | (주)비즈니스북스
등 록 | 제2000−000225호(2000년 2월 28일)
주 소 | 03991 서울시 마포구 월드컵북로6길 3 이노베이스빌딩 7층
전 화 | (02)338−9449
팩 스 | (02)338−6543
대표메일 | bb@businessbooks.co.kr
홈페이지 | http://www.businessbooks.co.kr
블로그 | http://blog.naver.com/biz_books
페이스북 | thebizbooks
ISBN 979−11−6254−172−2   03320

비즈니스북스는 독자 여러분의 소중한 아이디어와 원고 투고를 기다리고 있습니다.
원고가 있으신 분은 ms1@businessbooks.co.kr로 간단한 개요와 취지, 연락처 등을 보내 주세요.

The Millennium Project

밀레니엄 프로젝트
글로벌 미래연구 싱크탱크

미국 워싱턴 소재 밀레니엄 프로젝트The Millennium Project는 글로벌 미래를 연구하는 그룹으로, 유엔을 비롯해 유엔 산하의 각 연구기관 및 EU, OECD 등 다양한 국제기구와 긴밀한 협조를 통해 인류의 지속가능성을 위한 문제 해결 방안을 연구하고 있다.

밀레니엄 프로젝트는 1988년 유엔의 새천년 미래예측 프로젝트를 기반으로 해 1996년 비정부기구NGO로 창립되었다. 1996년부터 2007년까지 유엔대학교United Nations University, UNU 미국위원회American Council의 후원을 받다가 2008년에는 유엔경제사회이사회 산하 유엔협회세계연맹World Federation of United Nations Associations, WFUNA 소속으로 활동했으며, 2009년 독립적 국제 비정부기구로 유엔경제사회이사회 산하 NGO로 전환되었다.

전 세계 66개 지부, 각 분야 4,500여 명의 정부공무원, 기업인, 학자 및 전문가를 이사로 두고 지구촌 15대 과제의 대안, 국제사회에 필요한 장기 비전을 제시하고 그에 따른 기회와 위기를 분석하며 필요한 정책 및 전략을 제안하고 보고함으로써 과학적 미래예측을 통해 미래 사회의 위험을 사전에 경고하는 일을 하고 있다.

《세계미래보고서》State of the Future는 밀레니엄 프로젝트 내 4,500여 명의 전문가들이 SoFi, RTD, 퓨처스 휠, 시나리오 기법 등 다양한 미래예측 기법을 활용해 10년 후 미래를 예측하며, 여기에 국제기구 선행연구들을 분석한 자료를 더해 각국 미래연구팀과 유엔 등에 보고하는 보고서로서, 매년 개최되는 세계미래회의Worl Future Society, WFS 콘퍼런스에서 발표하고 있다.

밀레니엄 프로젝트 한국지부는 (사)유엔미래포럼이다.

밀레니엄 프로젝트 네트워크(알파벳순)

아르헨티나 Argentina

Miguel Angel Gutierrez
Latin American Center for
Globalization & Prospective
Buenos Aires, Argentina

호주 Australasia

Anita Kelleher
Designer Futures
Inglewood, Australia

아제르바이잔 Azerbaijan

Reyhan Huseynova
Azerbaijan Future Studies Society
Baku, Azerbaijan

볼리비아 Bolivia

Veronica Agreda
Franz Tamayo University
La Paz & Santa Cruz, Bolivia

브라질 Brazil

Arnoldo José de Hoyos
São Paulo Catholic University
São Paulo, Brazil

Rosa Alegria
Perspektiva
São Paulo, Brazil

벨기에 Brussels–Area

Philippe Destatte
The Destree Institute
Namur, Belgium

불가리아 Bulgaria

Mariana Todorova
Bulgarian Academy
for of Sciences

Boyan Ivantchev
Advance Equity and School
Finance and Insurance
Sofia, Bulgaria

캐나다 Canada

Karl Schroeder
Idea Couture
Toronto, ON, Canada

칠레 Chile

Luis Lira
EspecialistaenDesarrollo y Planificación Territorial
Santiago, Chile

중국 China

Zhouying Jin
Chinese Academy of Social Sciences
Beijing, China

콜롬비아 Colombia

Francisco José Mojica
Universidad Externado
Bogotá, Colombia

크로아티아 Croatia

Zoran Aralica and Diana Šimic
Croatian Institute for Future Studies
Zagreb, Croatia

체코 Czech Republic

Pavel Novacek
Palacky University
Olomouc, Czech Republic

도미니카 공화국 Dominican Republic

Yarima Sosa
FUNGLODE
Santo Domingo, Dominican Republic

이집트 Egypt

Kamal Zaki Mahmoud Shaeer
Egyptian–Arab Futures Research Ass.
Cairo, Egypt

핀란드 Finland

Sirkka Heinonen
Finland Futures Research Centre
Helsinki, Finland

프랑스 France

Saphia Richou
Prospective–Foresight Network
Paris, France

독일 Germany

Cornelia Daheim
Future Impacts Consulting
Cologne, Germany

그리스 Greece

Stavros Mantzanakis
Emetris SA
Thessaloniki, Greece

Cristofilopoulos Epaminondas
Phemonoe Lab/Emetris, SA
Thessaloniki, Greece

쿠웨이트 Gulf Region

Ismail Al–Shatti
Gulf Inst. for Futures and
Strategic Studies
Kuwait City, Kuwait

Ali Ameen
Kuwait Oil Company
Kuwait City, Kuwait

헝가리 Hungary

ErzsébetNováky
Corvinus University of
Budapest
Budapest, Hungary

Mihály Simai
Hungarian Academy of
Sciences
Budapest, Hungary

인도 India

Mohan K. Tikku
Futurist/Journalist
New Delhi, India

Sudhir Desai
Srishti Institute
New Delhi, India

이란 Iran
Mohsen Bahrami
Iranian Space Organization
Tehran, Iran

이스라엘 Israel
Yair Sharan   Aharon Hauptman
The EPI/FIRST   Tel Aviv University
Jerusalem, Israel   Tel Aviv, Israel

이탈리아 Italy
Mara DiBerardo
J&J Production Company
Teramo Area, Italy

일본 Japan
Sungjoo Ogino   Shinji Matsumoto
Chiba, Japan   CSP Corporation
                            Tokyo, Japan

케냐 Kenya
Arthur Muliro
Society for International Development
Nairobi, Kenya

대한민국 Republic of Korea
Youngsook Park
UN Future Forum
Seoul, Republic of Korea

말레이시아 Malaysia
Carol Wong
Genovasi
Kuala Lumpur, Malaysia

멕시코 Mexico
Concepción Olavarrieta
El Proyecto Del Milenio, A.C.
Mexico City, Mexico

몬테네그로 Montenegro
Milan Maric
S&T Montenegro
Podgorica, Montenegro

파키스탄 Pakistan
Puruesh Chaudhary   Shahid Mahmud
AGAHI and Foresight Lab   Interactive Group
Islamabad, Pakistan   Islamabad, Pakistan

파나마 Panama
Gabino Ayarza Sánchez
City of Knowledge Foundation Clayton
Ancón, Panama City, Panama

페루 Peru
Fernando Ortega
Peruvian Association of Prospective and Future Studies
Lima, Peru

폴란드 Poland
Norbert Kolos and Piotr Jutkiewicz
4CF –Strategic Foresight
Warsaw, Poland

루마니아 Romania
Adrian Pop
Centre for Regional and Global Studies
Romanian Scientific Society for Interdisciplinary Research
Bucharest, Romania

남아프리카 공화국 South Africa
Rasigan Maharajh
Tshwane University of Technology
Tshwane, South Africa

스페인 Spain
Ibon Zugasti
PROSPEKTIKER, S.A.
Donostia–San Sebastian, Spain

러시아 Russia
Nadezhda Gaponenko
Institute for Economy, Policy & Law
Moscow, Russia

미국 USA
Brock Hinzmann   John J. Gottsman
Futurist Consultant   Clarity Group
Palo Alto, CA, USA   San Francisco, CA, USA

슬로바키아 Slovakia
Ivan Klinec
Academy of Science
Bratislava, Slovakia

슬로베니아 Slovenia
Blaz Golob
SmartIScity Ltd.
Ljubljana, Slovenia

탄자니아 Tanzania
Ali Hersi
Society for International Development
Dar es Salaam, Tanzania

터키 Turkey
Eray Yuksek
Turkish Futurists Association
Istanbul, Turkey

밀레니엄 프로젝트 네트워크(알파벳순)

우간다 Uganda
Arthur Muliro
Society for International Development
Kampala, Uganda

아랍 에미리트 United Arab Emirates

Hind Almualla	Paul Epping
Knowledge and Human	Philips Healthcare
Development Authority	Dubain, UAE
Dubai, UAE	

영국 United Kingdom
Rohit Talwar
Fast Future Research
London, England, UK

우루과이 Uruguay
Lydia Garrido
FacultadLatinoamericana de
CienciasSociales – FLACSO
Montevideo, Uruguay

베네수엘라 Venezuela
José Cordeiro
Red Iberoamericana de Prospectiva, RIBER
Caracas, Venezuela

예술/미디어 네트워크 Arts/Media–Node
Kate McCallum
c3: Center for Conscious Creativity .
Los Angeles, CA, USA

포스트 코로나,
위대한 리셋이 필요한 시대

역사상 인류는 늘 여러 가지 위험에 직면해왔고 그것을 극복해왔다. 그리고 지금, 우리 앞에 코로나19 Covid-19(세계보건기구에서는 Corona Virus Disease를 줄여 Covid−19, 즉 '코비드19'라 부르지만 우리나라에서는 '코로나19'를 더 널리 쓰고 있어 이 책에서는 코로나19로 통칭한다)라는 예기치 못한 불청객이 찾아왔다. 그러나 정말 예기치 못한 불청객이었을까? 역사를 되짚어보면 시대마다 인류를 고통으로 몰아넣은 전염병은 늘 있었다.

그리고 《세계미래보고서》는 매년 이런 불청객을 정확히 예측해왔다. 2013년에 출간된 《유엔미래보고서 2040》에서는 '치사율 높은 새로운 질병들'과 전 세계에서 발생하고 있는 '바이러스성 질병'의 심각성을 이미 다루었다. 또 이전에는 발견되지 않았던, 동물에서 인간에게 산발적으로 전염되는 병원균을 인간의 몸에서 발견했다. 인간과 가축 개체의 증가와 정글의 개발 등으로 이전에는 잘 나타나지 않았던 교차성 질병에 많이 노출된 것이다. 이제 인간은 대부분의 동물에 기인하는 전염병에 취약할 것이다. 가까운 미래에 고통과 죽음을 지구촌 곳곳에 불러올, 치사율이 1퍼센트 이상인 전염성의 새로운 호흡기계통의 병원균이 유행할 수 있다. 불행하게도 이것은 가설에 근거한 위협이 아니다. 새로운 대유행 병원균이 2030년 이전에 출현할 확률이 높다.

환경오염으로 인한 기후변화, 자연재해, 지구 온난화 등은 익히 우리가 알고 있던 문제들이다. 그것을 해결하지 않으면 재앙이 찾아올 것이라는《세계미래보고서》의 예측과 시그널은 수도 없이 많았다. 그렇다면 우리를 습격한 코로나19 역시 언젠간 오고야 말 재앙 중 하나였음에 틀림없다.

역사 속에서 이어져온 전염병의 연대기

세계경제포럼WEF, World Economic Forum에서 2020년 3월 4일 발표한 자료에 따르면 코로나바이러스는 세계화, 도시화 및 기후변화와 일치하는 더 빈번한 전염병 패턴이 된다고 한다. 사회의 물리적 연결성이 강화됨에 따라 미래 전염병은 더 빨리 퍼지면서 폭발적으로 확산한다는 뜻이다.

전 세계에서 발생한 전염병은 36시간 이내에 전염병 발생지에서 세계 반대편 도시로의 이동이 가능해졌다. 촘촘히 연결된 교통과 비행노선 때문이다.

게다가 전 세계 인구가 증가하고 생활공간의 밀도가 높아지면서 우리는 예전보다 훨씬 더 가까이 산다. 기후변화는 이러한 경향과 전염병의 발병률을 악화시킨다. 《월스트리트 저널》은 팬데믹 같은 글로벌 전염병이 과거보다는 더 정규적으로, 더 자주 일어난다고 발표했다. 그 이유는 단연코 도시 집중으로 인한 인구밀도가 높기 때문이다. 그리고 글로벌화로 인해 바이러스는 더 빨리 퍼진다.

오랜 역사를 두고 전염병의 연대기는 이어져왔다. 유스티니아누스의 전염병은 6세기에 번졌고 그 당시 전 세계 인구의 절반인 5,000만 명이 사망했다. 14세기의 흑사병은 5,000만 명에 이르는 사람을 죽음에 이르게 하며 유럽 인구의 3분의 1을 앗아갔다. 천연두는 1796년 세계 최초의 백신이 개발되었음에도 20세기에만 3억 명을 죽게 했다. 그 후 메르스, 사스, 에볼라, 신종플루 등이 있었다. 1918년 인플루엔자 전염병으로 약 1억 명이 사망했는데, 이 숫자는 제1차 세계대전에 참여한 병사의 사망자 수를 능가한다. 1918년 시작된 독감바이러스는 지구상 인구 3명 중 1명에 해당하는 5억 명을 감염시켰다.

코로나19뿐 아니라 미래의 팬데믹은 더 많이, 더 빨리, 더 심각한 사망자를 낳는 전염병으로 다가온다. 앞서 말한 인구밀집, 도심화, 빠른 연결성 때문이다. 물론 흑사병으로 유럽 인구의 3분의 1이 죽음을 맞던 시절처럼 속수무책으로 당하고 있지만은 않을 것이다. 발전된 기술

로 이뤄진 문명사회가 코로나19를 빨리 퍼져나가게 했듯 아이러니하
지만, 그 기술 덕분에 심각한 위기에 빨리 대응할 수도 있다.

포스트 코로나 시대, 무엇이 달라지고 어떻게 대응할까

《세계미래보고서》는 매년 세상을 움직이는 커다란 흐름, 첨단 기술
의 발전과 그것이 창조해낼 미래에 주목해왔다. 책을 써온 지난 15년
간 블록체인, 인공지능, 로봇, 유전자 편집, 자율주행차, 우주여행 등
의 실험이 현실과 조우하며 발전하는 모습을 보았다. 인공지능 로봇이
정치인이 되어 대통령 선거에 출마하고, 유전자 편집과 인공지능의 발
전으로 인간 수명이 증가하고 있으며, 우주여행도 코앞의 현실로 다가
왔다. 파괴적 혁신으로 가득한 아이디어들은 오랜 성숙의 시간을 거쳐
세상을 바꾸는 기술로 인정받았고, 상상으로만 가능했던 일들이 이뤄
지는 것을 우리는 함께 목격했다. 꿈꾸던 일이 현실이 되는 것은 분명
가슴 설레는 일이다.

그러나 《세계미래보고서 2021》은 기존에 출간하던 책들과는 그 방
향과 구성을 조금 달리 했다. 물론 향후 10~30년 사이 우리가 맞게 될
미래 세계에 대한 비전과 전망에 대해서는 여전히 관심의 끈을 놓지 않
았다. 그러나 코로나19라는 아주 특별한 위기로 인한 사회 전반의 변
화와 대응에 대해 훨씬 더 많은 지면을 할애했다. 우리는 지금 비상사
태를 맞고 있으며, 이 위기를 어떻게 극복하느냐가 어떤 미래를 가져

다줄지를 결정하기 때문이다. 따라서 이 책은 포스트 코로나에 주목한 '특별판'으로 이해해주었으면 좋겠다.

여러 전문가들이 말하듯 코로나19는 우리 삶을 전혀 다르게 바꿀 것이며, 그 이전으로는 돌아갈 수 없다. 코로나19는 우리가 살고 있는 세상의 체제를 뿌리부터 흔들고 있다. 자연환경, 산업과 일자리, 국가와 정치, 금융과 부동산, 교육, 삶의 방식과 태도까지 모든 면에서 원하든 원하지 않든 변화가 요구된다. 변화하는 세상을 거부할 것이 아니라, 누구보다 빨리 그 변화를 받아들이고 적응하는 지혜와 기민함을 발휘해야 할 때다.

이 사태가 해결되더라도 사람들은 모이는 것을 꺼려하고 전통적인 근무 형태는 서서히 무너질 것이다. 종전에는 도심의 거대한 오피스 빌딩에 수많은 사람들이 함께 모여 일했지만, 앞으로 사무실은 베이스캠프 역할을 하고 업무의 대부분은 개인의 공간에서 재택근무와 화상회의 등으로 이루어지게 된다. 이는 교육 분야에서도 마찬가지다. 원격수업이나 온라인 강의가 훨씬 활성화된다. 이로 인해 언택트 문화는 본격화하고, 온라인을 통한 초연결 사회는 더욱 강화된다.

재택근무가 늘어나면 출근하는 이들이 적으니 비싼 도심에 큰 사옥을 유지할 이유가 없다. 실제 세계 곳곳의 기업들이 사무 공간을 줄이고 있으며, 많은 이들이 쾌적하고 값이 싼 도시 외곽으로 이사하는 추세다. 구글 본사가 있는 캘리포니아 마운틴뷰의 임대료는 30퍼센트 가까이 떨어졌다. 우리나라 역시 서울의 도심지인 시청, 을지로, 충무로 등지에 있는 빌딩의 공실률이 20퍼센트를 넘는다. 테헤란로, 강남대로 상권 등에서도 9퍼센트에 달하는 공실률이 나타났다. 재택근무, 원격근무의 확산으로 업무 공간에 대한 개념도 달라질 것이며, 이는 부동산 시장에 상당한 영향을 미칠 수밖에 없다. 더불어 금융과 경제체제 전반에도 변화가 나타날 것이다.

코로나의 재앙은 선진 자본주의 국가들의 비효율적인 의료 시스템과 부실한 의료 서비스의 맹점을 여실히 드러냈다. 이는 단순히 의료의 문제가 아니라 공공과 복지의 문제로 귀결된다. 전 세계가 이윤 추구와 성장이라는 모토로 달려왔으나, 그것이 지닌 심각한 폐해가 이번 사태로 증명됐다. 성장보다는 공공과 복지, 각자도생이 아니라 공존의 가치가 왜 중요한지 다시금 일깨워준다. 팬데믹 이후 각국에서 기본소득제에 대한 논의가 다시금 활발하게 이뤄지고 있는 것도 이런 맥락에서다.

코로나19 이후 대부분의 나라에서 기본소득제를 검토하기 시작했고 미국은 점진적으로 확대해 월 2,500달러의 보편적 가족기본소득제를 도입할 것으로 예측된다.

교육에서도 변화가 상당하다. 특히 대학 학위 무용론이 대두되고 있는 것에 주목해야 한다. 2020년 7월 구글, 마이크로소프트 등이 대학교 졸업생을 필요로 하지 않으며, 그들이 만든 3~6개월의 기술 과정을 수료해야만 원서를 낼 수 있다고 발표했다. '포춘 100대 기업' 중 대학 졸업장을 기피하는 기업은 절반이나 된다.

2017년 하버드 경영대학원 클레이튼 크리스텐슨Clayton Christensen 교수는 "10년 안에 미국 내 절반의 대학이 파산한다."고 말했다. 코로나 사태 이후 그 속도는 더 빨라지고 있다. 하버드대학교 경영학석사MBA 과정의 지원율은 1년 전과 비교해 4.5퍼센트 하락했다. 다른 곳도 마찬가지다. UC 버클리는 7.5퍼센트, 펜실베이니아 와튼스쿨은 6.7퍼센트, 스탠퍼드대학교는 4.6퍼센트 하락했다.

최근 영국에서는 약 25만 명의 대학생들이 등록금 반환 요구에 동참했다. 날로 치솟는 학비에 비해 교육의 성과는 기대 수준에 미치지 못하기 때문이다. 테슬라 CEO 일론 머스크도 "일하는 데 학위는 필요 없다. 학력 대신 실력을 보겠다."며 대학 졸업장 대신 코딩 테스트로 인력을 채용하겠다고 선언했다. 이제는 유명 대학의 졸업장이 아니라 실제 업무에 필요한 능력이 더 중요시된다는 의미다. 언택트 문화로 인해 원격수업이나 홈스쿨링이 늘어날 전망이다. 장기적으로 세계는 전통적인 학습과 최첨단 디지털 학습의 장점을 결합하게 된다. 그러기 위해서는 우선 디지털 기술에 대한 거부감을 줄이고 다양한 기술을 익히는 데 많은 관심을 기울여야 한다.

특히 교육과 의료 및 첨단산업에서 가장 선구적으로 노력이 필요하다. 이미 의료 분야에는 인공지능 기술이 상당 부분 들어와 있다. 영상 임상병리학, 유전자 데이터와 결론 도출, 기가바이트의 표현형 데이터 분류 작업 등을 전기 요금 정도의 비용으로 해낼 수 있다. 또한 암 환자 진단 분야에서는 인공지능이 세계 최고 수준의 의사보다 낫다는 것을 입증했고, 인공지능으로 작동하는 가상 보조원 알렉사Alexa도 이미 활동하고 있다.

공공, 공생, 공존을 위한 전혀 새로운 패러다임의 요구

코로나19로 급격한 경기침체가 시작되었고, 1930년대 이후 최악의 불황에 직면할 위기다. 전염병의 유행은 아직도 진행 중이며 인류의 건강은 물론 경제성장, 공공 부채, 고용 및 인간 복지 등 전 세계 기업과 각국 경제에도 장기적으로 심각한 영향을 미치고 있다. 현재 국가별로 방역이나 정책 대응을 하고 있지만 이 위기는 쉽게 가라앉을 것 같지 않아 보인다. 국가와 사회별로 경기 회복의 시나리오도 달라질 수밖에 없다.

그럼에도 위기를 극복하려면 교육, 의료, 국가 정책, 비즈니스, 사회적 계약과 근로 조건에 이르기까지 각계각층, 모든 분야에서의 개조를 목표로 연대하고 신속하게 행동해야 한다. 기업, 개인, 국가가 모두 맞물려 돌아가는 상황에서 단독 생존이란 무의미할 뿐 아니라 불가능하기 때문이다. 또한 한 국가만의 합심으로 해결될 일도 아니다. 전 세계의 모든 국가가 참여해서 생존을 위한 변화와 혁신을 해야 한다.

세상은 점점 더 좁아지고 있고, 모든 분야에서 인류는 떼려야 뗄 수 없는 관계다. 코로나19로 그 밀접성은 더욱 분명해졌다. 인류가 운명 공동체로 얽혀가고 있음은 좋든 싫든 받아들여야 할 현실이다. 이런 시점에서 세계 시민으로서의 인식은 보다 지속가능하고 탄력적이며 자비로운 세상을 만들 수 있는 매우 강력한 도구다. 우리는 서로 도울 때 더 강해질 수 있다.

위기 앞에서 인류가 붕괴하지 않으려면 '위대한 리셋'이 필요하다.

그리고 그 리셋의 방향은 공존과 공생에 초점을 맞춰야 한다. 인간과 인간이, 인간과 자연이, 인간과 기술이 어떻게 공존할 것인가를 고민해야 할 때다. 그리고 이 책이 포스트 코로나 시대를 예측하고 대응하고 이겨나가는 데 필요한 방향성과 지혜를 얻는 데 도움이 되길 바란다.

유엔미래포럼 대표

박영숙

CHAPTER 1

포스트 코로나, 부의 판도가 바뀐다
부의 미래

CHAPTER 8

인류 문명의 지각변동
기술과 문명의 미래

세상을 바꿀
혁신적 미래 기술 9가지

제1차 산업혁명 이후 인류는 끊임없이 새로운 기술을 만들어냈고 그것을 두려워했다. 처음 전기를 발견했을 때 편리함보다 두려움이 먼저 다가왔다. 기차와 자동차도 마찬가지다. 1890년대 시카고에서는, 지금은 흔하디흔한 자동차가 두려워 자동차도로주행금지법을 만들었을 정도였다. 이러한 기술혁신에 완전히 익숙해지는 데는 대개 1~2세대가 걸렸다.

인류의 편의를 위해 개발된 기술들이 언제나 인간을 이롭게 한 것은 아니다. 크나큰 혜택과 함께 늘 피해와 부작용도 따랐다. 미래 기술 중 일부는 심각한 윤리적, 철학적 논란에서 자유롭지 않다. 여전히 혁신적 기술은 인간을 두렵게 만들고 다가올 미래의 변화를 불안하게 한다.

그러나 우리가 상상 속에서나 가능했던 기술, 막연한 두려움의 시선으로만 보았던 것들 중 일부는 이미 우리가 사는 세상 속에 들어와 있다. 그중 실현 가능한 단계에 들어선 것들도 있다. 두려움과 우려 그리고 설렘과 기대감 속에서 새롭게 떠오르고 있는 주요한 미래기술 9가지를 살펴보자.

몰입형 현실과 뇌-컴퓨터 인터페이스

세상은 2020년 8월 28일 이전과 이후로 나뉜다. 미래학자들은 이 날을 손꼽아 기다려왔다. 인공지능이 탄생한 날부터 지금까지 50년간 사람들은 언젠가는 뇌에 칩을 집어넣고 공부하지 않아도 지식 정보가 전수되는 시대에 살 것이라고 예측했다. 이것을 가능하게 하는 것이 바로 뇌-컴퓨터 인터페이스BCI, Brain-Computer Interface다.

드디어 8월 28일, 일론 머스크는 뉴럴링크Neuralink 직원들과 함께 미국 샌프란시스코 본사에서 유튜브 생중계를 내보냈다. 이날 방송에서는 칩을 뇌에 이식해 2개월째 생활하고 있는 돼지가 냄새를 맡기 위해 쿵쿵거릴 때마다 코에서 뇌로 전달되는 신호를 칩이 실시간으로 기록하는 모습을 공개했다. 칩에 있는 1,024개의 얇은 전극이 뇌 세포의 신호, 관성 측정, 뇌 압력 및 뇌 온도와 같은 데이터를 수집한다. 이것은 기존에 의학적으로 승인된 기술에 비해 10배가 증가된 수치다.

동전 크기의 칩으로 텔레파시를 전달한다?

뉴럴링크의 목표는 소형의 미세칩을 라식만큼 쉽고 빠르게 설치할 수 있도록 하는 것이다. 로봇 외과의를 사용하면 시술에 1시간 미만이 소요될 것으로 예상되며 마취가 필요하지 않다. 뉴럴링크 칩이 사람 뇌 속에서도 제대로 작동한다면 알츠하이머와 척추 손상 등 시각이나 청각, 촉각 등 감각이 마비된 환자를 치료하고 퇴행성 질환자들이 다시 감각을 찾는 데 사용될 수 있다. 칩은 수집한 뇌파 신호를 최대 10미터까지 무선 전송할 수 있다. 한 번 충전하면 하루 종일 쓸 수 있으며, 무선 충전이 가능하다.

1페니짜리 동전 크기인 뉴럴링크는 1,000개 이상의 전극으로 이뤄진 뇌 이식장치이다. 뇌세포의 신호를 수집, 인공 팔부터 무인자동차의 자동 조종장치, 메모리 아카이브 서비스에 이르기까지 무선으로 데이터를 전송해 클라우드 서버와 연결시킨다. 현재 형태에서는 뉴럴링크의 얇고 유연한 전극과 이를 삽입하는 데 필요한 재봉틀 로봇이 궁극적인 두뇌-정보통신 채널이 될 수 있다. 그러나 뉴럴링크는 이런 단계를 훨씬 넘어 인간의 생각을 읽고 뇌파로 소통할 수 있는 수준까지 나아가는 걸 목표로 삼고 있다.

증강현실AR, Augmented Reality이나 가상현실VR, Virtual Reality에 대한 이야기는 이미 익숙하며 일상에서도 꽤 접했을 터다. 하지만 몰입형 현실IR, Immersing Reality과 뇌-컴퓨터 인터페이스BCI, Brain-Computer Interface는 아직 낯선 개념이다.

IR은 만들어진 현실을 뇌에 주입하여 다른 현실에 몰입시키는 것이다. 경험을 만들기 위해 뇌파를 직접 조작한다. 다녔던 학교나 친한 친구, 첫사랑, 심지어 부모까지 과거의 경험을 완전히 조작할 수 있다. BCI 는 이러한 조작을 가능하게 만들어주는 인터페이스다. 이처럼 우리가 경험하는 거의 모든 것의 원천인 뇌를 완전히 재프로그래밍할 수 있다 고 상상해보자.

BCI 기술로 과거의 경험과 성격까지 바꾼다

BCI 기술은 인간의 두뇌 전기장을 컴퓨터와 연결하는 인터페이스로 의학, 뇌신경학 등 바이오기술과 컴퓨터공학, 인공지능 등의 정보통신 기술이 융합된 최첨단 학문 분야다. 인간 몸의 시냅스Synapse는 서로 신 호를 전달하는데 이때 시냅스에서 신경전달물질이 분비된다. 이 물질 이 시냅스 사이에 전기적인 스파크를 일으키며 전달되고, 이때 시냅스 근처에 전극 센스를 두고 전기장을 읽을 수 있다. 이렇게 뇌파나 뇌세 포의 전기적 신경신호를 읽고, 그중 특정 패턴을 입력신호로 받아들이 는 형식으로 사용된다.

BCI 기술이 개발되던 초기에는 ADHD 아동이나 중증 신체장애를 가진 이들을 위해 의료의 목적으로 많이 활용되었다. 그러나 최근에는 증강현실 등과 결합해 선천적 장애나 외상으로 신체를 움직이기 힘든 이들의 불편함을 덜어주고, 의사소통을 더욱 원활히 하는 방향으로 진 화하고 있다.

BCI를 사용하면 가상의 현실에 직접 연결될 수 있을 뿐만 아니라 인간의 감정을 제어해 슬픔이나 두려움 등도 없앨 수 있다. 엄청난 정보 분석력으로 1초에 1,000권 이상의 책을 읽고, 다른 사람과 텔레파시로 통신하고, 로봇과 나노로봇을 제어하고, 연결된 물체를 텔레키네틱으로 제어하는 것도 가능하다. 심지어 성격까지 바꿀 수 있다.

BCI의 미래는 기하급수적이며 발전이 가속화되고 있다. 미래학자인 레이 커즈와일Ray Kurzweil 박사는 2035년까지 우리의 두뇌를 클라우드에 원활하게 연결하게 될 것이라 예측한다. 그러면 학습, 학교, 대학의 의미는 달라진다. 인간이 인간에게 지식이나 정보를 전수할 필요가 없다. 클라우드에 연결하면 누구나 슈퍼컴퓨터보다 더 똑똑해지기 때문이다. 그렇게 되면 교사, 교수의 역할이 지금과는 달라지고 멘토, 가이드, 동업 및 협업자 등의 역할로 변화될 것이다.

일반인공지능

2019년 7월 마이크로소프트가 '오픈 AI'_{Open AI}에 10억 달러를 투자하며 기술 경쟁에 본격적으로 뛰어들었다. 오픈 AI는 인공지능이 모든 인류에게 혜택을 준다는 사명 아래 윤리적인 AI 연구를 하는 곳이다. 이들은 인간의 뇌와 같은 인공지능을 만들기 위해 공동으로 새운 '애저 AI 슈퍼컴퓨팅 기술' 개발에 매진하고 있다. 오픈 AI의 공동창업자이자 CEO인 샘 올트먼은 일반인공지능_{AGI, Artificial General Intelligence}이 '인간성의 궤적을 형성할 수 있는 잠재력'을 갖고 있다며 다음과 같이 덧붙였다.

"우리의 임무는 AGI 기술이 모든 인류에게 혜택을 줄 수 있도록 하는 것입니다. 우리는 마이크로소프트와 협력하여 AGI를 구축할 슈퍼컴퓨팅 기반을 만들 것입니다. AGI를 안전하게 배치하고 그 경제적 이득을 널리 확산하는 것이 중요하다고 생각합니다."

인간보다 똑똑한 인공지능의 탄생

오픈 AI가 현재 보유하고 있는 인공지능은 스팸메일 필터링, 지진 예측 등 특정 문제를 해결하거나 특정 작업을 수행하기 위해 기계를 훈련시키는 일을 한다. 그러나 마이크로소프트와 오픈 AI의 협력 작업이 초점을 둔 것은 그보다 훨씬 고차원적인 기술이다. 기계가 인간처럼 또는 인간보다 더 잘 학습하고 운영하는 능력, 즉 AGI가 그것이다.

AGI는 인공지능 연구의 궁극적 목표인 강한 인공지능, 완전 인공지능, 혹은 범용 인공지능이라 불린다. AGI는 최첨단 센스를 이용해 수많은 정보를 수집하는 것은 물론 인간처럼 스스로 학습하고 판단하며 결정한다. 그리고 특정한 문제를 해결하는 차원을 넘어 여러 가지 업무를 동시에 수행하는 시스템을 갖추고 있다.

인공지능은 분야를 막론하고 다양한 곳에서 개발되고 있으며, 그 활용의 범위도 확장되는 가운데 AGI를 향해 진화하고 있다. 인공지능이 모든 분야에 영향을 미치며 발전을 가져온다는 사실은 누구도 부정하기 어렵다. 인공지능 로봇 소피아Sophia를 개발한 데이비드 핸슨David Hanson 박사는 20년 이내에 로봇과 인간이 구별되지 않는 세상이 올 것이라고 했다. 실제로 인공지능은 오늘날 우리 사회가 마주한 가장 어려운 과제들의 일부를 해결해주고 있다. 여기서 기술이 더욱 발전한다면 머잖아 인간보다 훨씬 똑똑한 인공지능이 나오는 건 주지의 사실이다. 지능의 폭발과 특이점을 지나고 나면 가속을 얻어 그 발전 속도는 무한히 빨라지게 된다. 그리고 늘 그렇듯 필연적으로 윤리 문제가 논의의 핵심에 떠오르게 될 것이다. 인공지능 기술을 독점한 기업들의 윤리의식을 어디까지 믿어야 할까? 인공지능의 상업적 가치가 초래할 문제들은 무엇일까? 인공지능이 악용될 경우 나타날 수 있는 지구적 재앙은 무엇일까? 분명 심사숙고해야 할 일이 많다.

성장 엔진으로 부상한 인공지능

인공지능은 60년 만에 인간을 지원하는 기능에서 벗어나 성장 엔진으로 부상했다. 고객 서비스 업무에 완전히 숙련된 사람을 뛰어넘을 수 있는 수준의 고객 서비스를 구동할 만큼 발전했다. 인공지능에 대해 가트너는 "2022년에는 고객과 하는 상호작용의 70퍼센트는 상담원의 도움 없이 머신러닝 응용 프로그램, 챗봇Chatbot 같은 신흥 기술을 활용할 것이다."

오늘날 인공지능과 머신러닝의 발전으로 그 어느 때보다 더 높은 수준의 고객 참여와 서비스가 가능해졌다. 강력하고 훈련 가능한 알고리즘은 방대한 양의 데이터를 분석하고 패턴을 학습하여 고객 서비스 프로세스를 자동화하고 지원할 수 있다. 세일즈포스Salesforce 의 인공지능 및 머신러닝 부문 부사장인 고빈다라얀Jayesh Govindarajan은 "인공지능은 고객 서비스의 거의 모든 측면에서 사용된다. 가장 적합한 기술을 보유한 상담원에게 고객 사례를 자동 분류하는 것에서 시작해 상담원이 사례를 더 빠르고 정확하게 해결하는 데 도움이 되는 정보와 응답까지 제공하는 인공지능도 있다."라고 말한다.

이 새로운 수준의 고객 서비스가 발전함에 따라 고객은 챗봇 또는 기타 자동화된 음성 안내에 따라 상호작용한다. 세일즈포스의 인공지능 기반 CRM_{Customer Relationship Management} 시스템인 아인슈타인은 고객이 전화를 건 이유를 파악하기 위해 고객에게 질문하고 해당 부서로 전화를 라우팅하는 것과 같은 반복적인 기능과 작업을 자동화한다.

그러나 인공지능 지원 응답에는 한계가 있다. 질문이 더 복잡하거나 예측하기 어려운 경우 사람의 개입이 필요하다. 관광객이 제2언어로 문제를 설명하거나 천장형 선풍기 조립 설명서를 보고 따라 하기 위해 고군분투하는 사람이 질문했다고 생각해보자. 이런 경우 상담원이 개입하여 고객의 문제를 해결해준다.

코로나19는 디지털 우선 서비스로의 전환을 가속화하고 있으며, 인간의 상호작용은 점점 더 가상화되고 있다. 사람들은 인터넷, 온라인 쇼핑, 가상 플랫폼을 통한 회의 및 협업을 통해 일상적인 작업을 더 많이 수행하고 있다. 조직은 정보를 수집하고, 고객 사례를 분류 및 라우팅한다.

고빈다라얀에 따르면 이러한 추세는 소매, 금융 서비스, 의료 및 정부 분야를 필두로 모든 산업에서 나타나고 있다. 제품을 반환하거나 운전면허증을 갱신하는 프로세스도 점점 자동화된다. 글로벌 시장조사 기관 모도 인텔리전스_{Mordor Intelligence}의 연구에 따르면 소매 자동화 시장의 가치는 2019년 124억 5,000만 달러였으나, 2025년에는 246억 달러에 이를 것으로 예상된다.

아티스트 인공지능

2018년 인공지능 아티스트가 그린 그림이 크리스티 경매에서 43만 2,500달러에 팔렸다. 이 작품은 미술 집단인 '오비어스'_{Obvious}가 제작한 '에드먼드 드 벨라미'_{Edmond de Belamy}라는 초상화다. 당시 낙찰가는 전문가들이 예상한 가격의 40배를 웃도는 금액이었고 모두를 충격에 빠뜨렸다.

그림을 그리는 로봇들의 활동

2019년 초에는 소더비 경매에서 독일 아티스트인 '마리오 클링게만'_{Mario Klingemann}이 제작한 '행인의 기억 I'_{Memories of Passerby I}가 경매에 올랐다. 클링게만은 프로그래밍, 데이터, 기계 지능으로 작업하는 작가이며 창조성과 관련해 인공지능의 가능성을 연구하고 있다. 이 초상화는 정지돼 있는 그림이 아니라 몇 초 간격으로 계속 움직이는 동화_{動畵}다. 그리고 앤티크 스타일의 받침대는 단순히 장식품이 아니라 인공지능을 탑재한 컴퓨터다. 이 작품은 4만 파운드에 팔렸다.

이 외에도 휴머노이드 로봇의 예술 활동은 다양하게 이뤄지고 있다. 엔지니어드 아츠Engineered Arts는 휴머노이드 로봇 로보데스피안RoboThespian으로 유명한 업체인데, 로보데스피안은 무대에 올라 관람객과 소통하고 노래를 부르며 주목을 받은 바 있다. 엔지니어드 아츠는 영국의 아트 갤러리 운영자 에이든 멜러Aidan Meller와 협력해 세계 최초로 초상화를 그려주는 인공지능 로봇 '아이다'Ai-Da를 개발하며 새로운 프로젝트를 추진 중이다. 이 프로젝트에는 여러 대학의 엔지니어들과 프로그래머가 참여하고 있다.

에이든 멜러는 아이다를 '세계 최초의 인공지능 울트라 리얼리스틱 로봇 아티스트'라고 부른다. 로보데스피안을 기본 골격으로 하고 있는데, 여성과 똑같은 모습을 만들기 위해 실리콘 피부, 3D 프린팅으로 치아와 잇몸까지 제작했다. 눈과 몸통에 카메라가 내장돼 있어 주변을 인식하고 사람의 특징을 파악한 뒤 생체 공학적으로 설계된 팔로 그림을 그린다. 에이든 멜러는 아이다가 인간 화가처럼 개성과 창조성까지 갖게 되기를 기대한다고 말했다.

인간만이 예술에 혼을 담을 수 있는가

휴머노이드 인공지능 예술가의 등장이 화가들의 자리를 대체하는 것 아니냐는 예측과 함께 이를 꺼려하는 목소리도 많다. 성급한 단정이라는 의견이 있지만 인공지능 미술이 부상하고 있는 것만은 분명하다. 영국 매체 '텔레그래프'에 따르면, 향후 3~5년 이내에 인공지능 미술 시장이 전 세계적으로 1억 달러에 달할 것으로 예측되고 있으며 그 비중은 점점 확대될 전망이다.

기술이 더 발전한다면 피카소나 고흐처럼 그림을 잘 그리는 로봇도 분명 등장하게 된다. 실제로 네덜란드 렘브란트 미술관과 네덜란드대학교의 전문가들은 '넥스트 렘브란트'라는 프로젝트를 통해 인공지능 기술을 이용해 렘브란트 풍의 미술 작품을 구현하는 데 성공했다.

대부분의 사람들은 기계가 '영혼'이나 '개성'이 없기 때문에 예술은 인간의 것이어야 한다고 주장한다. 하지만 그 예술작품이 인간에 의해 만들어졌는지 기계에 의해 만들어졌는지 구분하기 어려운 게 현실이다. 그리고 어떤 측면에서는, 인공지능이 인간보다 예술을 더 잘 창조하며 작품 창작에 시간이 오래 걸리지 않아 효율성과 경제성 면에서는 월등하다.

우리는 인공지능이 모든 면에서 인간보다 나은 능력을 발휘하며 발전하는 것을 목격하고 있다. 인공지능은 인간보다 암을 탐지하는 데 있어 더 정확하다. 체스나 바둑을 둘 때도 여러 가지 역량에서 인간을 앞선다. 예술에 있어서도 같은 논리가 적용될지에 대해서는 아직도 고민해볼 지점이 많다.

그러나 이런 고민과 별개로 예술 분야의 인공지능은 점점 발전하고 있다. 사람들은 언젠가는 인공지능이 예술을 하는 데 익숙해질 것이며 그들이 만든 그림을 판매하고, 그들이 쓴 시를 읽고, 그들의 대본으로 연극 공연을 하게 된다. 그리고 이것이 훨씬 더 질이 좋고 효용성이 있어 돈이 되고 이익을 가져다준다면 외면하기 어려울 것이다.

　그럼에도 인간 예술가에게는 인공지능 예술가가 갖지 못한 유리한 점이 있다. 바로 강한 정서적 영향, 그리고 강력한 메시지다. 좋은 예술 작품은 이 2가지 요소로 정의된다. 인공지능은 인간만이 갖고 있는 심오한 감성, 작가만의 가치관과 영혼, 그리고 정서적 영향과 교감을 줄 수 없다. 또 철학적 담론을 담은 메시지를 전달하기도 어렵다. 인공지능 아티스트의 창작품과 인간의 창작품은 서로 다르기에 그들의 활동 영역도 구분될 것이다. 그러니 이 둘은 적대적 경쟁관계가 아니라 상호보완의 관계다.

초현실적인 섹스로봇

인류가 시작된 이래로 우리는 언어, 예술, 놀이, 도구, 과학, 그리고 우리 자신에게 즐거움을 주는 것들을 끊임없이 발명해왔다. 인간의 본능적 욕망을 충족시키고 즐거움을 주는 데 섹스가 빠질 수 없고, 이와 관련한 여러 가지 방법과 도구들은 늘 발전해왔다.

첫 섹스 도구가 나온 것은 28,000년 전으로 농업 사회나 인간 사회보다 훨씬 오래되었다. 역사가 오래된 만큼 인류와는 떼려야 뗄 수 없을 만큼 질긴 관계이기도 하다. 영화 〈AI〉에서 섹스로봇 지골로는 "한번 로봇 애인을 경험하고 나면 다시는 인간과의 관계를 원하지 않게 될 거야."라고 말한다.

실제로 섹스로봇이 이미 활동을 하고 있다. 안드로이드와 자이노이드가 우리 삶 속에 들어와 있고, 인간을 닮은 휴머노이드 로봇이 나날이 발전하고 있다. 섹스로봇의 상용화는 그리 먼 이야기가 아니다.

로봇과의 섹스, 그리고 결혼

2017년 미국 리얼보틱스Realbotix는 64개의 체위를 재현하는 여성 섹스로봇 하모니Harmony를 시장에 선보였다. 가격은 1만 7,000달러에 달하는데 뒤이어 남성 섹스로봇 헨리Henry도 출시했다. 그뿐 아니다. 스페인에서 만든 섹스로봇 사만다Samantha는 11개의 센서가 내장돼 있어 세심한 자극에 반응한다. 또 남성이 지나치게 잦은 성관계를 요구할 때 이를 거부하는 기능도 탑재돼 있다.

기술이 더욱 발전하면 그들은 실제 인간과 육체적으로 구별하기 어려운 수준까지 도달하게 된다. 그렇게 되면 로봇과의 섹스가 진짜 섹스처럼 느껴지는 단계에 이른다. 이미 섹스로봇은 신체적 욕구뿐만 아니라 감정적 욕구도 충족시키는 기능을 갖고 있다. 섹스로봇과 자신의 문제에 대해 이야기를 나누고, 정서적으로 교감한 뒤 껴안고 다시 섹스를 할 수 있다.

섹스로봇은 점점 발전하는 중이고, 머잖아 우리 상상을 넘어서는 놀라운 모습으로 다가오겠지만 그만큼 우려되는 점도 있다. 섹스로봇이 악용될 경우 생길 수 있는 주요한 3가지 문제는 다음과 같다.

- 해킹될 수 있다. 대부분은 기술에서 흔히 발생하는 문제다. 누군가를 화나게 했을 때 청부살인으로 손을 더럽힐 필요가 없다. 아내나 남편이 당신을 죽이도록 재프로그래밍만 하면 된다. 이상한

섹스 체위로 살인을 하고 사고처럼 보이게 위장할 수도 있다.

- 실제 인간의 애정을 대체한다. 섹스로봇이 신체적, 정서적 필요를 모두 충족시켜줄 수 있다면 굳이 인간 세계에서 진정한 파트너를 찾는 데 신경 쓰겠는가?

- 섹스로봇은 인간을 멸종으로 이끌 수 있다. 파트너를 찾는 데 관심이 없다면 결혼을 하지 않고 아이를 출산하지 않는다. 고로 인구소멸이 온다.

인간은 섹스로봇과 사랑할 수 있을까?

섹스로봇은 여러 윤리적 논란에 둘러싸여 있다. 먼저 인간의 존엄성을 훼손한다는 것이다. 일단 '로봇과 인간의 사랑이 가능한가' 하는 점이 가장 큰 논란의 핵심이다. 섹스로봇은 인간보다 훨씬 더 탁월한 성적 기능을 탑재할 수 있기 때문에 그 강렬한 자극에 익숙해질 경우, 육체적으로 다른 사람에게 끌리지 못할 수 있다. 포르노 중독자처럼 자극에 둔감해지고 더욱 강력한 섹스만을 원할 수도 있다. 혹은 로봇과의 섹스를 통한 변태적 성행위가 면죄부를 받을 위험도 있다.

하지만 사회는 진화한다. 성은 생물학적 측면뿐만 아니라 사회적 측면에서도 고찰이 필요하다. 일부 문화는 일부일처제를 중요시하고 다른 문화는 일부다처제를 중요시한다. 어떤 문화는 신체적 매력을 중요시하고 다른 문화는 그렇지 않다. 이처럼 섹스의 대상과 방법을 어느 하나로 고정할 수 없다는 이야기다. 그렇다면 섹스로봇은 왜 안 되느냐는 반론이 제기될 수 있다. 실제로 로봇에게 정서적 애착을 느끼거나 심지어 결혼하는 사례도 있다. 인공지능 공학자인 중국 항저우의 정 지아지아는 여성 인공지능 로봇을 만들어 결혼식을 올리기도 했다.

섹스로봇의 보편화 역시 막을 수 없는 흐름이다. 그러나 그것이 반드시 나쁜 결과를 가져옴을 의미하지는 않는다. 현재 사람들 인식 속의 섹스로봇은 포르노와 등치관계에 있어서 부정적 인식이 크다. 그러나 현명하게 활용한다면 섹스로봇이 가져다줄 수 있는 효용과 이점 역시 상당하다. 섹스로봇은 노인이나 장애인 등 성관계 상대를 찾기 어려운 사람들에게 큰 도움을 줄 수 있다. 매춘을 없애는 데도 효과적일 것이고, 성욕 불균형을 해소함으로써 성범죄 근절에도 도움이 된다. 가정폭력을 줄이는 데도 효과적이다.

《로봇과의 사랑과 섹스》Love and Sex with Robots라는 책을 집필한 데이비드 레비David Levy 박사는 향후 일부 국가에서 로봇과의 결혼이 허용될 가능성을 언급했다. 우리가 원하든 원하지 않든 미래 세대들은 우리보다 섹스로봇과 더 가깝게 지낼 것이 분명하다. 그저 섹스 상대에 불과할지 아니면 인간과의 관계에서와 마찬가지로 사랑을 느끼게 될지, 또다시 심오한 질문이 남는다. 더불어 윤리적 논의와 규제 역시 이 질문에 포함된다.

나나이트

나노기술이라는 말을 처음 사용하면서 나노과학의 창시자로 알려진 에릭 드렉슬러Eric Drexler는 이렇게 말했다. "앞으로 나노기술은 인류의 모든 것을 바꿔놓을 것이며 인류의 삶에 혁명을 가져올 것이다." 그의 말을 증명이라도 하듯 최근 연구들을 보면 마이크로로봇과 나노로봇 생태계가 빠른 속도로 발전하는 중이다. 아직 초기 단계이긴 하지만 전 세계적으로 다양한 프로젝트가 진행되고 있으며 속속 성공 사례가 발표되고 있다.

작아서 더 강력한 나노로봇 나나이트

나나이트Nanites로 불리는 작은 나노로봇은 크기가 매우 작기 때문에 복잡한 작업을 수행하는 데 적합하도록 설계됐다. 마이크로로봇의 경우 크기가 직경 1센티미터 정도였으나 분자로봇이라고도 불리는 나노로봇은 셀 크기 정도로 작다. 이처럼 나나이트는 크기가 매우 작아서 보이지 않지만 어디에나 존재할 수 있으며 활용도 또한 무궁무진하다. 나나이트는 공기, 물, 표면, 음식, 우리 몸, 소변 및 대변 등 그 어디에나 있을 수 있다. 환경을 정화하고, 무엇이든 3D 프린팅하고, 대부분의 질병을 치료하고, 다른 행성을 탐험하고, 날씨를 제어하고, 공상과학영화에서나 봤음직한 작업들을 수행하는 데 사용할 수 있다.

그중에서도 나노로봇은 의료분야에서 큰 역할을 할 가능성이 있다. 일부 연구에서는 혈관으로 들어갈 수 있는 극미세로봇이 복잡한 생물학적 조직에 직접 약물을 전달하는 데 성공하기도 했다. 크기가 작아서 외과 수술을 진행하는 데 큰 도움을 줄 수 있는데, 홍콩 중문대학교CUHK 연구진이 수백만 개의 나노로봇을 사용해 외과 수술을 간편하게 진행하는 방법을 개발해 주목받았다.

미래학자들은 2030년 즈음에는 나노로봇이 이식된 두뇌가 클라우드에 연결되어 학습하고, 먹는 지식 약Knowledge Pills도 등장하게 된다고 말한다. 구글에서 인공지능 개발팀을 이끌고 있는 레이 커즈와일은 "2030년에 나노로봇을 인간 뇌에 이식해 뇌와 인터넷을 연결시키는 시대가 온다. 그렇게 되면 신과 같은 초월적 지능을 갖게 된다."고 말한 바 있다. 매사추세츠 공과대학MIT 미디어랩 연구소장인 니컬러스 네그로폰테Nicholas Negroponte도 2030년경이면 두뇌 속의 나노로봇이 미래의 학습을 주도할 것이라고 했다.

보이지 않는 곳에서 은밀하게 진행되는 해킹

나노로봇의 발전은 여러 분야에서 획기적인 혁신을 이끌 테지만 역시 부작용에 대한 우려도 있다. 만일 당신의 몸에 수백만 개의 작고 똑똑한 로봇이 들어가 있다면 어떻겠는가? 그 나노로봇을 제어하는 사람이 나의 모든 것을 해킹하고 제어하고 조종할 수 있다면? 한 개인의 인체를, 기업을, 기관을, 수력 시스템과 핵 시스템을 해킹한다고 가정해보자. 디스토피아적으로 상상한다면, 나쁜 동기를 가진 한 명의 똑똑한 사람만 있으면 세상이 파괴될 수도 있다.

물론 이런 우려가 현실화되는 것은 쉽지 않다. 보안 기술은 언제나 해킹 기술과 함께 성장한다는 점에 주목할 필요가 있다. 나나이트가 발전하는 만큼 보안 기술 역시 함께 발전해 우리가 걱정하는 것처럼 세상이 무방비 상태로 당하지만은 않을 것이다.

디자이너 베이비

인간의 유전자를 오리고 붙이고 추가하는 등 재구성하는 기술이 점차 발전하고 있다. 세균의 면역체계로부터 발견되어 인간의 유전자를 자유자재로 편집하는 'DNA 가위' 크리스퍼 카스9이 주목의 대상이다. 이 유전자 편집 가위 기술은 이미 하나의 비즈니스 모델이 되었으며, 그 활용도 또한 다양하다. 질병 치료 외에도 유전자 편집을 통해 농작물과 가축의 산업적 가치를 증대시킬 수도 있다. 유전자 편집 가위 기술 특허는 잠재적 가치가 수십억 달러에 이를 것으로 전망되며 매년 관련 특허 출원도 증가하는 추세다.

유전자 편집으로 아기를 디자인하는 세상

궁극적으로는 질병의 치료가 목적이지만 사실 이 기술은 디자이너

베이비를 만드는 데까지 나아갔다. 2018년 11월 26일 중국 남방과학기술대학교 허 젠쿠이He Jiankui 교수가 유전자 편집으로 맞춤형 아기 즉, 디자이너 베이비를 탄생시켜 세상을 깜짝 놀라게 했다. 허 젠쿠이 교수는 유전자 가위 '크리스퍼 카스9'으로 에이즈 저항력을 갖도록 'CCR5'라는 유전자를 편집한 배아를 만들었고, 이 배아를 착상시켜 중국 부부가 딸 쌍둥이를 낳았다. 당시 쌍둥이의 아빠는 에이즈 양성, 엄마는 음성이었다. 에이즈에 걸릴 가능성이 없도록 유전자 편집 배아를 만든 것인데 의도와 절차, 결과 모두가 격렬한 논란의 대상이 되었다.

지금 유전암호를 이해하고 편집하는 기술은 발전해 인위적으로 유전자 코드를 조작해 맞춤 설계한 아이를 만들어낼 수 있는 수준에 이르렀다. 동물을 복제하고, 인간과 동물의 교잡종인 키메라를 만드는 것도 가능하다. 그러나 이런 문제들은 예외 없이 윤리적 문제에 맞닥뜨리게 된다. 유전자 편집은 어디까지 허용되고, 어디부터 막아야 할까?

허 젠쿠이 교수는 기술을 이용해 선한 일을 했을 뿐이라고 주장했다. 부모가 건강한 아이를 임신할 수 있게 도와달라는 요청을 수락했고, 덕분에 에이즈 환자인 아버지는 다시 살아갈 희망을 찾았다는 것이다. 그의 말처럼 사망 확률이 높은 에이즈에서 인간을 구하고 부모에게 아기를 안겨주었는데도, 논란의 여파가 큰 것은 무슨 이유 때문이었을까?

문제는 인간의 '배아 단계'에서 유전자를 편집했다는 점이다. 배아 단계에서의 조작은 변형된 형질이 후세에까지 전해질 수 있음을 의미한다. 실제로 허 젠쿠이 박사의 유전자 조작으로 아기들의 지능이 높아진 반면 다른 바이러스 감염으로 인한 사망 위험도 높아졌다. 또 표적

이탈효과와 모자이크현상으로 인해 예상치 못한 결과를 초래했다는 지적이 있다.

이 쌍둥이는 이제까지 인류의 유전자 풀에 나타난 적이 없는 돌연변이를 지닌 인체실험의 희생자가 되었다는 것이 공격의 주된 내용이다. 실제로 유전자 조작을 통한 돌연변이에 대한 부작용을 완벽하게 알지 못하는 상황에서 이를 함부로 시도하는 것은 매우 위험한 일이기에 우려가 크다.

유전자 조작과 편집이 갖고 있는 문제들

디자이너 베이비를 만드는 목적은 질병 없이 원하는 기능을 가진 유전적으로 강한 인간을 만드는 데 있다. 유전자의 무작위성에 의존하지 않고도 건강하고 키가 크며, 똑똑하고, 정서적으로 안정감 있는 아이를 만들 수 있다. 그러나 앞서 지적했듯이 여기엔 여러 가지 논란 거리가 존재한다.

우선 '배아'를 인간으로 인정하느냐 아니냐의 문제가 있다. 그리고 유전자 편집 기술로 신만이 가능한 영역에 도전함으로써 지구촌에 존재하지 않았던 생명체를 탄생시킬 가능성도 배재할 수 없다. 영화나 책으로 만난 '프랑켄슈타인'의 이야기를 떠올려보자. 우리가 예측하지 못한 미지의 생명체를 만들어내는 실수를 하지 않는다는 보장은 없다.

그뿐 아니다. 인류는 항상 유전적 차이로 어려움을 겪었다. 특히 이 차이는 인종 문제로 불거져 종종 계급 차이에 반영된다. 그렇다면 우생학적 유전 형질을 만들어서 계승시키려는 유전자 조작은 인종 문제를 해결하기 위해 애써왔던 인류의 모든 노력을 부정하는 것이 될 수도 있다.

우리 모두의 신체는 유전적 취약성을 지니고 있으며 자연은 끊임없이 스스로의 방법으로 인체를 수정하고 개선한다. 인류는 과학기술발전 덕분에 생명작용을 의도적으로 진화시킬 수 있는 능력을 가진 시대로 진입하고 있다. 크리스퍼 또는 기타 유전자 편집 기술은 유전자 질환을 지니고 태어난 아이나 그 부모, 혹은 나중에 유전적 질환에 걸릴 사람들에게는 건강하게 살 수 있는 기회를 줄 수 있다.

이처럼 인류는 생명 기술의 진화와 윤리적 문제가 맞닿은 경계선에 다가가고 있다. 이런 문제일수록 잠재적 이익에 가려진 잠재적 위험 또한 고려해야 한다. 유전자 편집 기술이 인간에게 광범하게 사용되기까지 수많은 법률적, 정치적, 기술적, 윤리적 장애물들이 있을 것이다. 과학기술 전문가를 비롯해 법과 제도, 윤리적 문제를 다루는 이들 사이의 논의가 필요하다. 그리고 이런 변화들이 초래할 미래 사회에 대해 개인, 기업, 정부가 어떻게 대응할지에 대해서도 고민해야 한다.

Future Technology 7

냉동인간

냉동인간_{Cryonics}은 공상과학영화의 단골 소재다. 우주여행을 하는 비행사들이 냉동수면 상태로 있다가 다른 행성에 도달해서 깨어나는 장면은 자주 접하는 클리셰다. 그러나 냉동인간은 단지 영화 속의 상상으로만 존재하지 않는다. 인체를 냉동시키는 회사가 다수 존재하며, 대표적인 기업으로는 미국의 알코르_{Alcor}생명연장재단, 크리오닉스 인스티튜트, 러시아의 크리오러스_{KrioRus} 등이 있다. 이들 3개 회사에 냉동된 사람은 352명이며(2017년 4월 기준), 사망한 뒤 냉동을 원하는 회원도 수천 명에 이른다. 최근에는 이 숫자들이 훨씬 더 상승했을 것이다.

냉동인간 언제쯤 깨어날 수 있을까?

최초의 냉동인간이 보관된 것은 1967년 1월 12일로, 이미 50년이

넘었다. 미국 캘리포니아대학교의 심리학 교수이자 생물냉동학재단 설립자인 제임스 베드퍼드가 최초의 냉동인간이다. 신장암으로 사망한 그는 지난 50년간 여러 냉동 보존 시설을 전전하다가 현재 미국 애리조나주에 있는 냉동 보존 업체 알코르생명연장재단에 잠들어 있다.

알코르생명연장재단은 1972년 나사 연구원들이 모여서 만든 비영리 재단으로 현재 150여 구(2017년 기준)의 냉동인간을 보관 중이다. 냉동 보존된 이들 중에는 유명 인사도 많은데 테드 윌리엄스, 존 헨리 윌리엄스, 딕 클레어 존스 등이 있다. 그 외에 레이 커즈와일, 세스 맥팔레인, 래리 킹, 사이먼 코웰, 패리스 힐턴, 브리트니 스피어스 등이 냉동 보존을 원하는 걸로 알려져 있다.

2018년 2월 한국의 50대 남성이 돌아가신 80대의 노모를 냉동시켜 화제가 된 일이 있다. 그가 찾아간 회사는 전 세계에서 유일하게 해동 기술을 연구하고 있는 크리오러스라는 러시아의 냉동인간 기업의 협약사인 ㈜크리오아시아다. 2018년부터 한국에서 서비스를 시작했는데 ㈜크리오아시아 한형태 대표의 말에 따르면 국내에서 전신 보존 계약이 성사된 것은 이것이 처음이라고 한다.

현재의 냉동인간 보존 기술은 살아 있는 사람이 아니라 죽은 사람의 신체를 보관하는 데 사용한다. 대체로 암 등의 불치병을 앓고 있거나, 너무 젊은 나이에 죽음을 맞은 이들, 혹은 큰 사고로 돌이킬 수 없는 신체 손상을 입은 이들이 주를 이룬다. 머리나 뇌만 보관한 경우도 있다.

냉동인간을 보관하는 방법은 업체마다 조금씩 다른데, 아주 단순하게 요약하면 빠른 시간 안에 인체의 피를 한 방울도 남김없이 모두 빼고 혈액 대체재를 넣은 뒤 급속 냉동을 시키는 방식이다. 사람의 뇌는 숨지고 30초가 지나면 기능이 떨어지기 시작하므로 냉동인간을 만들 경우 빠른 속도로 얼리는 것이 중요하다.

신체를 온전히 얼리는 기술은 수십 년 동안 유명 과학저널을 통해 검증받았고 이미 상용화됐다. 문제는 해동 기술이 아직 완벽하지 않다는 점이다. 사실 급속 해동이 아주 불가능한 일은 아니다. 이론적으로는 이미 입증되었고, 난자나 정자, 세균, 피부세포 등 단일세포를 얼렸다가 활성화하는 일은 현재도 충분히 가능한 수준이다. 현재 전 세계적으로 다양한 연구가 진행되고 있다. 학계에서는 2040년경이면 냉동 보존했던, 죽은 사람의 뇌를 살려내거나 인공신체에 이식하는 일이 가능할 것이라 내다보고 있다.

삶과 죽음의 섭리를 거스르는 선택

죽지 않고 건강한 모습으로 영원히 살고 싶다는 마음은 어쩌면 인간의 본능인지도 모른다. 이집트의 미라나 불로장생을 꿈꾼 중국 진시황의 예만 봐도 그렇다. 이루지 못할 꿈, 허황된 욕망으로 치부하던 이 일이 어쩌면 가능해질지도 모른다. 냉동인간을 해동하는 기술만 성공적으로 개발된다면 말이다.

스스로 냉동 보존을 선택한 사람들에 대해 삶과 죽음이라는 자연의 순리를 거부했다는 측면에서 비판도 있다. 유엔미래포럼의 호세 코르데이로Jose Cordeiro는 스페인에서 '신체냉동보존협회'를 만들었지만 종교계의 반대에 부딪힌 상황이고, 정부의 법적·제도적인 반대에도 맞서야 한다. 알코르생명연장재단의 맥스 모어Max More 회장은 그럼에도 "인체 냉동 보존 기술은 더욱 발전할 것이며 전 세계로 퍼질 것이다."라고 말한다.

5년에서 10년 후면 인간의 냉동 보존에 대한 사람들의 생각도 지금과는 사뭇 달라질 가능성이 크다. 현재는 인체의 냉동 보존을 위해 2억 원여의 돈이 필요하지만 기술이 더 발전하고 수요가 늘어난다면 비용 역시 상용화 가능한 수준으로 점차 낮아지게 된다.

마음 업로딩

영화 〈트랜센던스〉Transcendence에는 한 과학자가 자신의 브레인과 마음을 슈퍼컴퓨터에 업로드하는 이야기가 나온다. 조니 뎁이 연기한 천재 과학자 윌은 인류가 수억 년에 걸쳐 이룬 지적 능력을 넘어설 뿐 아니라 자각능력까지 가진 슈퍼컴퓨터를 구상하던 중 테러 집단의 공격을 받는다. 그는 죽기 전 남은 시간 동안 슈퍼컴퓨터 트랜센던스의 인공지능에 자신의 뇌를 업로드한다.

초인공지능과 결합함으로써 또 다른 힘을 얻은 그는 온라인에 접속해 자신의 영역을 전 세계로 넓혀가기 시작한다. 윌은 이미 전지전능에 가까운 힘을 갖게 되었고 초나노 기계들을 공기, 빗물, 땅에 풀어놓아 세계 곳곳의 일들을 감시할 수 있다. 이제 전 세계를 감시하고 조종하며 지배할 수 있게 된 것이다. 인간과 결합한 초인공지능은 인류의 구원자일까, 인류의 적일까?

우리의 마음도 컴퓨터에 업로드할 수 있다

이것을 그저 공상과학영화 속의 일로만 볼 수는 없다. 현실로 다가와 있기 때문이다. 신체나 뇌가 죽은 후, 마음에 있는 정보를 디지털 장치에 내보내고 저장할 수 있는 기술은 이미 소개되었다. 당신의 마음은 하드디스크, USB, 혹은 클라우드에 있는 파일이 될 수 있다. 그런 다음 전기자극이 뇌의 구조를 변형시키는 것과 유사한 방식으로 해당 파일의 구조를 변형하는 컴퓨터 프로그램을 통해 계속 살아남아서 생활하게 된다.

레이 커즈와일 박사는 《마음의 탄생》에서 인공지능 기술이 인간의 고유한 특징이라고 여겨지는 의식까지 갖게 될 것이라고 주장한다. 기술발전으로 우리의 뇌가 문제를 해결하는 능력을 기계적 알고리즘으로 구현해냈다. 그리고 인간의 문제해결 능력이나 의식, 마음은 모두 뇌활동에서 비롯된 것이므로, 이 기술이 발전한다면 기계가 인간의 마음도 구현해낼 수 있다는 논리다.

인간의 뇌와 클라우드 인공지능을 무선으로 연결할 수 있게 되면 인간의 지능은 10억 배 증가한다. 오프소스와 빅데이터를 기반으로 인공지능 기술은 계속 발전을 거듭해 결국에는 인간의 마음까지 갖게 된다는 것이 저자의 주장이다. 그는 전작 《특이점이 온다》에서 2045년에 기계의 지능이 인간의 지능을 앞서는 특이점이 온다고 예언한 바 있다.

실제로 인간의 의식을 컴퓨터에 업로드하는 뇌 전체의 시뮬레이션은 전 세계인들의 관심을 받고 있는 분야이며, 이미 미국에서 서비스가 시작됐다. 미국의 넥톰Nectome이라는 회사는 인간 두뇌 속의 기억이나 의식을 컴퓨터에 업로드하고 저장하는 방법을 찾아냈다. 최첨단 방부처리 기술을 활용해 뇌를 냉동 보존하고 이후 보존된 두뇌에서 사람의 의식을 디지털화해 되살린다는 논리다. 냉동 보존한 뇌를 소생시키는 것이 아니라 의식이나 기억을 디지털 데이터로 컴퓨터에 업로드하는 방식이다.

정말 그럴까 하고 의문을 품는 이들이 있겠지만 실제로 가능한 이야기다. 의식을 업로드한 후 우리의 의식에 어떤 일이 일어날지는 아직 알 수 없다. USB 속에서 산다는 것이 미친 생각처럼 느껴질 수도 있다. 하지만 우리 의식이 생물학적 기질에만 의존해야 한다고 생각하는 것도 당연하다고만은 할 수 없다. 뉴런이 단백질로 만들어졌느냐, 혹은 정보 조각으로 만들어졌느냐는 중요한 것이 아니다.

인공지능과 공생하는 미래 세계

2020년 8월 일론 머스크가 뇌에 '링크 0.9'라는 전극 칩을 이식한 돼지 '거트루드'Gertrude를 공개했다. 작은 동전 모양의 이 칩은 돼지의 뇌파를 전기 신호로 포착하고 이 내용을 무선 전송하는데, 그 속도가 초당 10메가바이트라고 한다. 뉴럴링크는 이 기술을 뇌나 척수 손상 또는 선천적 결함을 치료하는 데 사용하고자 한다. 해서 인간의 뇌와 기계가 직접 소통하는 것이 가능하도록 다양한 실험을 하고 있다.

하지만 일론 머스크의 비전은 더 원대하다. 그는 글이나 말을 하지 않고 전자적 신호를 주고받음으로써 서로의 생각을 텔레파시처럼 나누는 아이디어를 제시했다. 머스크는 "미래에 당신은 기억을 저장하고 재생할 수 있을 것이다. 새로운 몸체나 로봇에 기억을 다운로드할 수 있다."고 말했다. 그는 더 나아가 컴퓨터에 자신의 기억을 저장하고 재생해 로봇에 자신의 의식을 심는 기술까지도 염두에 두고 있다.

　인간 의식을 데이터화해서 업로드하는 일, 이 막연한 상상도 어느새 우리 앞에 다가와 있다. 물론 시일은 걸리겠지만 말이다. 이러한 과학기술의 끝없는 발전이 우리들에게 이로울까? 혹은 위험할까? 이는 언제나 많은 고민과 숙제거리를 안겨준다. 실제로 우리는 과학기술의 급성장이 가져오는 혼돈을 직간접적으로 확인했다. 그럼에도 진보하는 기술을 막을 수는 없다. 그렇다면 인공지능과 평화로운 공생이 가능하도록 법적·제도적 규율과 장치, 그리고 사회적 합의를 잘 만들어두는 철저한 준비가 필요할 것이다.

의사결정 인공지능

성인이 하루 동안 무언가를 결정하는 횟수는 약 35,000회에 이른다. 여기에는 점심으로 무엇을 먹을지, 어떤 신발이 나에게 더 어울릴지, 쉬는 날 넷플릭스에서 무엇을 볼지 결정하는 일들이 포함된다. 이처럼 대부분은 일회적인 것이며 장기적인 결과를 만들어내지 않는다. 그리고 요즘에는 인공지능이 그런 선택을 대신해주기도 한다. 그러나 인생을 살다 보면 매우 중대하고 어려운 결정을 해야 할 때가 있다. 만일 이런 중요하고 어려운 결정을 인공지능이 대신한다면 어떨까?

구글과 페이스북은 나보다 나를 더 잘 알고 있다

명확한 의사결정을 하지 못한 채 선택의 기로에서 고민하는 일이 더러 있다. 사무실이나 거실 소파에 앉아 몇 시간 동안 어떤 선택을 해야 할지 몰라 고민한 적이 있을 것이다. 결정을 후회한 적도 있고, 더 좋은 대안을 선택하지 못해 손해를 본 적도 있을 것이다. 이럴 때 누군가 나를 대신해 가장 최적의 선택을 해준다면 어떨까?

최근 실제로 인공지능이 이런 역할을 해주고 있다. 선택장애로 고민하거나 의사결정을 하지 못해 안절부절못할 필요가 없다. 아마존의 스타일 어시스트인 '에코룩'을 예로 들어보자. 면접을 위해 옷을 고르거나 소개팅을 앞두고 있을 때 상당한 도움을 준다. 여러 가지 옷을 코디해서 에코룩에게 보여주고 "오늘 면접을 보러 가는데 어떤 옷이 좋을까?" 혹은 "소개팅 자리에는 어떤 옷이 내게 어울릴까?" 하고 물어보면 더 어울리는 스타일을 찾아 코디해준다. 유저를 보고 세심하게 관찰한 뒤 해주는 선택이다. 혼자 고민하는 것보다 훨씬 명쾌한 선택을 가능하게 해준다.

구글과 페이스북은 어떤가? 때론 나보다 나를 더 잘 알고 있다. 내가 원하는 뉴스, 음악, 드라마, 사이트, 쇼핑몰을 찾지 않아도 내 앞에 가져다준다. 인공지능이 모든 정보를 수집하고 관찰해 통계를 내기 때문이다. 최적의 결정이 나에게 이익이 되는 결정이라면 나를 위해 인공지능이 결정을 내리는 것이 나쁘지만은 않다.

인공지능이 발전하고 이런 상황이 점점 심화되면 인간은 더 이상 결정을 내릴 필요가 없다. 내가 어떤 일을 할지, 어떤 사람을 만날지, 점심으로 무엇을 먹을지 등 모든 결정을 인공지능이 해준다. 그러면 광고조차 의미가 없어질지도 모른다. 인공지능이 알아서 물건을 탐색하고 선택해서 구매할 테니 인간을 유혹할 광고는 필요 없어진다.

인공지능이 결정을 대신한다면 인간의 자유의지는?

넷플릭스는 우리가 어떤 시리즈를 볼지 결정하지 않는다. 당신이 넷플릭스에 들어가 〈기묘한 이야기〉의 첫 번째 에피소드 재생 버튼을 클릭했다고 하자. 마치 당신 스스로 결정한 것처럼 느끼게 해준다. 하지만 곰곰이 생각해보자. 정말로 오롯이 당신만의 결정인가? 혹여 넷플릭스의 결정은 아니었을까?

넷플릭스뿐 아니라 유튜브, 스포티파이Spotify 등은 우리의 기존 선택들을 데이터화하고 통계를 낸 후 알고리즘에 맞춰 개인의 성향과 취향에 맞는 것들을 추천해준다. 내가 주도적으로 찾거나 선택하지 않아도 어느새 내가 보고, 듣고, 감상할 것들이 마련돼 있다. 기업들의 이런 추천 시스템은 우리의 의사결정 과정을 주도하고 있다. 그러나 마치 스스로 선택한 것 같은 느낌을 줌으로써 거부감을 줄이는 전략을 사용한다.

사실 인공지능은 정확한 데이터 분석을 통해 우리가 좋아하는 것을 제안하고 결정하기 때문에 때로는 우리 자신이 직접 하는 결정보다 더 정확할 때도 많다. 인공지능의 결정이 우리에게 만족감을 가져다준다면 굳이 마다할 이유도 없다. 자료 검색뿐 아니라 선택을 위한 고민에 쓰는 시간과 에너지를 상당히 줄여주니 효율성 면에서 큰 도움이 된다.

하지만 여기서 '자유의지'라는 문제가 불거진다. 인간에게 많은 선택지가 주어지고, 그 안에서 자신이 원하는 것을 골라 의사결정을 할 때 우리는 스스로 주도권을 갖게 된다. 선택은 자유의지의 표현이며 가치관이 반영되기에 나를 나이게 하는 것이기도 하다. 그러나 다시 이렇게 되물을 수 있다. 반드시 모든 것을 우리가 통제해야만 주체적인 삶을 사는 것이고, 우리 스스로 하는 통제가 반드시 행복과 성취감을 주는 것일까?

물론 인공지능이 우리의 결정을 대신하는 일이 늘어날 경우 우려되는 점은 있다. 다양한 개인들의 정보와 사소한 취향이 고스란히 들어 있는 데이터를 누군가가 악용할 수 있다는 점이다. 이는 분명 두려운 일이다. 지금도 개인 정보 유출로 사생활이 침해받는 일이 종종 있다. 내 인생의 모든 정보가 누군가의 손에 넘어간다면? 그리고 그것을 악용해 내게 엄청난 피해를 입힌다면? 혹은 그들이 나의 의사결정을 조작한다면? 기업이나 정부기관, 혹은 해커들은 자신의 특수한 목적을 위해 우리의 정보를 빼내거나 유출하거나 중요한 결정을 조작할 수 있다. 게다가 우리는 그 사실을 전혀 알지조차 못한다.

기술발전이 가져다주는 편리함 이면에는 언제나 우리를 두렵게 하는 어두움도 동반된다. 문제는 기술발전을 막는 게 아니라, 이러한 문제들을 어떻게 관리하고 대응하느냐에 달려 있다.

COVID-19

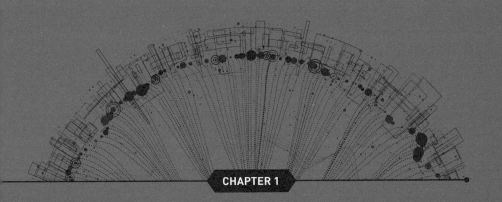

CHAPTER 1

포스트 코로나,
부의 판도가 바뀐다

부의 미래

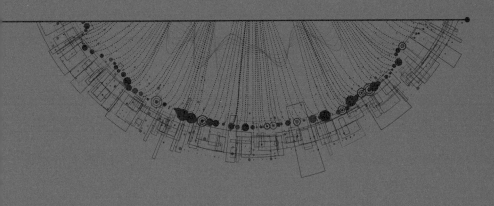

부를 창출하는
방법의 변화

코로나19 이후에 거대한 부의 이동이 시작되었다. 항공 산업, 여행과 관광 산업, 호텔, 컨벤션 이벤트, 스포츠 산업, 예식장, 장례식장, 학교와 학원, 쇼핑몰, 백화점, 마트 같은 곳에서 돈이 빠져나와 황급히 다른 곳으로 이동하고 있다. 역사상 가장 큰 부의 이동이 예상된다.

개인에게도 부의 이동 기회가 왔다. 거대한 부의 이동이 마지막으로 폭발할 곳은 온라인이다. 코로나19로 인해 사람들이 집에 있는 시간이 늘면서 콘텐츠 비즈니스가 성장하고 있고, 좋은 콘텐츠를 가진 사람이라면 가치를 인정받고 돈을 벌 기회가 늘어난다.

우리는 누구나 지식근로자의 능력을 활용해 콘텐츠를 만들 수 있는 능력을 갖고 있다. 자신의 일상을 담은 글, 콘셉트가 담긴 글, 이미지나 비디오, 오디오를 활용한 영상 콘텐츠를 편집해서 온라인에 공개해보자. 다양한 플랫폼이 있으므로 어디든 좋다. 반짝이는 아이디어로 개성 있는 콘텐츠를 제작해 올린다면 사람들의 호응을 얻고 수익도 얻을 수 있다.

우리는 모두 신세계의 콘텐츠 제작자가 된다. 당신이 아는 것을 공유하고 그것을 실제 문제를 해결하는 데 사용함으로써 창출된 부의 일부를 자신에게로 이동시켜야 한다. 미래의 부는 콘텐츠를 중심으로 움직인다.

돈의 미래,
현금의 종말이 다가온다

"다음 세대 아이들은 돈이 무엇인지 모르게 될 것이다."

2015년 애플의 CEO 팀 쿡은 아일랜드의 한 대학교에서 이렇게 말했다. 핀테크Fintech의 발달로 현금을 이용하지 않는 시대가 올 것이란 얘기다. 당시만 해도 혹시 애플 페이 홍보를 위한 전략적인 사전 작업인가 하는 의심에 그의 말을 액면 그대로 받아들이지 않는 이들이 많았다. 하지만 얼마 지나지 않아 실제 생활에서 현금 사용 비중은 눈에 띄게 줄어들었다.

지갑을 열고 지폐를 한 장 꺼내보라. 지폐는 물리적으로 실재하며, 당신은 그것을 손에 집어 들고 1만 원의 가치가 있다고 확신한다. 하지만 이렇게 물리적으로 만져지던 종이돈과 동전이 사라질지도 모른다. 몇 년 안에 지갑이 없어지고 우리는 가상화폐만 사용할 수도 있다.

지갑에서 지폐나 동전을 꺼내 물건 값을 지불했던 게 언제인지 기억하는가? 최근 1년간 현금으로 물건을 샀던 적이 몇 번이나 있었는지 그 횟수를 가늠해보자. 마트에서 장을 보거나, 택시를 타거나, 쇼핑몰에서 물건을 살 때 우리는 현금을 단 한 푼도 들고 가지 않는다. 실제로 외국에서는 우버와 리프트Lyft를 사용하면 지갑 없이 도시를 돌아다닐 수 있다. 아마존고나 우버이츠처럼 계산원이 없는 매장도 점점 늘어나는 추세다.

프랑스 법원, 비트코인을 돈으로 인정하다

2020년 2월 프랑스 낭테르 상무법원이 비트코인을 '돈'으로 인정했다. 여기엔 '비트코인이 법정화폐처럼 개별화할 수 없는 대체 가능하고 상호교환이 가능한 자산'이라는 법원의 판단이 깔려 있다. 이러한 판결은 이번이 처음이며, 이로 인해 비트코인을 화폐나 금융자산으로 간주하게 되는 만큼 시장에서 여러 파급효과가 생긴다.

프랑스의 암호화폐 거래소인 페이미엄과 암호 투자회사 비트스프레드 사이에서는 암호화폐에 대한 소유권 분쟁이 있었다. 2014년 페이미엄은 비트스프레드에게 1,000비트코인을 대출해주었다. 그런데 2017년 비트코인에서 하드포크로 비트코인캐시가 생겨나며 비트스프레드는 대출한 1,000비트코인뿐 아니라 새로 생성된 비트코인캐시 1,000개를 추가로 보유하게 됐다. 이에 따라 두 회사는 시가 약 35만 달러에 달하는 비트코인캐시의 소유권을 놓고 다툼을 벌여왔다.

이 사건을 두고 프랑스 법원은 비트코인 대출을 소비자 대출로 인정했으며, '해당 비트코인캐시는 비트스프레드의 소유'라고 판결했다. 그리고 이러한 판결로 비트코인은 돈과 마찬가지로 대체 가능한 자산이라고 결론지어졌다.

더 이상 돈을 찍어내지 않는 덴마크

스웨덴, 노르웨이에 이어 덴마크는 2016년 12월 31일을 기점으로 화폐 발행을 공식 중단하고 핀란드를 비롯한 다른 나라에 아웃소싱하기로 했다. 새 지폐나 동전에 대한 사회의 수요가 계속 감소해왔고, 향후 수요가 늘어나지 않을 것이라 판단했기 때문이다. 지폐를 생산하기 위해서는 인쇄 시스템을 마련해야 하는 등 비용이 든다. 그 비용을 줄이겠다는 것이다.

최근 덴마크에서는 신용카드 및 휴대폰 결제 등 전자결제 사용의 급증으로 현금 사용이 꾸준히 감소했고, 심지어 노숙자도 현금 대신 모바일 페이로 기부를 요청할 정도라고 한다. 그리고 고액지폐는 도난의 위험이 있을 뿐 아니라, 각종 범죄에 악용되는 일이 많아 사실 각국 중앙은행의 골칫거리였다. 이를 해결할 적절한 대안이 있다면 굳이 마다할 이유가 없는 것이다.

덴마크의 경우 대표적인 복지국가이기에 사회복지 제도를 유지하기 위해서는 그만큼의 자산이 필요하고, 이를 세금으로 충당해야 한다. 그런 면에서 볼 때 전자결제 방식은 탈세를 막거나 지하경제를 축소하는 데 도움이 된다. 덴마크 금융서비스기관인 뉴크레딧Nykredit의 경제전문가 요한 율 옌센Johan Juul-Jensen은 "짧은 시간 안에 이루어지지는 않겠지만 우리는 이미 '캐시 프리 존'Cash-Free Zone으로 이동하고 있다."고 말했다.

인도 모바일 결제 시장의 부상

인도의 나렌드라 모디Narendra Modi 총리는 2016년 탈세와 부패를 방지하는 등 지하경제를 축소하기 위해 '캐시리스 사회'를 선언했다. 그리고 고액지폐 사용을 전면 금지하며 시중에 유통되는 현금의 86퍼센트를 회수했다. 물론 급작스런 화폐 개혁의 충격으로 초반에는 부작용이 있었다. 하지만 시간이 흐르며 모바일 결제 시장이 급성장하고 떨어졌던 경제성장률도 꾸준히 상승하며 안정세를 찾고 있다.

스마트폰 사용자 수가 늘어난 것도 시장이 성장하는 데 큰 영향을 미쳤다. 현재 인도의 스마트폰 사용자 수는 3억 9,000만 명에 달하며, 이는 미국의 사용자 수를 넘어선 수치다. 시장조사 업체인 이마케터는 2022년에는 인도의 스마트폰 사용자가 4억 9,000만 명으로 늘 것이라고 전망했다.

인도의 모바일 결제 시장이 급성장하자 세계적인 투자자나 기업들이 경쟁적으로 인도에 진출하고 있다. 미국의 투자가인 워런 버핏의 버크셔 해서웨이가 인도 모바일 결제 시장에 투자하기 시작했으며, 구글, 페이스북, 소프트뱅크 등 글로벌 기업들이 앞다퉈 인도 시장으로 진출했다.

각국의 디지털화폐 전쟁,
그 서막이 오르다

중앙은행에서 발행하는 디지털화폐CBDC, Central Bank Digital Currency는 실물화폐를 대체하거나 보완하기 위해 블록체인 기술을 이용해 전자적 형태로 저장되는 화폐다. 이론적으로 설명하자면 내장된 칩 속에 돈의 액수가 기록돼 있어 물건을 구매할 때 상점의 단말기에 넣으면 사용액만큼 감액하도록 되어 있다.

기존의 달러를 대신할 기축통화로 자리 잡기 위해 전 세계 정부가 디지털화폐를 추진하고 있다. 디지털화폐는 전자적 방식으로 구현되므로 익명성을 제한할 수 있고, 이자 지급이 가능하며, 보유 한도를 설정하거나 이용 시간을 조절할 수 있다. 돈에 대한 새로운 모색과 실험이 계속되면서 기존에 우리가 사용하던 지폐나 동전은 모두 사라지고 디지털화폐로 전환되는 중이다.

디지털화폐의 사용은 막을 수 없는 흐름

코로나19로 글로벌 경제위기가 확산되고 있다. 그동안 현금을 대체하는 지급결제 시스템은 꾸준히 증가해왔다. 카드는 1950년대에 등장했고, 전자지급결제 시스템은 1990년도에 도입됐으며, 최근에는 모바일결제 시스템도 사용률이 증가하고 있다. 비대면, 비접촉이 강조되는 코로나19 이후 현금 사용률은 더욱 감소했고, 신용카드나 디지털 결제수단이 점점 보편화되고 있다. 게다가 블록체인 기반 가상자산(암호화폐)이 등장함에 따라 '돈의 기능과 활용도'는 더욱 줄어드는 추세다.

그러나 중앙은행이 발행하는 디지털화폐는 세간의 화제를 모으며 자주 언급되었던 비트코인 등의 암호화폐와 기술적 기반은 비슷하지만, 구조적인 측면에서는 조금 다르다. 암호화폐의 경우 탈중앙화된 블록체인상에서 제3자의 개입 없이 거래되는 반면, 디지털화폐는 이를 관리하는 중앙기관이 존재한다.

디지털화폐는 여러 장점이 있다. 휴대할 필요가 없고, 화폐를 발행하는 데 들어가는 제작비 역시 절감할 수 있으며 위조지폐가 만들어질 위험도 없어 긍정적인 효과가 있다. 익명성은 보장되지만, 거래 내역이 데이터로 남으니 비리, 탈세, 부당 증여 등 각종 문제들도 상당 부분 해소 가능하다. 블록체인 기술이 적용된다면 경제 동향과 소비 패턴 역시 실시간으로 파악할 수 있다. 혹여 경기가 침체될 경우라면 마이너스 금리 정책도 효과적으로 구현할 수 있다.

물론 모든 것이 그렇듯 단점도 있다. 은행 계좌가 없거나 모바일 결제를 이용하지 않는 이들은 당장 어려움에 부닥친다. 특히 컴퓨터나 휴대폰 등 디지털 기기를 제대로 사용하지 못하는 저소득층의 경우 더욱 소외될 수 있다. 또한 익명성을 보장하지만 언제든 추적이 가능하기 때문에 어디까지 사생활을 보호할 수 있는지, 아직 그 기준이 명확하지 않다.

중앙은행들의 디지털화폐 발행 경쟁

가상자산과 코로나19의 확산을 계기로 각국의 중앙은행이 '종이 화폐의 소멸'을 받아들이고 디지털화폐를 준비하고 있다. 디지털화폐 주도권을 잡기 위한 각국의 물밑 경쟁이 한층 가열되는 상황이다. 화폐 개혁은 우리가 받아들일 수밖에 없는 현실로 다가왔으며, 전 세계 25억 명이 쓰는 단일 화폐로 경제통합이 이루어진다.

돈의 디지털화라는 흐름은 이미 본격화되었다. 그 흐름 속에서 디지털화폐는 국가가 주도하는 통화정책과 화폐 유통 체계를 이어갈 수 있는 대안으로 주목받고 있다. 얼마 전까지만 해도 전 세계 중앙은행들은 디지털화폐나 가상화폐의 존재를 부정해왔다. 그러나 보수적 관점에서 변화를 거부한다고 해도 거세게 몰려드는 파도를 막을 수는 없다. 이제는 여러 나라에서 적극적으로 디지털화폐 발행에 뛰어들고 있는 실정이다.

2020년 1월 국제결제은행BIS, Bank for International Settlements의 디지털화폐 관련 보고서에 따르면 전 세계 66개 중앙은행 중 80퍼센트가 디지털화폐 연구를 진행하고 있다. 중앙은행 디지털화폐 개발에서는 네덜란드 중앙은행이 가장 앞서고 있는데, 2015년 디지털화폐 'DNB코인'을 선보였다. 중국 역시 이미 '디지털 위안화' 개발을 준비하고 있었으며, 중국의 중앙은행인 인민은행에서 발행하는 디지털화폐가 중국 선전과 쑤저우에서 먼저 유통된다고 한다.

미국, 영국, 프랑스, 일본 등도 최근에는 태도를 바꿔 디지털화폐 발행을 적극적으로 검토하는 중이고, 스웨덴, 프랑스 등은 2020년 안에 시범운영하기로 했다. 한국은행도 디지털화폐 발행에 소극적이었으나 태도를 바꿔 최근 디지털화폐 연구를 가속화하고 있다. 2021년 12월까지 디지털화폐 시범 도입을 추진하겠다고 밝혔다.

특히 달러 패권국가인 미국은 그간 디지털화폐에 매우 소극적으로 반응해왔으나, 미국 연방준비은행도 디지털화폐 도입에 대한 검토에 들어갔다. 일단 페이스북이 '리브라'라는 디지털화폐를 만들겠다고 하자 이에 자극받은 것이 가장 컸다. 가뜩이나 기업의 힘이 정부의 힘을 앞지르고 있는 시점에서 마냥 디지털화폐를 거부할 수만은 없게 된 것이다. 그리고 리브라뿐 아니라 구글, 애플, 아마존, 넷플릭스, 마이크로소프트 등이 줄줄이 대기 중이며 트위터, 우버 등도 기업 암호화폐 발행을 예고한 상태다. 이런 상황에서 중국마저 디지털화폐 발행에 적극적인 상황이니 태도를 바꾸는 것이 당연한지도 모른다.

왜 가상화폐가 떠오르는가

글로벌 경제위기가 연신 우리를 덮쳐왔고, 이후에는 어느 나라에서 위기가 발생해 전 세계를 덮칠지 알 수 없는 상황이다. 이처럼 금융위기가 올 것을 대비해야 한다면 금리를 내리는 수밖에 없다. 한데 금리를 낮춘 상태에서 물가가 오르게 된다면 어떨까? 그럼 은행에 돈을 넣어두어야 할 이유가 없어진다. 이런 사태들을 방지하는 최선의 방법은 현금을 없애는 것이다.

국가 디지털화폐를 이용하면 중앙은행들이 시중의 다른 은행을 거치지 않고 개인에게 직접 통화를 공급할 수 있다. 화폐 유통에서 중앙은행의 역할이 지금보다 커질 수밖에 없으며 이는 시중 은행의 역할이 축소될 수 있다는 뜻이기도 하다. 결론적으로 말해 각 국가들이 가상화폐에 몰입하는 이유는 자국 화폐의 경쟁력 강화를 위해서다.

통화 시스템은 오늘날 우리가 알고 있는 경제 시스템의 핵심이다. 거의 모든 거래는 환전을 기반으로 한다. 실제로 두 당사자가 서비스를 거래하는 것은 불법이다. 돈은 지불 방법, 상품 및 서비스에 대한 보상으로 받아들이는 한 가치가 있다. 그러나 오늘날 돈과 그 가치에 대한 신뢰, 그것을 중심으로 돌아가던 시스템은 점점 신뢰를 잃어가고 있다. 지난 10년 동안 우리는 현재 금융 시스템에서 사기뿐만 아니라 온 갖 속임수와 범죄 행위가 일어나는 것을 지켜보았다. 너무도 쉽게 돈을 얻고 잃는 것 또한 지켜보았다.

우리는 돈이 사라지는 금융 혁명의 시대를 살고 있다. 조만간 소셜미 디어 기업이 개인의 디지털 기록을 수집하고 가상화폐까지 발행해서 개인의 구매 기록과 금융 기록을 모두 열람하게 될지도 모른다. 현금 없는 사회가 도래하면 사회의 투명도가 대단히 높아지게 되는 것은 반 색할 일이지만 개인의 프라이버시가 어디까지 지켜질지에 대해서는 고 민이다.

부동산, 주식, 금, 미술품 등 모든 자산의 토큰화

페이스북은 가상화폐 리브라를 내세우며 "페이스북에 사진을 올리는 것보다 쉽게 돈을 주고받을 수 있도록 하겠다."고 밝혔다. 그러나 2020년 3월 카카오가 채팅하듯 쉽게 토큰을 주고받을 수 있는 서비스를 선보이며 페이스북을 앞지르고 있다.

카카오 블록체인 자회사 그라운드X가 모바일 지갑 서비스 '클립'Klip을 출시했다. 이는 카카오톡을 이용해 암호화폐(가상자산)를 주고받을 수 있는 서비스로, 그라운드X가 발행한 가상자산 클레이Klay와 자체 블록체인 플랫폼인 클레이튼Klaytn 기반 위에 설계되었다. 카카오톡 이용자라면 모바일 애플리케이션(앱)을 별도로 설치하지 않아도 누구나 쉽게 서비스를 이용할 수 있다. 즉 거래사이트와 개인 지갑 등에 분포된 관련 가상자산을 토큰화해서 관리할 수 있는 것이다. 예를 들면 가치를 매기기 어려운 게임 아이템, 개인이 보유한 콘텐츠 등에 클레이튼 기반 NFT(대체 불가능 토큰) 기능을 적용하는 식이다.

이처럼 글로벌 가상자산 서비스 경쟁에서 주도권을 잡기 위해 여러 나라들이, 또 여러 기업들이 촉각을 곤두세우고 있다.

모든 자산의 토큰화

부동산, 주식, 금, 미술품 등의 모든 현물자산은 토큰화의 대상이 될수 있다. 일단 자산이 토큰화되면 정부나 은행 등 거래를 중재할 중앙화된 권위체가 없는 완전히 개방된 P2P 전자네트워크상에서 암호화해쉬 자산으로 존재하게 된다. 기존에는 자산에 대한 소유권이 구식의 종이 서류 방식으로 존재했다. 자산 거래시 각종 수수료와 불필요한 절차가 필요했으며 그 과정이 복잡하고 시간이 오래 걸렸다. 그러나 블록체인과 토큰화는 자산의 소유와 거래 방식에 일대 혁명을 몰고 왔다.

그렇다면 자산의 토큰화란 무엇인가? 예를 들어 5억 원짜리 집을 갖고 있다면 소유주가 그 집의 소유지분을 나타내는 D라는 토큰 5억 개를 발행한다. 그러면 그 토큰을 구매한 사람들은 이 집의 지분을 구매한 것과 같다. 회사의 가치를 주식으로 상정해 주식을 나눠 갖는 것과 같은 개념이라고 생각하면 된다.

최근 추정에 따르면 모든 실제 자산의 현재 가치는 전 세계적으로 약 256조 달러 정도에 이른다. 집이든, 땅이든, 그림이든, 보석이든 간에 사고파는 등의 거래가 일어나기 때문에 이 자산은 정기적으로 소유자가 계속 변경된다. 여태껏 이러한 자산을 거래하는 데 사용되는 프로세스는 완전히 구식이었다. 자산에 대한 소유권은 여전히 종이로 된 서류에 표시된다. 그렇기 때문에 자산 거래를 함에 있어 방대한 양의 불필요한 요식, 비싼 수수료, 다양한 지리적 제한으로 인해 어려움을 겪고 있다. 그뿐인가. 부동산, 금, 예술품 등 대부분의 자산은 세분화가 어려워 시장이 유동적이지 않았다.

이런 측면에서 보자면 토큰화의 발전은 실제 자산을 소유하고 거래하는 방법에 있어 일대 혁명이라 할 수 있다. 토큰화는 블록체인 네트워크에 존재하는 디지털 토큰으로 실제 자산을 나타내는 혁신적인 프로세스다. 토큰화가 수행되면 토큰은 본질적으로 반박할 수 없는 소유권 증명을 통해 디지털 주식이 된다. 종이 기반 시스템에 비해 여러 측면에서 효율적이고 신뢰할 수 있으며, 스마트하게 자산을 관리하는 방법임을 부정할 수 없다.

미래 금융의 시작, 자산 토큰화

달러, 유로 등의 정통화폐와 금, 은, 석유 등의 투자상품, 그리고 부동산, 예술품 등 다양한 무형자산을 토큰화해야 하는 이유는 무엇일까? 우선 자산을 쪼개서 부분적으로 소유가 가능하고, 자산의 유동성이 증가하기 때문이다. 블록체인에 디지털 토큰으로 실제 자산을 표현하기 때문에 중개인 없이 거래할 수 있고 거래 비용도 저렴하다. 효율적이고 빠른 계약은 물론 블록체인의 불변성 덕분에 사기 행위를 시도하는 트랜잭션이 제거돼 위조나 변조가 불가능한 소유권을 가질 수 있어 더욱 안전하다.

자산을 토큰화할 경우의 주요 이점을 정리하면 다음과 같다.

- 위조나 변조가 불가능하다.
- 거래 정보가 실시간으로 투명하게 공개돼 위험이 감소한다.
- 자산의 유동성이 강화된다.
- 트랜잭션 자체가 네트워크에 의해 검증되므로 제3의 감독자가 필요하지 않다.
- 소유권의 가능성을 통해 신규 투자자를 유치하기 쉽다.
- 거래가 훨씬 빠르게 진행되고 완료된다.
- 서로 다른 체인 위에 올려진 자산이라 해도 토믹스왑이나 인터체인을 통해 중개인 없이 바로 교환이 가능하다.

어쩌면 자산 토큰화야말로 미래 금융의 시작인지도 모른다. 실제 자산의 토큰화는 시장 민주화의 촉매제 역할을 한다. 토큰화는 향후 몇 년 동안 자산관리에서 혁신적인 역할을 수행할 것이며, 시장을 민주화하고 더 안전하고 공정하게 만들 수 있는 잠재력을 갖고 있다. 무엇보

다 자산이 토큰화되면 사람들의 생활방식을 근본적으로 바꿀 수 있다
는 점에서 큰 의의가 있다. 블록체인 지분 소유 플랫폼을 통해 개인은
소비자로서의 권리 확장을 경험하고 생산자 역시 새로운 이윤 창출의
기회를 마련할 수 있다.

인공지능,
핀테크 시장의 판도를 바꾼다

핀테크는 '금융'finance과 '기술'technology이 결합한 서비스 또는 그런 서비스를 하는 회사를 지칭하는 말이다. 최근 들어 국내외 인터넷은행의 부상, 금융 전용 메신저 서비스 출시 및 챗봇의 현장 적용 노력이 지속적으로 이뤄지며 핀테크도 활성화되고 있다. 또 주목할 부분은 중국 간편 결제 서비스의 한국 시장 진입과 중국 핀테크 스타트업들이 글로벌 혁신 기업의 상위권에 올랐다는 점이다.

이처럼 핀테크 산업은 금융 업계를 정신없이 몰아치고 있다. 과거 금융사들이 일방적으로 제공했던 공급자 주도 중심에서 금융 소비자의 선택에 따른 소비자 중심의 시장으로 변하는 상황과 맞물린 결과다. 이

시장이 치열해질수록 소비자들에게는 이익이다. 이제는 느긋하게 앉아서 어떤 핀테크 서비스가 자신에게 맞는지 선택만 하면 된다.

언택트 시대에 걸맞은 인공지능 자산관리사

매일 모든 시장 거래의 약 60퍼센트가 컴퓨터로 이루어지는 상황이고, 시장의 변동성이 심해지면 90퍼센트까지 올라갈 수 있다. 이런 상황에서 코로나19가 터지자, 그 여파로 경기불안과 증시 변동성이 심해지면서 인공지능 자산관리사인 로보어드바이저RA, Robo-Advisor 서비스에 관심이 늘고 있다. 사실 선진국 금융 투자 시장에서는 사람이 직접 투자 결정을 내리는 시대는 지나갔다는 이야기가 이미 보편화됐다.

투자자는 소비자에게 컴퓨터 프로세스를 통해 서비스를 제공하여 시간과 비용을 절약해줌으로써 금융계를 새롭게 바꾸고 있다. 모든 현금은 종말을 고하고 디지털화되며 네트워크와 앱을 기반으로 하는 클라우드렌딩을 통해 P2P 대출이 활성화된다. 그리고 이러한 인공지능의 발달은 핀테크 시장에 영향을 주며 변화를 유도하고 있다.

언택트Untact 시대가 열리고, 기업들은 사람 사이의 접촉을 최대한 피하는 방향으로 고객 서비스를 제공하고 있다. 금융권에서는 인공지능 자산관리사인 로보어드바이저가 활약 중이다. 로보어드바이저는 로봇Robot과 투자전문가Advisor를 합친 용어로 컴퓨터 알고리즘을 바탕으로 주식·채권 등을 사고팔아 자산관리를 해주는 서비스다.

사람보다 인공지능과 빅데이터를 선호하는 이유

미국 주식시장에서는 전체 거래량의 85퍼센트 정도가 사람이 아닌 알고리즘에 의해 거래되고 있다고 추정한다. 대형 금융투자 회사들이 투자 의사결정을 내릴 때 사람보다 인공지능과 빅데이터 활용을 더 선호하는 것은 왜일까? 인간은 감정에 흔들리는 반면 인공지능과 빅데이터를 활용하면 철저하게 데이터를 근거로 투자하기 때문에 훨씬 합리적이고 변수가 적어 뛰어난 성과를 낼 수 있어서다.

2017년 글로벌 금융투자 회사 골드만삭스의 뉴욕 본사의 경우, 고객을 위해 주식을 사고팔던 주식 거래팀 트레이더들 중 단 2명만 남고 모두 해고됐다. 2000년까지만 해도 600명에 달하던 인간 트레이더들은 인공지능과 빅데이터를 활용한 투자 알고리즘에게 자리를 내줬다.

국내 금융시장에서는 2016년에 로보어드바이저가 활약하기 시작했는데, 낮은 수익률과 투자자들의 거부감 등으로 인해 큰 관심을 받지 못했다. 하지만 최근 라임펀드, DLF 등에 문제가 발생하자 투자자들이 창구나 PB 이외의 루트를 통해 투자 조언을 구하고 있다. 직원들이 고객의 자산관리보다는 직원들의 실적에 초점을 두고 상품을 판매한다는 의구심이 늘어나자 투자자들이 로보어드바이저를 그 대안으로 활용하는 것이다.

2016년 서비스가 시작된 이래 현재 주식거래, 금융상품관리, 자산관리 및 퇴직연금 시장까지 진출해 사업 범위를 확대하고 있다. 로보어드바이저는 고객의 투자 규모, 성향 등을 고려해 수백 가지의 맞춤형 최적 포트폴리오를 제공한다. 투자 유형에 맞는 포트폴리오를 추천하는 데서 나아가 시장에 위험 신호가 있을 때마다 곧바로 메시지를 준다. 손쉬운 클릭 몇 번으로 자산 포트폴리오를 즉시 바꿀 수 있어 손실을 기민하게 회피할 수 있다.

게다가 주가, 환율 등 각종 데이터를 종합하고 자산관리 전략을 제시하는 것은 물론, 개인이 쉽게 접근하기 어려운 해외 채권이나 부동산, 유동화 상품 등도 분석할 수 있어 분산 투자에 도움이 된다. 로보어드바이저에 대한 믿음이 쌓이면서 최근 대형은행에서는 로보어드바이저의 이용이 급증하는 추세다. 또한 인공지능 자산관리사인 로보어드바이저는 소비자에게 보다 효율적인 프로세스를 제공함으로써 거래에 드는 시간과 비용을 절약해준다.

인공지능 기반의 챗봇과 크라우드렌딩

미국 신생 보험사 레모네이드Lemonade는 영업사원 없는 보험회사로 유명하다. 모바일로 앱을 다운로드하고, 얼굴 인식과 집 주소 등의 등록을 마치면 90초 만에 보험에 가입할 수 있다. 이때 사람이 아닌 마야Maya라 불리는 인공지능 기반의 여성형 챗봇이 대화를 통해 가입을 도와준다. 보험료를 청구할 때는 남성형 인공지능인 짐이 도와주는데, 역시 사람과 소통하며 진행할 때보다 훨씬 수월하다. 피해 사실을 영상으로 올리고 챗봇과 몇 번의 채팅이 끝나면 3~5분 이내에 보험료가 지급

된다. 2016년 서비스를 개시한 이후 48시간 만에 36,000명이 앱을 다운받았고, 140여 명이 보험에 가입했다.

인공지능과 빅데이터 분석을 기반으로 보험과 기술을 접목한 인슈어테크_InsureTech_를 통해 고객 불편을 없애고 대기시간을 대폭 단축했다. 이런 편리함은 보험 가입에 소극적이었던 젊은 층의 호응을 이끌어내며 전통 보험시장을 파괴하고 있다. 기존 시스템에 기술을 접목해 경제성과 효율성을 모두 획득한 케이스다.

영국 기업인 트렌스퍼와이즈_TransferWise_는 P2P 기반의 기업이다. 이들은 환전수수료의 부담을 느끼는 이들에게 집중해 신선하고 획기적인 아이디어를 냈다. 예를 들어 싱가포르에서 미국에 있는 S에게 송금하려는 J와, 미국에서 싱가포르에 있는 L에게 송금하려는 M가 있다고 가정해보자. 그러면 이들 4인을 매칭해 같은 나라에 있는 J-L과 S-M 사이에 거래를 일으키는 것이다. 이렇게 하면 실제 국가 간의 송금이 일어나지 않기 때문에 환전 수수료가 없고, 은행 수수료도 낮아진다. 송금 환율은 매매 기준율과 비슷하며 결제방식에 따라 수수료가 차등 부과된다. 실제로 이 회사는 5년 동안 35억 달러의 가치를 창출했다.

2004년 캐나다에 설립된 온라인 쇼핑몰 지원 솔루션 기업인 쇼피파이_shopify_는 온라인 유통의 거대 기업인 아마존을 위협하는 경쟁사로 꼽힌다. 쇼피파이는 시가총액 100조 달러를 넘어서는 기업으로, 직접적인 상거래 중계자가 아닌 클라우드 기반의 쇼핑 솔루션 제공 업체다. 온라인 상점 개설을 원하는 사람이라면 누구든 아주 손쉽게 맞춤형 홈페이지와 온라인 매장을 만들 수 있다. 이용료는 월 29달러에서 299달러 수준으로 저렴하다. 아마존이나 이베이 같은 외부 쇼핑 플랫폼에도 연결되고, 마케팅, 재고·판매관리, 배송도 문제없다.

네트워크와 앱을 기반으로 하는 이들 기업은 핀테크가 일으키는 변화의 한 예일 뿐이다. 이제는 비트와 바이트가 달러와 센트를 대신하여 재구성되고 있으며 경제의 원리나 생활 방식은 결코 예전 같지 않을 것이다. 그리고 그 변화의 물결은 더욱 거세질 터다.

"

도심 부동산
불패의 신화가 깨진다

"

트위터의 CEO 잭 도시Jack Dorsey는 5월 10일 직원들에게 "코로나바이러스 전염병 록다운(직장 폐쇄)이 끝난 후에도 집에서 영구적으로 일할 수 있다."고 공지했다. 재택근무를 시작하고 2개월 후 직원들에게 출근 의사를 물었더니, 그중 20퍼센트만이 사무실로 돌아오기를 희망했기 때문이다.

트위터는 이번 일을 계기로 집에서 일하는 방식Work-from-home Model을 전면 시행하는 첫 번째 회사가 되는 것을 고려하며 "트위터에서는 이제 재택근무가 '뉴노멀'이 될 것이다."라고 선언했다. 재택근무 확대 계획을 발표한 데 이어 2021년까지 불필요한 자산을 매각하기로 결정했다.

또 재택근무하는 직원들이 가정에서 작업용 기기를 구매할 수 있도록 1,000달러를 지급하기로 했다.

포춘 100대 기업 대부분이 재택근무를 채택하다

현재 미국에 소재한 기업들은 정부의 지침과 사회적 우려에 따라 출퇴근 대신 대부분 재택근무를 하고 있는 상황이다. 특히 IT 분야의 경우 클라우드 등 온라인 기반의 근무 환경을 잘 갖추고 있어 재택근무나 원격근무에 보다 적극적이다. 트위터의 경우 코로나19가 미국 전역에 퍼지기 시작하면서 3월 초에 최초로 직원들이 재택근무를 시작하도록 권장했다. 마이크로소프트, 구글, 아마존을 포함한 다른 여러 기술기업들도 트위터와 마찬가지로 원격근무를 시작했다. 그리고 재택근무 연장과 확대 방안을 적극 검토 중이다.

구글의 경우 2020년 연말까지 재택근무를 하기로 했다가 그 기간을 연장했다. 사무실에서 근무해야 할 필수 인력이 아닌 직원은 2021년 6월 말까지 재택근무를 허용했다. 페이스북 CEO 마크 저커버그도 "10년 안에 전 직원의 절반이 원격 재택근무를 하게 될 것이다."라고 선언하며 재택근무가 뉴노멀이 될 것임을 확인시켜줬다.

캐나다의 최대 전자상거래 업체 쇼피파이의 CEO 토비 루트케도 역시 "사무실 중심주의는 끝났다."고 말하며 내년까지 사무실을 폐쇄하고 이후에도 가급적 대부분의 직원이 영구적으로 원격근무를 하도록 하겠다고 발표했다. 또 캐나다의 IT 기업 오픈텍스트는 전 세계적으로 120개에 달하는 사무실 중 절반 이상을 없애기로 했다고 밝혔다. IT 기업뿐만이 아니다. 미국 뉴욕의 미디어 업체인 스키프도 7월 리스 기간이 만료되자 뉴욕 본사의 임대를 중단했다.

코로나 이후, 미국 도심 오피스의 공실화

코로나19 사태로 인해 재택근무를 하게 된 직장인들은 집에서 일을 해도 업무에 큰 지장이 없음을 알게 되었다. 더 나아가 재택근무가 비용과 만족도 측면에서 매우 긍정적임을 깨달았다.

코로나19 사태로 미국의 실리콘밸리와 뉴욕 등 대도시에 본사를 둔 대기업들은 재택근무를 시행했고 출퇴근하는 직원이 대폭 줄자 미국 기업들은 임대료가 비싼 도심 사무실을 떠나기 시작했다. 직장인들 역시 출퇴근에 얽매이지 않다 보니 쾌적하고 집값이 싼 도시 외곽으로 이사하는 추세다. 뉴욕을 떠나 교외 지역인 코네티컷으로 이주한 사람이 작년보다 2배 더 늘었다.

코로나19 이후 사람들은 건강문제에 대한 불안감이 상당히 고조된 상태이다. 일반적으로 사람들이 빽빽한 도심 아파트 지역을 벗어나 교외의 타운하우스로 이주하거나 자연이 있는 곳, 즉 도시 밖으로 나가 도심 인구집중과 혼잡에서 벗어나려 한다.

이로 인해 도심의 부동산 가격은 대폭 하락했다. 구글 본사가 있는 캘리포니아 마운틴뷰 지역의 임대료는 30퍼센트 가까이 떨어졌다. 애플 본사가 있는 쿠퍼티노는 14.3퍼센트, 페이스북이 자리한 멘로파크는 14.1퍼센트, 팰로알토는 10.8퍼센트 하락했다. 부동산 정보 사이트 줌퍼Zumper에 따르면, 2020년 6월 샌프란시스코의 방 1개짜리 아파트 월세가 2019년 6월에 비해 11.8퍼센트 하락했다. 임대료가 상승하던 샌프란시스코의 월세가 하락하는 일은 전례 없는 일이니, 지금의 상황이 어떤지 짐작 가능하다.

이처럼 뉴욕 맨해튼과 샌프란시스코 일대의 주택임대료는 급락한 반면 교외 지역의 주택 거래는 급증하는 상황이다. 뉴욕 맨해튼 집값은 25퍼센트 급락하고, 샌프란시스코의 원룸 임대료는 12퍼센트 떨어졌다. 도심 임대용 아파트 공실이 사상 최대로 늘어나고 임대료도 떨어진 점을 감안하면 갑자기 늘어난 교외 지역 주택 수요를 재택근무 증가와 연결해볼 수 있다.

미국 데이터 분석 업체 스트리트이지에 따르면 7월 임대 매물로 나온 뉴욕시 주택은 총 6만 7,300여 가구로, 통계를 내기 시작한 2010년 이후 최대 공실 상황을 맞았다. 이처럼 임대 수요가 급격히 줄면서 맨해튼 일대의 7월 평균 임대료는 3,167달러로 1년 전보다 10퍼센트 떨어진 수치다. 노벨경제학상 수상자인 예일대학의 로버트 쉴러 교수는 "재택근무의 영향으로 교외 주택 수요가 늘고, 반대로 도시는 수요가 줄어 가격이 떨어질 것이다."라고 전망했다.

재택근무가 영구히 지속된다면 이제 사무 공간 확대를 위한 부동산 매입이나 화려하고 큰 사옥은 의미가 없어진다. 실제로 세계 곳곳의 기업들이 사무 공간을 줄이고 있다. 재택근무, 원격근무의 확산으로 업무 공간에 대한 개념이 달라질 것이며 이는 부동산시장에 상당한 영향을 미칠 수밖에 없다. 이렇게 대기업이 도심을 떠나면 사무실 공실률이 높아지는 것은 물론 식당가, 극장가 등 관련된 다른 산업들 역시 줄줄이 쇠퇴하거나 소멸한다.

2030년, 강남에 신축건물이 들어설까?

우리나라도 예외는 아니다. 서울의 도심지인 시청, 을지로, 충무로에 있는 빌딩 사무실이 하나둘 비기 시작하면서 공실률이 20퍼센트를 넘는다. 테헤란로, 강남대로 상권 등에서도 9퍼센트에 달하는 공실률이 나타났다. 인터넷 상거래가 활발해지면서 굳이 값이 비싼 시내 중심에 회사 사무실을 둘 필요가 없어졌기 때문이다. 많은 회사들이 서울 도심보다는 값싼 외곽 지역으로 위치를 옮기는 중이다.

서울 강남 지역의 경우, 글로벌 기업이 많은데 이들이 서서히 재택근무로 돌아서면 빌딩들의 공실률은 더욱 늘어나게 된다. 이런 상황이라면 한국 기업들도 텅텅 비어가는 사무실에 굳이 출근할 이유가 없다. 서울의 부동산 가격이 급등했음에도 삼성그룹은 최근 2년간 서울 도심에 있는 삼성 빌딩들을 3조 원어치 팔았다. 인터넷 기술의 발달은 사무실이 값비싼 시내 중심에 있어야 한다는 지리적 제약을 무너뜨리고 있다. 2020년 하반기부터 재택근무나 원격근무가 점점 확대되면서 샌프란시스코처럼 강남도 사무실 공실률이 더욱 높아지는 추세다.

　이처럼 공실률이 급증하면 임대료 수익에 의존하던 이들은 엄청난 타격을 입게 되며 건물의 값도 떨어지기 시작할 것이다. 당연히 부동산 시장 전반에도 상당한 변화가 예상된다. 도심 인구집중은 출퇴근으로 이뤄지는데, 2020년이 원격근무의 원년이 되면서 2030년에는 강남에 신축건물이 임대를 위해서 들어서는 일은 더 이상 없을 것이다.

도심 인구밀도의 감소,
위기 아닌 기회일 수 있다

미래의 팬데믹은 더 많이, 더 빨리, 더 심각한 사망자를 낳는 전염병으로 다가온다. 《월스트리트 저널》은 팬데믹 같은 글로벌 전염병이 과거보다는 더 정규적으로, 더 자주 일어난다고 발표했다. 그 이유는 단연코 도시 집중으로 인한 인구밀도Urbanization가 높기 때문이고, 바이러스가 더 빨리 퍼지는 이유는 글로벌화Globalization 때문이다. 이 외에 인간의 동물단백질 소비도 한 요인이라고 분석했다.

세계경제포럼WEF, World Economic Forum인 다보스포럼에서 2020년 3월 4일 올린 발표 자료에 의하면 코로나바이러스는 세계화, 도시화 및 기후변화와 일치하는 더 빈번한 전염병 패턴이 된다. 사회의 연결성이 강화됨에 따라 미래 전염병은 더 빨리 퍼지면서 폭발적으로 확산한다는 것이다. 아이러니하지만 인간들의 연대가 점점 커질수록 전염병이 더 흔해진다. 전 세계에서 전염병은 발생한 지 36시간 이내에 발생 지역에서 세계 반대편의 주요 도시로의 이동이 가능해졌다.

세계화, 도시화는 인류를 위기로 몰아넣었다

그뿐 아니다. 전 세계 인구가 증가하고 생활공간의 밀도가 높아지면서 우리는 더 가까이 산다. 유엔은 2050년까지 전 세계 인구의 약 68퍼센트가 도시 지역에 살게 된다고 발표했고, 팬데믹으로 인해 이러한 도심화에 급격한 변화가 나타나는 중이다. 이 외에도 기후변화는 이러한 경향과 전염병의 발병률을 악화시킨다.

2020년 세계경제포럼의 〈글로벌 위험 보고서 2020〉Global Risks Report 2020에 따르면, 극도의 지구 온난화로 인해 유럽과 동아프리카처럼 이전에는 영향을 받지 않던 지역에서 10억 명이 모기 매개 질병에 노출될 수 있다.

도심의 밀도가 화제의 중심에 오르기 시작한 것은 코로나19 이후다. 한 명의 확진자가 나오면 이후 그가 거주한 아파트 전부가 코호트로 격리되는 현상이 나왔다. 예를 들어 어떤 아파트에 거주하는 한 명의 주민이 코로나19에 걸리면, 거기 사는 수천 명이 동시에 자가격리 조치를 해야만 한다.

영국의 〈가디언〉도 도심 인구밀도의 감소가 필요하다는 분석을 내놨다. 도시 디자이너들은 도심이 밀집돼 있을수록 에너지 효율은 크지만 전염병에는 취약해서, 코로나19 같은 전염병 발병 이후에는 도심 밀도를 줄여야 한다고 주장한다. MIT 도시연구학과 교수인 리처드 세넷도 도심의 밀도를 줄여야 한다고 주장하는 대표적인 사람 중 한 명이다. 이와 관련해 식당, 술집, 클럽처럼 사람들이 몰려 있는 건물들을 이웃과 떼어내는 도시 디자인들이 나오기 시작했다.

도심 밀도를 줄이고 열린 도시를 지향해야 한다

이미 많은 기업들이 사회적 거리두기에 동참하고 있으며 원격근무가 뉴노멀이 되고 있다. 디지털 인프라가 잘 갖춰져서 이제는 도시와 지방이 큰 차이가 나지 않는다. 끝없이 울려대는 안내 문자, 각 지자체들의 동선 공개, 마스크 구입처 안내 앱 등 이 모든 것이 도심의 디지털 인프라다. 게다가 원격근무, 원격교실, 원격회의, 원격진료, 원격배달, 원격가상여행, 원격연애, 원격관계망 등 원격 시스템이 본격화되면서 굳이 도시에 살지 않아도 일과 생활에 큰 불편이 없다.

도심의 밀도를 낮추자는 주장을 하는 리처드 세넷 교수는 열린 도시 Open City를 제안한다. 평생을 학자, 여행자, 도시계획가로서 살아온 석학이 만년의 고민을 담아 《짓기와 거주하기》라는 책으로 풀어냈다. 세넷은 인간은 도시를 점거했을 뿐 실제로 거주하지 않는다고 말한다. 그래서 사람들이 아파트 숲에 갇히고, 노인들이 홀로 방치돼 죽고, 자살률이 증가한다는 것이다.

세넷 교수는 '빌'Ville과 '시테'Cite의 개념을 기본으로 이야기를 풀어간다. '빌'은 물리적 장소인 도시 자체를 말하며, '시테'는 그 속에서 영위하는 사람의 삶, 즉 실생활을 말한다. 부실하게 설계된 뉴욕의 어느 터널에서 생기는 차량 정체는 '빌'의 문제지만, 수많은 뉴욕 시민이 새벽부터 일어나 일터로 가기 위해 그 터널을 지나야 하는 것은 '시테'의 문제다. 이 둘은 서로 비틀려 있고 괴리되어 고통스럽다. 그래서 그는 도시 문화의 개방성을 중시하며 열린 도시의 미덕을 강조한다. 그리고 그가 강조하는 열린 도시와 삶의 방식은 팬데믹 이후 우리가 깨달은 거주 형태나 삶의 방식과 상당 부분 맞닿아 있다.

영국은 콜레라 감염으로 1만 명의 사망자를 낸 후 템스강에 둑을 쌓았다. 그런 식으로 하수도 시스템을 만들어 전염병을 막았는데, 이때의 일등공신은 토목기사다. 코로나19의 해법도 여기서 아이디어를 얻어야 한다. 지금 우리가 해야 할 토목공사는 도심의 밀도를 줄이면서 지방 균형을 맞추기 위해 중소도시를 더 발전시키는 것이다.

19세기 전반까지 이동의 편리성과 효율성 면에서 파리는 최악의 도시였다. 세 번의 혁명을 겪은 나폴레옹 3세는 오스만 남작을 도시계획 책임자로 임명했고, 그는 도시를 곧게 펴는 데 집중했다. 도시를 가로지르는 대로를 설치해 교통 시스템을 결합했고 중앙정원을 시민들에게 개방했으며, 중산층을 위한 주택을 대로변에 배치했다. 이를 통해 사람들은 자연스럽게 만나서 어울리고, 효율적으로 이동할 수 있게 됐다.

이런 식으로 도시가 오픈되면 지방도시의 발전도 촉진하기 쉽다. 담을 쌓아 가두는 게 아니라 담을 허물고 길을 내어 내보내야 한다. 서울 안에만 집중된 자원과 역량을 지방 소도시로 분배함으로써 도심 밀도를 줄이고 균형 발전을 꾀할 수 있다. 이는 코로나 팬데믹으로 큰 아픔을 겪으며 우리가 얻을 수 있는 지혜 중 하나다.

재택근무가 바꾼 우리의 삶

수세기 전 유럽과 미국에 대규모 공장 내에서 반복적인 조립라인 작업을 대신해주는 새로운 기계가 등장했다. 그리고 그 기계의 개발을 통해 대량생산이 가능해지면서 산업혁명이 일어났다.

이 산업혁명은 노동력을 특정 위치, 엄격한 근무시간에 묶는 역할을 했으며, 국가가 농촌에서 도시로 대량 인구이동을 시킴으로써 근본적인 사회변화를 촉발했다. 산업혁명은 생산라인이 있는 공장으로 사람들을 끌어들여 일어났다. 산업혁명 이후 인간의 삶은 완전히 변했다. 농촌 인구의 도시 유입과, 제조 공장 주변에 아파트 단지 등 주택이 들어서서 도시를 이루었다.

이제 신산업혁명이 일어나고 있다. 생산라인도 제조공장도 없는 서비스 산업 시대에 수백만 명이 재택근무를 하기 시작했고, 그들은 사무실로 돌아가려 하지 않는다. 지식경제 전반에 걸쳐 완전히 새로운 산업혁명이 일어나고 있는 것이다.

지식경제 비즈니스의 기반이 되는 인터넷 및 소프트웨어 도구는 직원들이 동시에 같은 장소에서 함께 작업해야만 할 필요성을 완화시켰다. 특히 IT 기업들이나 스타트업들이 생산적인 원격근무를 현실로 만들어준 커뮤니케이션, 협업 및 프로젝트관리 도구의 개발에 박차를 가하면서 이러한 추세를 주도하고 있다.

코로나19 이전에 재택근무에 대한 주요 장벽은 일반적으로 조직적인 침묵과 결정을 미룬 우유부단이었다. 전염병은 우리의 업무 관행이 기술을 따라잡도록 강요하였으며 하룻밤 사이에 10년의 조직변화를 불러왔다.

신혁명은 계속된다

신산업혁명인 재택근무 전환과 그것이 지역사회에 미치는 영향은 엄청나다. 탄소배출량 감소, 도시화 추세 역전, 도시설계 방식 재고 등 커다란 사회적 변화를 불러일으킨다. 예를 들어 인력의 20퍼센트가 풀타임 재택근무로 전환하면 도심의 상품 및 서비스 수요가 20퍼센트 감소해 소매, 접객업 및 운송과 같은 다양한 산업에 영향을 미친다. 도심 탈출로 대도시는 큰 대가를 치르지만 어려움을 겪고 있는 지역경제에 활력을 불어넣을 수 있는 커다란 기회를 제공한다. 일부 고용주는 도시 중심 사무실 등의 입지를 포기함으로써 직원 임금과 간접비를 상당히 줄일 수 있다.

그러나 이러한 미래를 당연시해서는 안 된다. 재택근무에 기반을 둔 지식경제의 결과를 충분히 고려하지 않고 맹목적으로 추진하면 감당해야 할 문제들이 생긴다. 지식경제가 재택근무로만 진행되었을 때의 단점을 보완하는 대면 활동도 다양한 형태로 병행할 수 있어야 한다. 9년 동안 완전히 원격 기반으로 사업을 해온 두이스트Doist의 COO는 "재택근무가 모든 사람을 위한 것은 아니며 직장에서 사회적 상호작용이 여전히 필요하다."라고 말한다.

재택근무 혁명을 제공하는 데는 아직도 기술적 장벽이 있다. IT 보안은 이미 문제가 되었다. 직원들이 가정 또는 공용 인터넷 연결을 통해 개인 랩톱이나 모바일 장치로 회사 네트워크에 접속하는 것에 대한 우려가 있다. 어떤 직원들은 열악한 인터넷 속도와 낙후된 IT 기기로 어려움을 겪는다. 모든 조직이 재택근무로의 전환을 동일한 속도로 할 수 있는 것은 아니다. 100퍼센트 원격근무가 모든 사람에게 적합한 것도 아니다. 그러므로 온오프 활동의 균형을 유지하면서 하이브리드 운영 모델을 만드는 작업에 착수해야 한다.

산업혁명은 역사적 한 순간이 아니라 지속적인 변화와 혁신의 긴 시기를 일컫는다. 오늘날의 재택근무 혁명도 마찬가지로 적응의 시간이 필요하다. 전염병으로 가속화되었지만 지난 2세기 동안 고수해온 조직 업무 관행의 변화를 실현하려면 재택근무에 더 많이 투자하고 혁신을 시도하며 인내할 줄 알아야 한다.

COVID-19

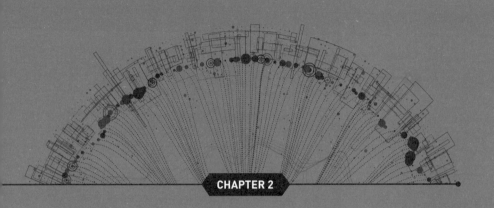

CHAPTER 2

대학 학위
무용지물의 시대

교육의 미래

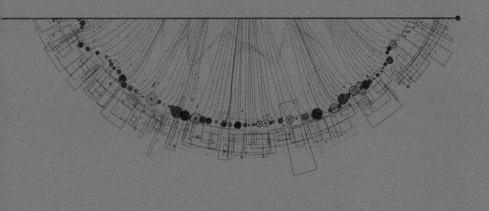

"
10년 안에
대학이 붕괴된다
"

"10년 안에 미국 내 절반의 대학이 파산한다."

'파괴적 혁신'으로 유명한 하버드 경영대학원 클레이튼 크리스텐슨 Clayton Christensen 교수는 2017년에 이렇게 경고했다. 그는 2013년부터 "온라인 공개 수업인 무크MOOC가 다수의 비효율적 대학들을 사장시킬 것이다."라며 온라인 교육 자원이 늘어나면서 전통적 고등교육기관이 자리를 잃을 것이란 우려를 드러냈다.

당시 미국 교육부와 무디스의 공동예측 프로젝트에서도 소규모 대학의 폐쇄 속도가 증가하고 있으며 대학들의 합병은 기존의 2배 정도 늘어날 것이라는 예측이 나왔다. 하지만 코로나 사태 이후 대학의 파산 속도는 더욱 빨라지고 있다.

10년 내 미국의 대학 절반이 소멸한다

미국 대학의 재정적 운영은 전액 학비를 내는 외국인 학생에 대한 의존도가 큰 편이다. 그런데 코로나19로 인해 학생들이 학교로 돌아오려 하지 않고 있으며, 수업료를 적게 내는 미국 학생들조차 휴학을 하면서 학생 수가 급감하고 있다.

이런 실정이다 보니 수업료가 주요 재원인 대학이 10년 혹은 5년 내에도 붕괴할 수 있다는 우려가 현실이 되고 있다. 코로나19로 백화점, 영화관, 식당, 쇼핑몰 등이 고객을 잃은 것과 마찬가지로 등록금이 비싼 이류 대학들도 큰 타격을 받게 되었다. 이제는 진정한 일류 대학만 살아남는다.

뉴욕대학의 스콧 갤러웨이Scott Galloway 교수 역시 코로나19로 미국 내 절반의 대학이 5~10년 후에 소멸한다고 말했다. 그는 PBS의 프로그램인 〈Amanpour & Co.〉에서 코로나바이러스가 대학에 미치는 영향에 대해 분석했다. 모든 대학이 온라인 강의가 강제된 상황에서 부실한 인터넷 강의를 왜 들어야 하는지에 대해 학생들이 심각하게 의구심을 나타내기 시작했다는 것이다. 그는 "미국 전역에서 학생들은 이런 강의가 어떤 가치가 있으며, 열정 없고 부실한 내용으로 왜 그렇게 많은 수업료를 받고 있는지 궁금해하고 있다."고 말했다.

코로나가 지속되면 휴학을 하는 학생이 많아지고 대학의 재정은 감당하기 힘들 정도로 어려워진다. 지금보다 더 많은 학생들이 1년 이상 휴학을 하게 되면 대학의 수요와 공급은 파괴되고, 수업료나 비용을 낮추라는 압력 또한 커질 것이다. 따라서 현금을 제대로 보유하지 못한 기업들이 도산하듯 재정 적자가 눈덩이처럼 불어난 대학들도 파괴와 붕괴를 피할 수 없게 된다.

가장 먼저 비싼 학비와 낮은 기부금 현황을 가진 대학들이 폐교한다. 미국에는 4,500개의 대학이 있으며 앞으로 5년에서 10년 안에 수천 개 이상의 대학이 사업을 중단할 수 있다. 코로나로 타격을 입은 소매점처럼 2단계로 고등교육을 담당하는 수많은 대학들이 사라지는 것이 수순이다.

가까운 미래에는 대학교수의 지식보다 날마다 새롭게 업데이트되는 인공지능이 훨씬 더 탁월할 것이다. 온라인을 통해 다양한 정보의 습득이 가능한 5G 시대와 24시간 초연결 시대에 사는 젊은 세대들은 세계 석학 혹은 인공지능에게서 배우기를 희망한다.

구글의 양자컴퓨터 '시커모어'는 슈퍼컴퓨터가 1만 년 동안 처리해야 하는 연산 분석을 3분 내에 하며, 일론 머스크의 '뉴럴링크'는 AI칩으로 뇌와 컴퓨터를 연결한다. 칩을 뇌에 연결하면 지식이 자동으로 업로드 및 다운로드되며 전달이 가능하다. 이처럼 미래의 교육은 지식 전달만을 목적으로 하는 오늘날의 대학이 따라잡을 수 없는 속도로 진화하게 된다.

2030년 한국의 대학은 재정 압박으로 파산 위기에 처한다

우리나라 대학들도 사정은 마찬가지다. 정부 지원을 바라고 있지만 한계가 있다. 세금을 낼 수 있는 기업들이 줄어들고, 청년들의 노동력은 감소하는 중이다. 우리나라의 대학은 약 400개에 달하는데 호주의 대학이 40개인 것에 비하면 그 수가 너무 많다. 미국에 있는 4,000개의 대학 중 2,000개는 10년 내에 붕괴하게 된다.

전호환 전 부산대학교 총장도 "재정 악화와 학령인구 감소로 국내 대학들은 5년 안에 50개가 사라질 것이다."라고 경고했다. 기본소득 시대가 오면 일반적인 생계비용이 해결되기 때문에 아이들이 학교를 가지 않고 자신이 좋아하는 일이나 의미 있는 일에 집중하고, 대학 진학보다 글로벌 경험을 쌓거나 창업 등으로 나아갈 것이기 때문이다.

세상의 변화가 너무 빨라졌고 우리는 그 변화의 속도를 코로나19를 통해서 만나게 되었다. 항공 업계와 조선 업계 등 거대 기업이 순식간에 문을 닫았다. 학생들이 4년간 상아탑 속에 갇혀 있는 사이에 세상은 급속도로 여러 차례의 변화를 맞을 것이고, 그 사이 배운 지식은 아무 쓸모없는 낡은 지식이 된다. 당연히 기존 교육제도에 의구심을 품을 수밖에 없다.

오늘날은 대학 졸업장이 필요 없는 '스타트업의 시대'다. 구글, 애플, 아마존, 페이스북의 CEO들은 모두 집 차고에서 창업했거나 대학을 중퇴한 후 자신의 사업을 시작했다. 이러한 세상의 변화 속에서 학생들은 매일 새로운 영감을 받고 있다. 그들은 더 이상 졸업장이 필요 없는 사회에 일찍 나와서 창업하고자 한다. 이제 대학에서 4년을 허비하는 일은 국가적인 낭비로까지 생각하는 세상이 되었다.

정부는 똑똑한 국민들의 요구로 사회보장과 복지예산을 늘리고 있다. 그로 인해 복지예산이 70~80퍼센트 수준으로 높아진 북유럽이나 선진국에서는 대학 지원을 줄이는 추세다. 정부의 대학 지원은 수학능력이 높거나 좋은 성적을 내는 대학들에 더 많이 집중된다. 그러나 인구와 학령인구의 감소로 그 예산마저 줄어들 것이다. 또한 코로나19처럼 전 세계적 재앙이 갑자기 급습하면, 재난기본소득을 나눠주면서 생긴 엄청난 정부 적자를 해소하기 위해 사립대학교에 대한 지원 등은 어쩔 수 없이 줄어들게 마련이다. 그러니 정부 지원만 바라보는 해바라기 대학들의 미래가 암담한 것은 어쩔 수 없는 일이다.

학령인구 감소와 무료 온라인 대학으로의 대이동

지난 2019년 통계청에서 발표한 장래가구추계 자료에 따르면, 2020년부터 2023년까지 만 18세 학령인구가 2021년에는 47만 6,259명, 2023년에는 43만 3,385명으로 큰 폭의 감소 추세를 보였다. 올해 만 18세 학령인구는 51만 1,707명으로 전년도보다 8만 2,571명이 줄어들 것으로 예상된다.

우리나라 여성 1명이 낳을 것으로 기대되는 평균 출생아 수인 합계출산율은 2019년 0.92명까지 떨어졌다. 역대 최저인 데다 세계적으로

도 전례를 찾기 어려울 만큼 충격적인 저출산 지표다. 출산은 줄어드는데 고령화로 사망자는 늘면서 올해부터 인구 자연감소가 시작될 것으로 전망된다. 인구 전문가들은 합계출산율이 2.1명은 돼야 국가나 사회가 유지된다고 말한다. 경제협력개발기구$_{OECD}$ 36개 회원국의 2017년 평균 출산율은 1.65명이며, 작년 수치는 아직 집계되지 않았으나 OECD 국가 중 출산율이 1명 미만인 곳은 한국뿐이다.

출산율 급감은 초중고등학교 폐교뿐만 아니라, 대학교에도 치명적인 영향을 미친다. 2025년까지 이미 50개교가 문을 닫을 예정이다. 2040년이 되면 400여 개 대학 중 절반이 파산할 위기에 처한다. 그래서 대학들은 자구책으로 50대 이후 고령인구들의 평생교육에 큰 관심을 두고 있다. 앞으로 대부분의 대학교는 고령인구, 혹은 장년인구로 채워질 것으로 보인다. 고령이나 장년인구가 급속도로 변화하는 세상에 적응하며 살아가기 위해서는 끊임없이 새로운 것을 배워야만 하기에 평생교육이 필요하다. 게다가 기본소득제가 도입되면 그 돈으로 대학 교육에 참여할 가능성이 더욱 커진다.

이처럼 대학 입학 가능 자원이 줄어드는 와중에 원격교실과 MOOC, 원격대학의 수요가 증가하면서 전통적인 교육방식은 점점 더 외면받고 있다. 온라인 대학을 다니거나 MOOC 등 글로벌 대학의 강좌를 들으며 실력을 쌓는 이들이 점점 늘어나고 있다. 이들은 스스로 제품을 만들거나 프로젝트 팀을 이루어 '메이커스'가 되는 비전을 갖고 있기에 미련 없이 대학을 떠난다.

온라인 교육의 새로운 장을 연 코세라

전 세계는 사상 최대의 취업난을 겪으며, 대학 졸업장의 가치가 퇴색하는 반면 공신력 있는 온라인 교육이 뜨고 있다. 코세라_{Coursera}가 대표적인 예다.

코세라는 2012년 스탠퍼드대학교 컴퓨터학과 앤드류 응_{Andrew Ng}교수와 대프니 콜러_{Daphne Koller} 교수가 설립한 1세대 온라인 공개수업 서비스다. 앤드류 교수와 콜러 교수는 2011년 가을 즈음 스탠퍼드대학교의 일부 수업을 온라인으로 제공한 경험에서 영감을 얻었고, 학교를 떠나 코세라를 창업했다. 코세라는 강좌 연계를 위한 파트너 기관으로 현재 구글, 아마존, 유니티, 리눅스, 인텔, IBM, MoMA, 대학교로는 카이스트, 연세대, 스탠퍼드대, 프린스턴대, 펜실베이니아대 등 전 세계 150여 개의 대학과 협력을 맺고 있으며, 2,000여 개가 넘는 코스와 함께 2,400만 명의 수강생을 보유한 세계 최대 규모의 MOOC이다. 온라인으로 수업을 듣는 동시에 현역 대학 교수의 피드백이나 실제로 사용 가능한 수료증도 받을 수 있다.

코세라의 강의는 기본적으로 무료이며 수료증을 취득하려면 일정 금액을 지불해야 한다. 강의 기간은 짧게 4~6주부터 길게는 4~6개월 과정으로 구성되어 있으며, 평생학습 시대를 살아가는 직장인과 학습자들에게 새로운 기회를 안겨주는 혁신을 불러일으켰다. 코세라는 급부상하는 빅데이터, 인공지능, 사물인터넷_{IoT} 등 빠르게 변화하고 있는 제4차 산업혁명을 받아들이기 위해 기술에 대한 수요가 늘어남에 따라 더 인기를 끌고 있다.

코세라의 가장 큰 장점은 세계적 명성을 지닌 대학 교수들에게서 최첨단 학문을 언제 어디서나 손쉽게 배울 수 있다는 점이다. 코세라는 2014년부터 75개의 특화 과정을 개설했으며, 데이터 사이언스, 사물인터넷, 파이선, 빅데이터, 인공지능과 같이 신흥 유망산업군 과목이 가장 큰 인기를 얻고 있다.

코세라의 성공비결은 크게 3가지로 요약할 수 있다.

첫째, 가성비 좋은 강의료이다. 코세라의 강의는 대부분이 무료이다. 평생학습을 원하는 학생 및 직장인들에게 꼭 필요한 질 높은 지식을 저렴하게 제공한다. 개인 대상 강의 수료증 발급 및 기업 대상 온라인 교육 서비스는 수수료를 받고 있다. 보통 7일의 체험판을 사용한 후 본격적으로 강의를 듣고자 한다면 월 48달러 정도의 금액을 지불하면 된다. 단순히 강의만 듣고 끝나는 것이 아니라 코세라를 통해 한 강좌를 완료하면 증명서를, 일정 커리큘럼을 완료하면 인증 학위 취득을 할 수 있는 시스템이다. 한 대학의 온라인 경영학 석사 프로그램의 2~3년 과정을 이수하기까지 2,000만 원 정도가 드는데, 실제 미국에서 유학할 경우와 비교하면 훨씬 저렴한 비용으로 석사학위를 딸 수 있다.

둘째, 효율적이고 철저한 교육 관리 시스템이다. 코세라에서 진행하는 커리큘럼의 과정을 이수하려면 주말평가와 단계별 퀴즈를 패스해야 한다. 그리고 같은 강의를 듣는 다른 수강생의 과제를 매번 5개씩 평가해야 하는 독특한 시스템을 가지고 있다. 1명의 담당 교수가 전 세계 수백, 수천만 명의 학생들을 대상으로 일일이 평가를 진행할 수 없으므로 수강생끼리 서로 채점하는 시스템을 사용한 것이다. 이는 위키백과와 같은 '집단지성'을 잘 활용한 케이스다.

셋째, 양질의 교육 콘텐츠를 제공한다. 인터넷이 되는 곳이라면 어디서나 최고 품질의 강의를 들을 수 있다. 스탠퍼드대학교, 미시간대학교, 듀크대학교 등 세계 최고의 명문 대학들과 파트너십을 가진 코세라는 IT에만 집중하지 않는다. 법학, 신문방송학, 인문학 등 다양한 분야의 과정을 2,000여 개나 보유하고 있다. 유명 대학 교수의 기존 강의를 사용하는 게 아니다. 코세라만을 위한 강의를 별도로 진행하여 촬영하며, 강의 러닝타임은 온라인 강의임을 고려해 20분을 넘지 않는다.

싱가포르와 중국에도 밀리는 우리나라 대학의 실상

'10억 달러 vs. 240억 원.' 미국 MIT와 서울대학교의 인공지능 부문의 투자 규모다. MIT는 지난해 10억 달러를 투입해 인공지능 대학을 설립했다. 제4차 산업혁명 시대의 흐름에 맞춰 인공지능 기술을 선점하겠다는 취지다. 서울대학교도 지난달 10개 학문 분야의 세계 10위권 진입을 목표로 집중 투자하는 'SNU 10−10프로젝트'를 발표했다. 앞으로 6년간 240억 원을 이들 학과에 투입해 글로벌 톱10에 드는 10개 학문 분야를 육성하겠다는 계획이다. 인공지능 투자 규모는 서울대학교가 국내 1위 대학이지만, 세계 유수의 대학 사이에선 30위권에도 이름을 올리지 못한다. 글로벌 무대에서 한국 대학들의 경쟁력은 과거보다 오히려 뒤처지고 있다.

영국의 대학평가기관인 QS_{Quacquarelli Symonds}가 발표한 대학 순위를 살펴보면, 2020년 기준 서울대학교의 순위는 37위다. 2017년 35위에서 3년 새 두 계단 하락했다. 다른 대학들의 평가순위를 보면 100위권에 진입해 있는 대학은 KAIST(39위), 고려대학교(69위), 포스텍(77위), 연세대학교(85위), 성균관대학교(88위) 등 5개 학교이다. 국내 대학 중 30위 안에 오른 대학은 단 한 곳도 없다.

하지만 다른 아시아 지역 대학의 경우 싱가포르의 NUS(11위), NTU(13위), 중국의 칭화대학교(15위), 베이징대학교(22위) 홍콩대학교(25위), 일본의 도쿄대학교(24위) 등이 30위권 내 이름을 올렸다. 이들은 모두 지난 3년간 순위가 올라갔다. 한국 대학들이 순위 경쟁에서 밀리는 이유는 대부분 교수 논문 인용, 외국인 교수 수 등에서 낮은 점수를 받고 있는 탓이 크다. 달리 말해 연구대학으로서의 역할을 충실히 이행하지 못하고 있다는 얘기다.

국내 대학들은 11년째 지속된 등록금 동결로 대부분 재정악화에 시달리고 있으며, 사립대학들이 투입하는 연구비는 매년 부족한 실정이다. 2017년 4,669억 원에서 2019년 4,276억 원으로 8.4퍼센트가량 감소했다. 미래를 위한 연구와 투자, 혁신은 그저 '그림의 떡'일 뿐이다. 이런 상황에서 포스트 코로나 이후의 재정 악화까지 겹쳤으니 연구 투자비 증가는커녕 생존조차 힘든 상황다. 우리나라도 세계적 경쟁력을 겸비한 소수의 일류대학을 제외한 대학들의 파산은 이미 시작되었다. 교육을 둘러싼 거대한 소용돌이는 많은 것을 바꿀 것이다.

대학 학위
무용지물의 시대가 왔다

2020년 6월 AP 통신은 트럼프 대통령이 '학위보다 기술 우선 채용을 명령하는 행정명령법에 서명한다'는 내용의 기사를 보도했다. 미국에서 210만 명에 달하는, 가장 많은 인원을 채용하는 연방정부가 '학력파괴' 채용 시스템을 마련한다면 더 많은 이들에게 일자리 기회를 제공할 수 있다. 학위, 학력, 대학 무용지물의 시대가 온 것이다. 이는 근로자 정책에 대한 관리 조언을 하는 명령으로, 대부분의 기업들이 이 명령의 영향을 받을 것으로 예상된다.

물론 연방 공무원 채용시 대학 학위를 요구하는 조건을 완전히 폐지하는 것은 아니다. 하지만 학력이 그다지 중요하지 않은 분야에서는

'기술을 강조한다'는 것이 주요 내용이다. 이런 변화는 고무적이다. 학교가 아닌 곳에서 습득한 기술과 지식을 인정함으로써 더 많은 미국인들이 연방정부에서 일할 수 있는 기회의 창을 열어줄 것이기 때문이다.

트럼프의 행정명령이 기업 채용에 미치는 영향

"우리는 단순히 학위에 따라 채용하는 것이 아니라, 직무와 관련된 전문적 기술과 역량을 가진 인력을 채용하기 위해 연방고용을 현대화하려 한다."

미국 노동력정책자문위원회의 회장, 고문 및 공동의장이며 트럼프의 딸인 이방카 트럼프Ivanka Trump의 말이다. 약 200만 명 이상의 민간 노동자를 고용하고 있는 연방정부가 인력 채용과 관련한 전략을 권고한 것이다. 이방카는 "모든 기업이나 기관의 고용주가 이제는 고용 관행을 재검토하고 '기술 우선'이라는 주도권이 어떻게 인력을 다양화하고 강화하는 데 도움이 되는지 비판적으로 생각하도록 장려한다."고 밝혔다. 이는 백악관이 해당 직무에 대한 스킬, 즉 기술 우선순위를 정하고 대학 학위가 덜 중요한 채용 조건임을 다시 한번 명시한 셈이다.

기술기반 교육은 더 많은 미국인을 기술 교육에 투입해서 경력을 쌓아 커리어를 만들어나가는 데 결정적인 역할을 하게 된다. 윌버 로스Wilbur Ross 상무부장관도 현재 수백만 명의 미국인을 실업 상태로 만든 코로나바이러스 전염병이 완화된 후에는 기업이 필요로 하는 직업과 관련된 기술 훈련이 필요하다고 강조했다. 민간 기업은 이 새로운 규약을 따르도록 권고받았다. IBM과 같은 기업은 이미 기술 우선 채용을 실시해, 작년에는 비전통적 배경 즉 학위를 보지 않고 기술 우선으로 채용한 인력이 15퍼센트를 넘었다.

사라지는 MBA 과정, 떠오르는 기술 교육

경영학석사MBA 과정은 글로벌 기업 CEO들이 공통적으로 거치는 과정이다. 값비싼 등록금에도 불구하고 경영 전반에 대한 전문적인 교육을 받을 수 있다는 점에서 경영진이 되기 위한 필수 코스로 인식돼왔다. 하지만 최근에는 중대한 위기에 직면했다. 인공지능, 디지털화 등의 기술발전으로 인해 산업 현장뿐 아니라 대부분의 경영대학원도 파산의 기로에 서 있다. 특히 온라인 교육 프로그램의 급성장으로 인한 타격이 상당하다. 이제 학생들은 고가의 MBA 등록금을 내지 않고도 MOOC 등을 통해 전 세계 석학들의 강의를 언제 어디서든 무료로 보고 들을 수 있다. 뿐만 아니라 고도의 자동화 기술은 경영대학원의 역할에 근본적인 의문을 제기하게 만들었다. MBA 과정의 주요 분야는 재무, 회계, 마케팅 등인데 이는 기계 또는 로봇에 의해 충분히 대체 가능하기 때문이다.

실제로 글로벌 경영대학 인증기관인 국제경영대학발전협의회AACSB에 따르면, 미국의 2년제 MBA 과정 등록자 수는 2010~2016년 동안 약

3분의 1이 줄었다. 손꼽히는 글로벌 경영대학원 중 하나인 UC 버클리 하스Haas 경영대학원의 리치 라이언스 학장은 온라인 프로그램의 영향으로 경영대학원의 절반가량이 5~10년 내에 사라질 것이라는 예측을 2014년에 내놓기도 했다.

경제 전문지 《포브스》는 2019년 8월 'MBA가 위기에 빠졌다'는 내용의 기사를 실었다. 이 기사에 따르면 MBA 입학 경쟁률은 점진적으로 하락하고 있다. 하버드대학교 MBA 과정의 지원율은 1년 전과 비교해 4.5퍼센트, UC 버클리는 7.5퍼센트, 펜실베이니아대학교 와튼 스쿨은 6.7퍼센트, 스탠퍼드대학교는 4.6퍼센트 하락했다. 이러한 감소 추세는 더욱 심화되고 있는데, 이는 MBA에 대한 수요 자체가 줄고 있음을 의미한다.

물론 MBA가 다가오는 변화 앞에서 속수무책으로 뒷걸음질만 치지는 않을 것이다. 디지털화가 빠르게 진행되고 있지만 MBA만이 할 수 있는 교육이 존재하기 때문이다. 가령 응용·체험학습 등을 통해 배운 것을 완전히 자기 것으로 만들고, 학생의 정체성까지 변화시킬 수 있는 교육은 MBA에서만 가능하다. 훌륭한 경영자 교육은 이 3가지를 어떻게 통합하느냐에 달렸다. 또한 가상현실VR, Virtual Reality과 증강현실AR, Augmented Reality을 활용한 리더십 시뮬레이션도 MBA만의 특화된 교육이다. 리더십과 가장 연관이 큰 부분인 정체성 측면의 교육은 재능 있는 사람들 간의 교류와 소통, 상호작용이 여전히 중요하다.

하지만 포스트 코로나 시대에 MBA는 또 다른 위협을 받고 있다. 팬데믹으로 인해 경제가 대공황 이후 최악의 침체를 겪으면서 MBA 학위는 무용지물에 가깝게 됐다. 더 안타까운 것은 MBA를 택한 대다수 학생들이 MBA를 출세의 기회로 여겼다는 점이다. 물론 MBA 과정에 들어간 학생들의 계산이 애초에 틀린 것은 아니다. 경제 전문 매체인 블룸버그 통신에 따르면, MBA를 마친 학생의 초임 연봉은 11만 5,000달러. 일반 대졸 초임 연봉이 5만 5,000달러인 것과 비교하면 2배에 달하는 수준이다. 15만 달러의 학비를 투자해 그 이상의 수익을 창출할 수 있다는 계산이 가능했기에 이해가 가는 선택이다. 코로나19 이전까지는 말이다.

MBA 졸업생들도 이제는 코로나19로 인해 취업 시장에서 큰 어려움을 겪을 가능성이 높다. 로체스터대학교의 MBA 과정 학장인 앤드루 에인즐리는 "MBA 시장은 궁핍한 처지에 놓였고 이제는 관련 학장들과 만나면 '앞으로 어떻게 혁신할 것인가'라는 얘기가 주를 이룬다."고 말했다. 이는 오늘날 MBA가 처한 심각한 현실을 적나라하게 보여주고 있다.

대학을 상대로 한 학비 반환 소송

최근 영국에서는 약 25만 명의 대학생들이 등록금 반환 요구에 나섰다. 대학을 상대로 한 소송이 처음은 아니며, 코로나 이전에도 종종 있었다. 날로 치솟는 학비에 반해 교육의 성과는 기대 수준에 미치지 못하기 때문이다. 이런 현상은 학생들 스스로가 자신을 대학의 '고객'으로 인식하는 추세를 그대로 반영하고 있다.

일례로 영국 앵글리아러스킨대학교의 국제경영대학원을 졸업한 폭 윙은 학교 측을 상대로 6만 파운드를 돌려달라는 소송을 제기했다. 소 송 액수에는 2년의 수업료와 생활비가 포함됐다. 공부를 위해 홍콩에 서 영국으로 온 윙은 2013년 학교를 우등으로 졸업했음에도 일자리를 잡지 못했다며 학교 안내서에 나온 질 좋은 교육이나 취업 전망은 사기 나 다름없다고 주장했다. 소송을 한 이유도 다른 학생들이 학비에 대한 가치를 당당히 요구할 수 있도록 선례를 만들기 위한 것이라고 밝혔다.

우리나라의 사정도 별반 다르지 않다. 코로나 팬데믹으로 2020년에 는 4년제 대학의 85.5퍼센트가 1학기를 온라인 수업으로 진행했다. 신 입생들은 대학 캠퍼스를 맛보기는커녕 교정 한번 밟아보지 못했다. 그 러고는 강의 출석을 확인하기 위한 과제와 씨름하며 또다시 수험생이 되었다. 기대했던 동아리와 학회 활동도 모두 중단되었고 온라인 수업 으로 한 한기를 마쳤다. 이 과정에서 그동안 강의 질에 비해 비싼 등록 금을 내고 있었다는 불편한 진실이 더욱 선명해졌다.

전국 30여 개 대학 총학생회로 구성된 전국대학학생회네트워크(전대 넷)는 교육부를 상대로 등록금 반환 소송에 나섰다. 질 낮은 온라인 강 의로 인해 수업권이 침해되었고, 학교 시설을 이용하지 못했으니 그에 상응하는 등록금을 반환해달라는 것이다. 그런데 코로나로 인한 온라 인 수업만이 문제의 핵심은 아니다.

2020년은 대입 정원보다 학령인구가 적어지는 첫해다. 2024년에는 대입 정원보다 학생이 부족할 것으로 추정된다. 이제 경쟁력 없는 대학은 서서히 파산 절차에 들어갈 수밖에 없다. 이런 흐름과 맞물려 우리 나라에서도 대학 학위 무용론이 수면 위로 떠올랐다. 단지 대학 학위를 따기 위해 초중고 12년 동안 입시 교육에 매달려 상아탑에 갇히길 원하는 학생도 부모도 더 이상은 없다.

　이미 전 세계적으로 학위보다는 실질적인 업무 능력을 더 중요시하는 추세다. 변화하는 세상을 리드할 수 있도록 필요한 역량을 제대로 배우고 효과적으로 활용하는 것이 중요하기 때문이다. 테슬라 CEO 일론 머스크도 최근 대학 졸업장 대신 코딩 테스트로 인력을 채용하겠다고 선언하며 "일하는 데 학위는 필요 없다. 학력 대신 실력을 보겠다."고 말했다.

온라인 교육의 보편화, 디지털 학습이 낳은 대변혁

세계적으로 유행하는 전염병이 일상생활의 많은 부분을 변화시켰으며 교육도 예외는 아니다. 이는 고등교육의 판도를 바꿀 수 있는 절호의 기회이기도 하다. 온라인 학습은 기존 교육보다 비용 측면에서 저렴하고 과정과 방식도 유연하다. 교육의 디지털화는 고등교육의 많은 불평등을 해결할 수 있다. 지금은 고등교육의 학위 취득을 위해 수많은 학생이 비싼 학비를 부담하고 있지만, 온라인 교육이 보편화되면 경제적으로 훨씬 더 다양한 교육의 기회를 누릴 수 있다. 앞으로 온라인 학위의 질은 전통적인 대면 교육의 수준과 같거나 더 우수해질 것이며, 디지털 원주민 세대들은 온라인 학습을 더 선호하게 된다.

고등교육이 디지털을 수용해야 하는 이유

코로나 팬데믹 이후 거의 모든 학생들이 준비할 시간도 없이 온라인으로 홈스쿨을 해야 했다. 이러한 변화는 교사, 교수, 학생 및 부모에게 학교생활을 포기하도록 강요했고, 이는 치명적이고 두려운 난관이었다. 하지만 위기는 언제나 기회를 품고 있다. 전 세계 대부분의 국가에서 전통적인 고등교육은 대다수 사람들에게 도움이 되지 않으며 투자 수익률 측면에서도 효율적이지 않다는 점에서 재평가되고 있다. 코로나로 인한 디지털 수업으로 교육기관의 문제점, 즉 증가하는 부채, 한정된 커리큘럼, 학생에게 혜택을 주기 위한 기술의 비효율적인 활용 등이 적나라하게 드러났다.

대규모 개방형 온라인 수업과 같은 새로운 방식이 확산되고 있음에도 불구하고, 우리는 아직 접근 가능하고 저렴한 고품질 교육으로 큰 변화를 보지는 못했다. 전통적인 교육기관이 온라인 교육을 통한 접근 기회를 확대하는 대신, 캠퍼스 내 프로그램을 고수하려는 노력에만 집중했기 때문이다. 물론 아직도 많은 학생과 교수들이 여전히 캠퍼스 내 경험을 원하며 그 혜택을 누리고 있다.

하지만 앞으로는 달라져야 한다. 오늘날 젊은층의 다양한 요구를 고려할 때, 캠퍼스 내 수업만을 고집해서는 안 된다. 대다수의 학생들은 더 나은 직업 기회를 얻기 위해 고등교육에 등록한다. 하지만 대학에서는 취업 현장에서 요구하는 실질적이고 유용한 기술을 배우지 못할뿐더러 오히려 세상의 변화에 뒤진 채 시간만 보내고 있다.

잘 설계된 온라인 학위가 전통적인 대면 수업의 장점을 능가할 날이 머지않았다. 새로운 형태의 온라인 교육을 시작한다는 것은 학생들이 보다 더 다양한 방법으로 학문을 익히고 경험을 쌓을 수 있다는 것을 의미한다. 이제 대학도 이 사실을 받아들여야 한다.

디지털 학습이 낳은 대변혁

코로나19가 계속 확산되면서 세계는 전례 없는 속도와 규모로 디지털화되고 있다. 수만 명의 직원이 원격근무를 하고 있으며, IT 업계의 신기술 트렌드를 엿볼 수 있는 구글 I/O 및 애플 세계개발자콘퍼런스 WWDC 소프트웨어 행사와 같은 대규모 행사도 취소되거나 디지털 행사로 진행되었다.

코로나19는 우리에게 큰 시련을 주었지만 한편으로는 디지털 초연결 시대에 한발 더 다가서게 했다. 특히 디지털 학습의 편리함과 더 나은 혜택을 알려주었다. 온라인으로 교육하는 경우, 세션을 곧바로 기록하여 참여자의 수준을 더 잘 이해하게 될 뿐 아니라, 인공지능을 통해 실시간으로 학업 상황을 분석할 수 있다. 예를 들어 브라이언 탈레비 Bryan Talebi가 설립한 아후라 인공지능 Ahura AI은 온라인 교육을 통해 근로자의 기술 향상을 목표로 한다. 그들의 초기 연구는 산만함이나 좌절감과 같은 사용자의 감정을 실시간으로 분석하고, 이에 따라 수업 계획이나 난이도를 조정함으로써 학습 속도를 크게 높이는 데 집중된다.

디지털 학습의 또 다른 장점은 별도의 교재를 인쇄하거나 배송할 필요가 없다는 점이다. 수강자들은 거의 실시간으로 강의 자료를 다운로드할 수 있으며 자신의 성적이나 기타 결과를 보다 쉽게 확인할 수 있다. 온라인 학습이 갖는 여러 가지 장점은 학교 교육에만 해당하지 않는다. 직장에서도 이를 활용해 또 다른 혁신이 가능하다. 직무와 관련된 디지털 시스템과 통합할 수 있는 잠재력이 있기 때문이다.

의료센터를 예로 들어보자. 디지털 혁신으로 환자의 상태와 치료에 대한 정확한 정보를 실시간으로 제공할 수 있다. 이 정보가 의료센터, 바이오 연구소, 제약회사와 정책 입안자 등에 공유될 경우 업계 종사자들에게 얼마나 큰 도움이 될지 생각해보라. 이는 자율주행차가 다른 자율주행차의 경험을 공유할수록 더 나은 운전이 가능한 것과 같은 이치다. 여러 그룹이 복잡하고 민감한 과제를 빠른 시간 안에 해결하기 위해서는 정확한 데이터 분석과 서로의 경험을 통해 배우고 지식을 함께 나누는 것이 가장 좋은 방법이다.

장기적으로 세계는 전통적인 학습과 최첨단 디지털 학습의 장점을 결합하게 된다. 그러기 위해서는 우선 디지털 기술에 대한 거부감을 줄이고 다양한 기술을 더 잘 익히는 데 많은 관심을 기울여야 한다. 특히 교육과 의료 및 첨단산업에서 가장 선구적인 노력이 필요하다. 진화하는 디지털 기술을 빠르게 수렴하기 시작하면서 이러한 혁신은 우리 모두의 주류 시스템이 된다. 인류는 늘 변화에 저항해왔다. 하지만 코로나19로 인한 변화는 저항하려야 할 수 없는 불가항력적인 것이며 그로 인해 우리는 대변혁의 순간에 직면해 있다.

가성비 끝판왕
교육 서비스의 등장

구글은 더 이상 대학이 필요하지 않다고 말한다. 미국의 경제 회복을 지원하기 위해 구글은 대학 학위 유무에 관계없이 고성장 직업 분야에서 새로운 기술과 프로젝트를 개발할 수 있도록 도와주는 온라인 커리어 자격증 프로그램을 시작했다. 즉 300달러짜리 과정을 수강한 후 9만 3,000달러를 벌 수 있다는 말이다. 그렇다면 고등교육의 미래는 어떻게 될까?

　구글의 온라인 커리어 자격증은 데이터 분석, 프로젝트 관리 및 사용자 경험UX 디자인 분야다. 데이터 분석가, 프로젝트 관리자 및 UX 디자이너의 현재 평균 연봉은 각각 6만 6,000달러, 9만 3,000달러, 7만

5,000달러에 해당한다.

이 온라인 자격증을 따는 데 필요한 강의 수강 기간은 약 3~6개월이며, 온라인 교육 플랫폼인 코세라를 통해 제공된다. 구글은 관련 직무자를 채용할 때 사전 경험과 대학 졸업장이 필요하지 않으며, 온라인 경력 인증서를 4년제 학위 정도로 간주한다. 또한 인증서 프로그램을 수료한 사람들은 구글의 IT 고용주 컨소시엄의 일부인 훌루Hulu, 스프린트Sprint 및 월마트Walmart를 포함한 세계 유수의 회사에서 일자리를 구할 수 있다.

이미 고등교육 분야에서는 대학교 신입생의 감소, 커리큘럼의 느린 개발 속도, 원격학습 부족 및 비싼 학비로 인한 문제점이 가시화되고 있다. 이런 시점에서 구글과 구글의 IT 고용주들은 오랫동안 지연된 디지털 학습의 문제점을 파괴하고 새롭게 혁신하는 선구자가 되고 있다.

구글의 온라인 자격증 프로그램

구글의 글로벌 담당 수석 부사장인 켄트 워커Kent Walker 는 "많은 미국인들이 대학 학위를 취득할 여건이 안 되는 점을 감안하면 경제적 안정을 위해 대학 졸업장이 필요하지 않아야 한다. 미국의 회복과 재건을 돕기 위해 고급 직업 프로그램에서 온라인 교육에 이르기까지 새롭고 접근 가능한 직업 훈련 솔루션이 필요하다."라고 발표했다.

구글의 온라인 자격증 프로그램은 현재 이 분야에서 일하는 구글 직원이 설계하고 가르친다. 사람들이 새로운 일자리를 얻도록 돕는 것 외에도, 기업가들이 디지털화된 세상에 비즈니스를 적응시키는 데 필요한 기술을 제공하고 있다.

워커는 이 프로그램이 코로나19 위기 동안 많은 소규모 기업을 지원하는 생명선 역할을 하고 있다고 말한다. "온라인 도구는 사람들이 새로운 기술을 익히고 보수가 좋은 직업을 찾도록 도와준다. 2010년 이후에 창출된 모든 신규 일자리의 약 3분의 2에 고급 또는 중급 이상의 디지털 기술이 필요하다. 이것은 많은 구직자들과 미국의 장기적인 경제 안보에 대한 도전이다. 사람들은 좋은 일자리가 필요하며, 기업과 국가는 미래의 성장을 위한 에너지와 기술이 필요하다."

구글에 따르면, IT 지원 전문가 인증을 완료한 학습자의 80퍼센트가 새 직장을 얻거나 승급했다. 구글은 자격증 프로그램을 이수한 졸업생이 실무 교육을 받을 수 있도록 수백 가지의 견습 기회를 제공하고 있다. 10만 건의 장학금도 지급한다.

2020년 가을부터 미국 전역의 커리어 및 기술 교육 고등학교에서도 수료증을 제공하고 있다. 이는 구글이 2017년부터 시행한 대학 학위를 소지하지 않은 사람들에게 기술 경력으로 취업하는 길을 만드는 데 도움을 주는 '그로우 위드 구글 이니셔티브'Grow with Google Initiative에 추가된 사항들이다.

구글의 자격증 프로그램은 현재 코세라에서 가장 인기 있는 인증 프로그램이며, 2020년 3월부터 파이선 전문가 인증을 위한 구글 IT 자동화 과정을 시작했다. 그로우 위드 구글은 500만 명의 미국인이 디지털 기술을 배우고 익히도록 돕는 중이다. 앞으로도 많은 사람들이 일자리를 준비하는 데 도움이 되어줄 것이며, 새로운 경제적 기회를 찾는 데도 중요한 역할을 할 것이다.

마이크로소프트의 글로벌 스킬 이니셔티브

2020년 마이크로소프트는 전문 기술자의 IT 및 디지털 기술 향상을 위해 '글로벌 스킬 이니셔티브'Global Skills Initiative를 시작했다. 코로나19로 인해 저소득층, 여성, 소외계층을 포함하여 실직으로 큰 타격을 입은 사람들이 디지털 기술에 더 쉽게 접근할 수 있도록 사회복귀 프로그램을 지원하기로 한 것이다.

마이크로소프트는 '누구나 평생교육을 받을 수 있도록 연결된 학습 시스템 구축'이라는 비전을 기반으로, 올해까지 전 세계 2,500만 명을 대상으로 이 프로그램을 진행하고 있다. 인공지능을 포함한 데이터 및 디지털 기술을 바탕으로, 새로운 직무 수행에 필요한 기술을 배울 수 있도록 할 방침이다. 이는 링크드인LinkedIn, 깃허브GitHub 등 마이크로소프트가 보유하고 있는 다양한 자원과 새로운 자원을 결합해 총 3가지 영역에 기초해 진행된다.

우선 마이크로소프트는 링크드인의 이코노믹 그래프에서 산출한 직업과 스킬 데이터를 활용해 직업에 필요한 스킬, 구직자가 보유한 기술 등을 개인과 기업에 제공한다. 이 자료로 수요가 많은 스킬, 새롭게 떠오르는 직종, 글로벌 채용률 등을 파악할 수 있다. 아울러 데이터를 통해 얻은 이해를 바탕으로 링크드인 사용자가 더 좋은 기회를 얻을 수 있도록 지원한다. 이를 활용해 마이크로소프트는 취업자가 많고 지난 4년간 꾸준한 성장세를 보인 10개의 직업을 파악했다. 그중에서도 온라인에서 관련 기술 습득이 가능한 소프트웨어 개발자, 프로젝트 관리자, 디지털 마케팅 전문가 등이 성장 가능성이 높은 직업군이다.

이들 구직자를 돕기 위해 2021년 3월 말까지 직무에 맞는 링크드인 러닝LinkedIn Learning 과정을 무료로 지원한다. 기초적인 디지털 활용 능력에서부터 기술 직무에 필요한 제품 기반의 고급 스킬 과정까지 광범위하게 제공된다. 마이크로소프트 런Microsoft Learn에서는 직무 역할 수행을 지원하는 심층적인 기술 학습 콘텐츠를 이용할 수 있다. 또 개발자를 희망하는 구직자들은 깃허브 러닝 랩GitHub Learning Lab을 통해 개인 깃허브 저장소에서 현실적인 프로젝트를 완료함으로써 새롭게 배운 스킬을 연습해볼 수 있다.

고등교육의 혁신은 반드시 이루어져야 한다

미국 유통협회는 아메리칸 이글 아웃피터American Eagle Outfitters, 갭Gab, 리바이스Levi's와 함께 젊은 소매 업계 창업 희망자를 겨냥한 가상교육 프로그램을 시작했다. 라이즈RISE라고 하는 8주 프로그램은 참석자들이 녹화된 세션을 통해 소매업체로부터 직접 배울 수 있도록 하여 관련 분야의 전문 지식을 습득할 수 있는 기회를 제공한다. 소매업에서 의료업에 이르기까지 모든 산업이 디지털 혁신과 재창조를 겪고 있다.

오늘날 고등교육 시스템은 디지털 혁신의 필요성을 인지해야 한다. 학생들이 변화하는 미래 노동시장에 대비할 수 있도록 더 잘 준비하고 더 과감하게 혁신을 시도해야 할 때다.

온라인 수업을 통해
부모들이 깨달은 것들

전 세계적으로 갑자기 전면 원격교육이 시작되면서 가장 크게 교육의 수혜를 입은 사람은 누굴까?

놀랍게도 그 대상은 학생이 아닌 학부모다. 부모들이 아이들의 원격수업 적응을 위해 단시간 안에 구글 클래스룸과 화상회의 앱인 줌 등의 사용법을 배웠다. 아이들의 사회성이나 정서적 안정에 관한 교육 방법을 익히기 위해 교사와 부모들끼리의 대화에 그 어느 때보다 적극적으로 참여하고 있다. 순식간에 언택트 사회로 진입하면서 오히려 상호작용의 중요성을 깨닫게 되었고, 먼 미래의 일로 치부해온 원격교육 사용자가 된 것이다.

원격교육 기술에도 능한 부모가 되어야 한다

"구글 클래스룸에서 벗어나고 싶어요."

〈뉴욕 타임스〉와 〈가디언〉의 기고가인 리사 셀린 데이비스Lisa Selin Davis는 코로나19로 달라진 학습에 힘들어했다. 프리랜서로 일하는 그녀와 여덟 살짜리 어린 딸은 3월 중순 학교 폐쇄 후, 온라인 학습용으로 지정된 구글 클래스룸을 어떻게 사용해야 할지 방법을 몰랐다. 그동안 딸의 학교는 컴퓨터를 거의 사용하지 않았기 때문에 딸은 아무런 훈련도 받지 못한 채 바로 그 어플을 사용해야 했다.

리사뿐 아니라 수백만 명의 부모들은 이 낯선 환경에서 살아남기 위해 스스로 원격교육 기술을 익혔다. 이제는 대부분의 학생들이 그 프로그램을 통해서 교육을 받기 때문이다. 교사가 자녀를 가르치는 것이 아니라, 부모가 직접 자녀를 가르치고 교육 환경을 마련해주어야만 했다. 대부분의 아이들은 디지털 기술에 재능이 있는 부모나, 혹은 자녀를 위해서라면 무슨 일이든 하겠다는 열혈 부모 없이는 쉽게 적응하기 어려웠을 것이다.

학생들은 구글 클래스룸에 로그인해서 출석 체크를 할 때 대답하지 않으면 결석 처리된다. 제시간에 시작하지 않으면 학점도 받지 못한다. 화상회의나 워크시트가 아이들이 배우는 수업의 일부이며 학교는 학생들을 연결시키는 역할을 담당할 뿐이다. 그러므로 부모들은 자녀들의 예술 프로젝트와 과학 실험을 위한 준비를 직접 해줘야 하며 함께 배우며 가르쳐야 한다.

물론 일부 교사들은 헌신적으로 노력하고 있다. 학교 안에서 오랜 시간 동안 일하면서 온라인으로 커리큘럼을 만들고, 새로운 기술에 익숙해지도록 애를 쓴다. 하지만 교사들이 원격수업을 하는 동안 학생들의 사회성 제고를 위한 노력은 온전히 부모의 몫이다. 인종과 사회적 배경의 다양성과는 무관하게 많은 아이들이 친구와 교사 없이 혼자 배워야 한다. 그러는 동안 인간관계와 사회적 활동이 부족해서 생기는 문제는 역시 부모들의 걱정거리다.

원격학습으로 가정에서는 교육의 새로운 표준을 세우는 게 급선무다. 학문을 배우기 위해 새로운 기술을 익히는 것도 중요하지만, 아이들의 독립심을 키우고 사회적 상호작용의 중요성도 일깨워줘야 한다. 이 모든 과제는 부모들의 숙제라 해도 과언이 아니다. 디지털 기술에 아이들보다 빨리 적응하는 것뿐 아니라, 아이들을 정서적으로 안정시키면서 수학 공식과 과학 이론도 익혀야 하기 때문이다.

독립적인 학습자 만들기의 파트너가 되어야 한다

코로나19는 학교의 존재 목적과 교육기관이 장기적으로 해야 할 일이 무엇인지 깨닫게 하는 놀라운 기회를 제공했다. 고민의 시간도 없이 닥쳐온 원격수업은 우리의 교육 시스템을 송두리째 미래로 옮겨놓았다. 부모들은 내 아이가 원격으로 학업을 수행할 수 있는 방법, 시간을 제대로 활용하는 방법, 교사와 친구와 대면 없이도 상호작용하는 법을 익혀야만 한다. 코로나19로 시기가 앞당겨졌을 뿐 앞으로는 교육 시스템 전체가 바뀐다는 것을 받아들여야 한다.

학생들은 독립적인 학습자가 되는 훈련을 하지 않으면 디지털 수업이 보편화되는 세상에서 교육의 기회를 제대로 누리지 못하게 된다. 부모들 역시 자녀 교육에서 가장 중요하고 시급한 사항이 '독립심'이라는 것을 깨달았다. 물론 아직 부모의 도움이 필요한 어린 학생들에게는 독립심을 강요하기보다는 시간 관리의 중요성에 대해 먼저 가르칠 필요가 있다. 그리고 부모들에게는 아이의 포부를 높이되 기대와 요구를 낮추는 태도도 요구된다.

교육자의 역할이 바뀌고 있음을 알아야 한다

코로나 시대에 학생들은 기술력과 의지가 있는 교사로부터 도움을 얻어 화상회의를 하며 쌍방향 수업을 했다. 하지만 이는 운이 좋은 학생에 해당한다. 대개의 학생들은 원격수업의 장점을 체험하지 못했으며 부모의 도움에 의지해 학습을 수행해나갔다. 부모들은 익숙하지 않은 영역을 배우고, 아이들에게 새로운 기술을 가르치려 노력했다.

마우스 클릭만으로 지식을 얻는 세계에서는 부모와 교사 모두 자신의 역할에 대해 재정의해야 한다. 우리는 코로나바이러스의 영향이 광범위하고 장기적일 것임을 알고 있기에 교육의 의미에 대해서도 새로운 접근을 해야 한다. 전 세계의 교육자들은 우리가 미래 세대를 교육하는 방법을 재고할 필요성에 대해 이야기해왔다. 교육자들이 디지털 환경에서 학생들과 대화하고 강의해야 하는 이 파괴적인 변화가 Z세대와 알파세대, 그리고 그 이후 세대들의 학습에 어떻게 도움이 되는지에 대해 숙고할 때다.

오늘날 학생들의 대부분은 진정으로 세계화된 세계에서 자란 Z세대다. 인스턴트 메신저, 인스타그램과 스냅챗, 그리고 왓츠앱과 같은 앱을 통해 즉각적인 커뮤니케이션 및 피드백에 익숙한 세대다. 그러므로 원격학습을 통해 교사와 실시간 커뮤니케이션하는 걸 오히려 선호한다.

코로나19 이후 인류 역사상 가장 크고 빠른 원격학습 실험을 시작했다. 학생들의 관심과 기술, 교육 수준에 관계없이 학생과 교사, 학부모 모두 디지털 시대로 입장했다. 이 과정에서 인공지능은 교사가 되고 교사와 부모는 멘토와 코치가 된다. 교육의 미래에서 인공지능은 교사의 역할을 대신한다. 인공지능이 반복적인 업무를 담당하기 시작하면, 기존의 인적자원은 학습 콘텐츠 개발 및 감성적인 멘토링에 집중할 수 있다. 그러므로 교사는 부모와 마찬가지로 자신의 역할을 새롭게 정의하고 변화해야 한다.

이들이 지식 전달자로서의 교육자 개념을 고수하는 것은 더 이상 21세기 교육의 목적에 적합하지 않다. 알파세대 학생들은 휴대전화, 태블릿 및 컴퓨터를 몇 번만 클릭하면 지식에 액세스하고 기술을 배울 수 있다. 그러므로 교사의 역할은 재정의되어야 한다. 이제 교육자의 역할은 사회 공헌자로서 젊은이들의 발전을 촉진하는 방향으로 나아가야 한다.

교육의 덕목도 바뀐다. 상호 연결된 세상에서는 세계시민교육, 미래의 필수생활기술교육이 핵심 과제다. 교육에 필요한 모든 기술은 오픈소스화해야 하고, 공동연구 프로젝트는 지구촌의 대과제 즉 기후변화, 환경오염을 공동 연구하는 식으로 변해야 한다.

인공지능 교사 시대를 준비해야 한다

다빈치 연구소DaVinci Institute의 전무이자 선임 미래학자인 토마스 프레이Thomas Frey에 따르면, '하이퍼-개인화' 교육은 학생을 지속적으로 모니터링한다. 학생이 능숙하게 학습하고 있는지 여부를 파악할 수 있을 때까지 모니터링하고 학습에 도움을 주는 '휴먼-인공지능 인터페이스'로 변환된다. 이를 바탕으로 인공지능 교사봇은 학생이 학습해야 할 내용과 최적의 시간을 결정한다.

인공지능은 학생이 무엇을 알고 있는지 실시간 파악할 수 있기 때문에 이미 배운 것을 다시 검토할 필요가 없다. 학습 속도를 3배 또는 4배까지 높일 수 있어 시간이 절약된다. 인공지능 교사의 잠재적 영향력의 규모는 다른 기술과 병행하여 개발될 가능성이 있을 때 더욱 분명해진다. 예를 들어, 차세대 사용자 인터페이스에는 스마트 안경이나 개인용 프로젝터와 같은 기술이 포함될 수 있다. '루미로Lumilo 프로젝트'는 교실 내에서 학생들의 학습 성취도와 행동을 실시간으로 인지할 수 있는 클래스룸 센서 역할을 하는 지능형 튜터링 시스템이다. 교사는 증강현실

안경을 사용하여 학생의 행동과 인식을 좀 더 체계적으로 이해하고, 도움을 줄 수 있다.

검색 기술의 도약도 학습에 일대 변혁을 가져온다. 과거에는 답하기 어려운 질문이 생기면 도서관에 가서 10시간 동안 조사한 후 답을 찾았다. 하지만 지금은 검색 엔진을 사용해 10분 안에 답을 찾을 수 있다. 이것은 정보를 암기하는 것은 별 의미가 없는 반면, 질문을 만들어 내고 답에 접근하는 능력은 매우 중요함을 의미한다. 또한 이런 모든 기술이 실현되면 교육은 교실이 아닌 다양한 곳에서 시간과 장소에 상관없이 진행된다. 어쩌면 세상 모든 곳이 교실이 된다.

새로운 콘텐츠로 넘쳐나고 지속적으로 더 많은 정보가 더 빠르게 생겨나는 것은 주지의 사실이다. 따라서 이를 따라잡을 수 있는 효율적인 시스템이 필요하다. 어떻게든 학습을 보다 자동화해야 하며, 이 과제 해결에 인공지능 교사가 큰 역할을 하리라는 것은 분명하다.

코딩 공부가
필요 없는 시대로 간다

안드레아스 슐라이허Andreas Schleicher OECD 교육국장은 2019년 세계교육 혁신회의WISE, World Innovation Summit for Education 연설에서 "코딩 교육의 중요성을 강조하는 것은 광범위한 교육 문제의 일부가 되고 있다. 그것을 깊이 배우게 하면 큰 실수다."라고 지적했다. 그는 "코딩은 단지 우리 시대의 기술이다. 지금 세 살 아이가 코딩을 배우면 그들이 대학을 졸업하고 사회에 나갈 때쯤에는 코딩이 무엇인지조차 잊게 될 것이며 곧 구식이 될 것이다."라고 주장했다.

이제는 코딩 기술이 아니라 데이터 과학이나 컴퓨팅 사고력을 가르치는 쪽에 훨씬 더 많은 관심을 두어야 한다는 의미다. 우리나라도 한

때 코딩 교육 열풍이 대단했고 정규 교육 과정에도 포함되면서 교육 시장의 규모도 커졌다. 하지만 코딩 관련 부분들은 인공지능이 대체하고 있다. 이런 상황에서는 소프트웨어 기술 습득보다는 창의적인 기획력과 문제해결력 향상에 초점을 두어야 한다.

코딩 기술은 곧 구식이 된다

코딩이 필요 없는 시대가 머지않았다. 코딩이나 프로그램언어 없이 인공지능에게 명령하는 방법만 배우면 인간을 대신해서 인공지능이 코딩을 대신해주는 'WEM'이라는 플랫폼이 나왔다. 이 플랫폼에 들어가면 1~2주 만에 어플을 만들 수 있는데, 내가 원하는 것을 인공지능에게 대신 만들어달라고 하면 된다. 비로소 누구나 다 개발자가 될 수 있는 시대가 왔다.

비즈니스 소프트웨어는 지난 몇 년 동안 기업의 성장을 위한 핵심 기반 중 하나로 부상했다. 경영 현장에서 리더십을 유지하거나 시장 내에서 입지를 개선하는 방법을 찾기 위해서도 필수적이다. 그러나 대부분의 경우 소프트웨어 개발은 비용이 많이 들고 시간도 상당히 소요된다. 하지만 로 코드Low-Code 및 노 코드No-Code 애플리케이션 개발 플랫폼의 부상으로 상황은 달라졌다.

이는 자바 스크립트, 파이선, CSS 또는 유사한 코딩 언어와 같은 특정 프로그래밍 언어 기술의 필요성을 줄인다. 노 코드 플랫폼은 기업의 더 광범위한 사용자들이 소프트웨어 애플리케이션의 준비 상태를 신속하게 제공할 수 있도록 한다. 이러한 애플리케이션은 기업이 필요로 하는 새로운 기능을 제공하고, 기존 애플리케이션과 융합해 기능과 사용을 더 활성화한다. 개발 비용과 준비 시간을 70퍼센트까지 줄여주는 장점도 있다.

로 코드 및 노 코드 개발 플랫폼 시장은 2017년 38억 달러에서 2022년 211억 달러로 성장할 것으로 보인다. WEM은 노 코드 환경으로, 사용자가 기본적인 수준뿐 아니라 엔터프라이즈급의 복잡한 응용프로그램까지 자유롭게 작성할 수 있는 개발 플랫폼이다. 2주 온라인 교육을 마치면 누구나 쉽게 응용프로그램을 구축할 수 있다. 코드 없는 플랫폼은 어플 개발로 기업인들이 원하는 방식과 속도로 기업 자동화를 가능하게 해준다. 또 WEM은 웹의 보안 요구 사항을 충족시키는 기능을 포함했으며 웹 및 모바일을 염두에 두고 설계되었다.

코드 없는 디지털 혁신의 가속화

노 코드 플랫폼은 시장 변화에 능동적으로 대응하고, IT에 대한 과도한 투자를 피하는 동시에 비즈니스 성과를 신속하게 창출하는 데 도움을 준다. 2000년 이후 '포춘 선정 500대 기업'의 50퍼센트 이상이 인수, 합병 또는 파산선고를 받았다. 현재 시장 상황의 변화는 가차 없으며 여기에 더해 경제 변동도 증가된다. CEO들은 이러한 변화 속에서 생산성을 지속적으로 개선하고 운영비용을 절감하며 수익성을 높여야한다.

기업들은 신규 및 기존 비즈니스 프로세스를 자동화하고, 관리 관행을 조정하고, 정보 시스템에 투자하고, 고객 관계의 특성을 더 잘 관리함으로써 변화하는 경영 과제를 해결해야 한다. 그러기 위해서는 항상 핵심 비즈니스의 의도에 초점을 맞춰야 하며, 플랫폼을 어떻게 실행해야 할지 고민이 필요하다.

WEM 설루션과 같은 노 코드 환경을 이용하여 소프트웨어 애플리케이션을 개발하거나 구축하면 아이디어를 빠르게 상용화할 수 있다. 이는 마케팅 캠페인과 프로모션 관리, 비즈니스 프로세스 자동화, 새로운 제품 서비스 출시, 고객과의 상호작용에 유용하게 사용 가능하다. 대개의 기업에서는 사내 IT 개발자들이 한정되어 있고 대체 인력도 없다. 혹은 기존의 프로그램 비용에 대한 의존도가 높아 새로운 프로그램을 사용할 여력이 없다. 그러나 WEM 프로그램은 현존 인력으로 기존 프로그램에 접속하여 새로운 웹 플랫폼을 구동시키면서 새 프로세스 자동화와 아주 간단하고 쉽게, 심지어 비용이 거의 안 드는 웹 플랫폼으로 변환이 가능하다.

수개월, 수년이 아닌 단 몇 주 혹은 몇 개월에 걸친 자체적이고 의도적인 변화로 시장의 도전에 재빠르게 응할 수 있다. 이로써 기업은 핵심 사업에 더 많은 시간을 할애하고 추가적인 개선에 힘쓸 수 있다. 나아가 이미 구축된 웹 서비스와 함께 플랫폼의 직관적인 인터페이스를 사용하여 다른 회사 또는 외부 시스템과 쉽게 통합하는 것도 가능하다.

WEM은 모든 사람을 응용 프로그램 개발자로 만들 수 있다. 시장의 변화에 부응하기 위해 필요한 신속함과 유연성을 쉽게 확보할 수 있게 해주고, 준비 기간이나 투자비용을 획기적으로 줄이는 데도 큰 도움을 준다.

뉴럴링크가 일으킨
교육의 거대한 빅뱅

세계경제포럼 보고서에 따르면, 초등학생의 65퍼센트가 아직 존재하지 않는 직종에서 일하게 된다. 게다가 지금의 위기는 세계와 세계 전망을 더 급격하게 변화시킬 수 있다. 코로나19의 위기 속에서 교사와 부모들은 미래의 주역이 될 아이들을 위해 어떤 준비를 시켜야 할까?

세계 시민 교육과 자기주도 자율학습 기능

Z세대, 알파세대는 미래 생활 기술을 익히기 위해 노력해야 한다. 급

변하는 환경에 대처하기 위해서는 다양한 디지털 기술을 즉시 활용할 수 있는 유연성을 키워야 하고 끊임없이 기술 트렌드에 관심을 가져야 한다. 글로벌 환경에서 학생들은 탄력성과 적응성을 기를 필요가 있다. 미래에 고용주가 찾을 핵심 인재는 공감과 정서적 지능 외에도 창의성, 의사소통 능력이 좋아 협업이 가능한 인재다.

인공지능 환경에서 현명한 학습자가 되기 위해서는 인공지능 못지않은 '자기 주도의 자율학습 기능'을 가져야 한다. 인간은 인공지능의 학습 속도와 분량, 정확성을 결코 따라잡을 수 없다. 게다가 인공지능은 학습하면서 수없이 데이터를 재정비하고 반성하고 다시 고친다. 기계 학습의 결과물인 인공지능망과 그 가중치 벡터를 계속 수정한다.

이는 인간이 가질 수 없는 능력이다. 인공지능은 점점 인간의 손을 떠나 '자기주도 자율학습'의 세계로 진입하고 있다. 미래에는 학습 과정 자체의 설계도 인공지능이 하게 된다. 이 과정에서 많은 직업이 재정의되거나 사라진다. 미래 교육이 창의성과 유연성을 바탕으로 한 자기주도 능력 배양에 초점을 맞춰야 하는 이유다.

인간의 역할 변화에 대한 교육과 뉴럴링크를 통한 교육 혁신

일론 머스크는 '인공지능이 인류의 미래에 위협이 되고 있다'고 우려했다. 초고도로 발달한 인공지능은 인간의 기억은 물론 생각하는 방식도 바꿀 수 있으며, 인간 지능도 파괴할 수 있기 때문이다. 그래서 인공지능이 인류와 미래를 파괴하는 것을 막는다는 목표 아래 뉴럴링크를 창업했다고 밝히기도 했다. 이런 문제들을 염두에 두고 인간은 어떤 역할을 해야 하는지에 관한 교육이 이루어져야 한다.

그런 측면에서 보자면 하버드대학교의 하워드 가드너_{Howard Gardner} 교수가 말한 '5가지 미래 마인드' 중 '세상을 존중하라'와 '윤리적인 자세를 생각하라'는 중요한 화두다. 미래에는 기술에만 몰입할 것이 아니라 그것이 인간의 삶을 존중하고 인류의 지속가능한 발전을 위한 윤리적 가치를 겸비한 것인지 여부를 끊임없이 고민해야 한다.

오늘날의 Z세대들은 모든 면에서 인간보다 우월한 미래의 가상인류를 꿈꾸고 있다. 그들의 꿈이 현실이 되려면 디스토피아를 막기 위한 여러 가지 조건들이 모두 갖춰져야 한다. 무엇보다 올바른 윤리관이 필요하다. 인간과 마찬가지로 과학기술의 산물도 본질적으로 사회적 창조물이며, 인류의 공동체임을 인식해야 한다.

교육의 천지개벽도 불가피하다. 학원, 학교, 교실이 급감하고, 인공지능 로봇은 숙제를 도와주고, 영어강사로도 나서게 된다. 어쩔 수 없이 실시하게 된 원격강의는 페이스타임, 미트, 팀즈, 줌 기술의 급속한 발전을 가져왔다. BCI는 일론 머스크의 뉴럴링크가 개발한 센서 칩을 뇌에 삽입하는 기술의 완성을 도왔다. 인간의 뇌와 구글의 양자컴퓨터 시커모어가 연결되면 '공부의 종말'이 온다. 시커모어, IBM 양자컴퓨터 등은 일반 슈퍼컴퓨터가 1만 년 걸리는 작업을 200초 안에 해낸다. 공부라는 개념이 소멸하고 지식은 뇌-컴퓨터 연결로 이전할 수 있다. 교사, 교수, 학교, 학원이 필요 없어지는 것이다. 학교 졸업장도

의미가 없어지고 학부모들은 홈스쿨링, 온라인교육 프로그램에 익숙
해진다.

COVID-19

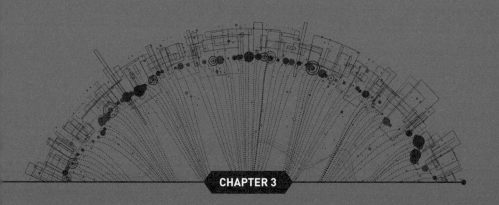

CHAPTER 3

우주시대는 더 이상 공상과학이 아니다

지속가능한 인류의 미래

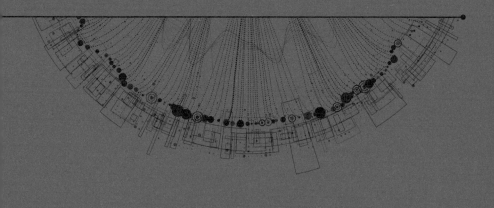

인류의 우주 생활, 상상이 현실로 다가오다

달에 베이스캠프를 건설하려는 미항공우주국~NASA~의 계획은 더 이상 공상과학 속 이야기가 아니다. NASA는 화성으로 진출하기 위해 '아르테미스'~Artemis~ 프로그램 계획을 세우고, 그 일환으로 새로운 달 기지 캠프를 건설하려는 중이다. 프로젝트명 아르테미스는 그리스 로마 신화 속 아폴로의 쌍둥이 누이 이름에서 따왔다.

이는 사람이 우주에 첫발을 디딘 1969년 아폴로 11호의 영광을 재현하는 또 하나의 프로젝트다. 하지만 우주 탐사 프로그램으로서의 아르테미스는 스케일이나 목표 자체가 아폴로와 다르다. 달 궤도 우주정거장의 건설과 화물 운송 서비스를 비롯해 달을 다방면으로 탐사하는 거대한 계획의 프로젝트다. 또 이를 바탕으로 화성까지 방문하겠다는 야심찬 포부가 깔려 있다.

인류가 달에 집착하는 이유

달에는 생명체가 살 수 없다. 중력이 지구의 6분의 1에 불과한 데다 공기가 없기 때문이다. 그런데도 왜 인류는 달 착륙에 집착하는 걸까?

달 탐사는 인류의 화성 정복을 위한 연습 과정이기 때문이다. 화성은 지구에서 약 5,759만 킬로미터 정도 떨어진 곳에 있다. 반면에 달은 비교적 가까운 거리에 있다. 지구에서 가장 가까운 천체가 달이다. 가장 가까이 있는 달부터 정복해야 그다음 순서로 더 멀리 있는 화성 정복의 가능성도 열린다. 그뿐만 아니라 인간이 현재 도달할 수 있는, 화성과 가장 유사한 장소가 바로 달이다. 이것이 바로 NASA가 새로운 달 기지 캠프를 건설하려는 이유다.

더 중요한 것은 달에 있는 자원 때문이다. 아폴로 11호가 가지고 온 토양과 운석 성분을 조사한 결과, 달에는 전 세계인이 최소 1만 년 동안 사용할 수 있는 양의 다양한 광물과 차세대 연료로 평가받는 헬륨3가 쌓여 있다. 이 에너지를 가져오기 위해 미국을 비롯해 중국(2007년 창어 1호), 일본(2007년 가구야), 인도(2008년 찬드라얀 1호)가 치열한 경쟁을 벌이고 있다. 미국은 지구와 가장 닮은 화성을 인류가 사는 식민지로 만든다는 꿈을 실현하기 위해 도전을 멈추지 않고 있다. 인류가 달

착륙에 성공하면 그것을 기점으로 2030년 우주인을 태운 우주선이 화성에 착륙해 화성 식민시대를 여는 것이 가능해진다.

아르테미스의 달 착륙 프로젝트

2021년부터 2028년까지 총 7호의 탐사선이 달을 향해 떠날 예정이다. 무인 탐사선으로 비행을 하는 1호와 우주인을 태우고 달 주위를 도는 궤도에 머물렀다가 귀환하는 2호의 경험을 바탕으로, 2024년 발사되는 3호부터 우주인의 달 착륙이 재개된다.

일단 우주비행사들이 달에 도착하면, NASA는 그들이 달에서 다시 출발하기까지 한 번에 최대 일주일 동안 달에 머무르게 할 계획이다. 비행사들이 정박할 남극 베이스캠프에는 타고 이동할 탐사 차량(ATV의 달 버전과 비슷하다)과 우주비행사가 한번에 45일 동안 머무를 수 있는 훨씬 더 큰 가압 차량인 '주거식 이동 플랫폼'이 있다.

아르테미스의 경우 사령선 대신 '게이트웨이'Gateway라는 이름의 달 궤도 우주정거장이 도입된다. 여러 우주비행사가 수십 일 동안 체류할 수 있고, 소형 탐사선이나 로버 등을 집 앞 주차장에 주차하듯 정거장에 도킹해두었다가 필요할 때 사용할 수 있다. NASA는 원래 게이트웨이를 건설한 뒤, 이를 전초기지로 삼아 셔틀 우주선으로 우주비행사를 달에 착륙시킨다는 계획을 세웠다. 그러나 시한에 맞춰 게이트웨이를 구축하는 것이 어렵다는 판단을 내리면서 우주비행사를 '오리온' 우주선에 태워 달 궤도까지 보내는 것으로 계획을 수정했다. 우주비행사들은 이곳에서 착륙선으로 갈아탄 뒤 달 표면으로 내려간다. 다만 장기적으로는 달 게이트웨이를 이용할 계획이다. 달에서의 작전이 확장되고 우주비행사들이 그곳에 더 오래 머물 수 있게 되면 비로소 아르테미스의 화성 단계가 시작된다.

톰 크루즈, 스페이스X를 타고 우주에서 영화 촬영

짐 브라이든스타인Jim Bridenstine NASA 국장은 자신의 트위터를 통해 "NASA는 국제우주정거장ISS에서 톰 크루즈와 함께 영화 촬영을 하게 된 것에 흥분하고 있다."고 밝혔다. NASA의 야심찬 우주 계획을 보다 빨리 현실화하기 위해서는 차세대 엔지니어와 과학자들을 독려할 필요가 있다. 그들에게 강한 영감을 주기 위해서는 대중매체의 힘이 필요하다는 판단하에, NASA는 그 이벤트로 우주 영화 촬영을 선택했다.

스페이스X의 유인 우주선을 타고 ISS로 이동해서 영화 촬영을 하는 최초의 배우 톰 크루즈. 그는 우주에서도 스턴트맨의 대역 없이 직접 촬영할 예정이다. 이것이 실현된다면 최초의 우주 촬영이자 유일한 배우가 될 듯하다. 아직 이 프로젝트의 구체적인 내용은 드러나지 않았지만 톰 크루즈가 스페이스X와 파트너십을 맺은 사실은 보도되었다. 우주에서의 영화 촬영이 현실이 되듯, 인간의 우주 생활이 실현될 날도 머지않았다.

가장 먼저 미래에 도착한 남자, 일론 머스크의 화성 프로젝트

인류의 '화성 식민지 프로젝트'에 가장 공을 들이고 혁신을 거듭하는 리더는 일론 머스크다. 그의 우주개발 기업 스페이스X의 우주선 '크루 드래건'Crew Dragon은 ISS 왕복 시험을 마치고 2020년 8월 2일 지구로 귀환했다. 민간 우주선이 사람을 태우고 우주 왕복에 성공한 건 이번이 처음이다. 우주여행 시대가 성큼 다가왔음을 알리는 의미 있는 사건이다.

NASA 소속 우주비행사 더글러스 헐리Douglas Hurley와 로버트 벤켄Robert Behnken이 탑승한 크루 드래건 캡슐은 플로리다주 멕시코만 해상에 착륙했다. 두 사람은 62일 동안 ISS에 머물며 우주 유영, 과학실험 등의 임무를 수행하고 돌아왔다.

화성 식민지 프로젝트를 향한 머스크의 혁신

크루 드래건의 성공과 화성 여행

이번 우주비행은 크루 드래건의 상업용 비행에 앞서 시험비행 성격으로 진행되었다. 회수한 우주선은 점검을 위해 미국 플로리다주 스페이스X 창고로 이동했다. 우주선의 전체 비행 자료와 성능 결과 분석을 한 후, NASA의 상업용 선원 임무와 국제우주정거장 프로그램 임무에 활용할 수 있을지에 대한 최종 인증을 받는다. 현재 스페이스X는 새로운 유인우주선 크루 드래건 C207을 준비하고 있으며, 2020년 9월쯤 4명의 우주비행사가 탑승해 국제우주정거장으로 향한다.

머스크의 다음 목표는 화성이다. 그는 2022년 화성에 화물우주선을 보내고 2024년 화성에 화물과 승무원이 탑승한 유인 우주선을 보낼 것이라는 계획을 밝혔다. 물론 그의 최종 목표는 화성에 인류의 거주지를 구축하는 '화성 식민지 프로젝트'이다. 지난해 자신의 트위터에 "화성 이주에 필요한 비용은 승객 수에 달렸지만 지구에 있는 집을 팔고 화성으로 이주할 만큼 비용이 낮아질 것이다."라고 자신의 계획을 거듭 밝히며 강력한 의지와 확신을 드러냈다.

유인우주선 스타십으로 가속화될 이주

"실패는 하나의 옵션이다. 실패하지 않는다면 충분히 혁신할 수 없다."

우주 시대에 첫 발을 내디딘 민간 기업 스페이스X의 CEO 일론 머스크의 말이다. 그는 달이든 화성이든 '완벽한' 우주선으로 이륙, 인간수

송 또는 착륙에 대한 발견을 멈추지 않고 있다. 그동안 가장 큰 기술적 장애물은 화성 임무에서 인간이 필요로 하는 물품을 운반할 수 있는 충분한 용량의 재사용 가능한 로켓을 만드는 일이었다. 이제 그 목표에 한 걸음 더 다가섰다. 수차례의 발사 실패로 인한 우려와 위기에도 불구하고 사상 최초로 민간 기업이 우주 개발을 주도하는 '민간 우주탐사 시대'의 신호탄을 쏘아올린 것이다.

스페이스X의 다음 목표는 달 화성 탐사 유인우주선인 '스타십'Starship 이다. 그는 최근 직원들에게 '스페이스X의 최우선 과제는 스타십이다'라고 강조하면서 스타십 로켓 개발에 열정을 다해 극적인 속도를 내달라고 당부했다. 차세대 유인우주선 스타십은 승객 100명을 태워 달이나 화성에 보내질 계획이다. 크루 드래건을 탑재한 팰컨9 로켓이 부분 재활용되는 데 반해 스타십은 완전 재활용을 목표로 한다. 스페이스X는 이미 지난해 9월 스타십의 시제품을 공개한 바 있다.

2022년 첫 화물전용 로켓을 화성에 보내고, 2024년까지 승무원을 태운 민간 달 탐사 프로젝트를 시도할 계획이다. 이 목표가 순차적으로 이루어진다면 스페이스X의 최종 목표인 화성에 독자적 문명 기지를 건설하는 것도 아주 먼 미래의 일은 아니다.

인간은 어떻게 화성을 지구처럼 만들까?

언제쯤 인류는 화성에서 번성할 수 있을까? 일론 머스크의 화성 여행과 100만 명 이주 프로젝트가 성공하기 위해서는 화성에서의 지속적인 삶을 가능케 하는 과학기술도 필수적이다. 인간을 화성에 영구적으로 이주시키기 위해서는 화성의 대기 질을 바꾸고 표면 온도를 상승시키는 등 화성의 생태계를 바꾸는 우주공학 기술 '테라포밍'Terraforming 의 개발이 중요하다. 이 기술이 개발되면 지구인들은 화성에서 큰 테라리엄과 유사한 투명한 돔에서 생활하게 된다. 기후, 온도 및 대기가 통제될 것이며 그 안에서 식량으로 쓰일 식물도 재배할 수 있다. 현재 이 기술의 빠른 성장 속도를 보면 '화성으로의 인간 이주'라는 꿈이 점점 다가오고 있음을 실감한다.

머스크를 비롯해 많은 과학자들은 지구가 아닌 다른 행성을 지구와 비슷한 조건으로 바꾸어 인간이 살 수 있도록 만드는 테라포밍에 대한 아이디어를 꾸준히 제시해왔다. 머스크는 인간이 화성에 거주하려면 화성의 온도를 올려야 한다며, 화성 극지방에서 핵폭발을 일으켜 극지방 얼음 속에 갇혀 있는 이산화탄소를 빠르게 방출시킴으로써 온도를 올릴 수 있다고 주장했다. 그 외에 화성에 수천 개의 태양 반사판 위성을 설치해 인공 태양을 만드는 것이 화성 온도를 높이는 데 합리적이라는 의견도 덧붙였다.

이 외의 방법으로는 바위 속 메탄가스나 이산화탄소 혹은 암모니아를 이용해 화성의 대기를 지구와 비슷하게 만드는 것이 있다. 외계에서 날아오는 수분을 다량 함유한 혜성은 암모니아를 방출한다. 암모니아는 대부분 질소로 이루어져 있기 때문에 식물에 산소를 공급할 수 있는데, 만일 그렇게 된다면 화성 대기를 지구와 유사하게 만들 수 있다는 논리다.

하지만 이견도 만만치 않다. 작가 겸 과학기술 분야 전문가인 스티븐 페트라넥Stephen Petranek은 "테라포밍은 엄청난 비용이 들 것이며 수천 년이 걸릴 수 있다."고 밝혔다. 핵폭탄 투여의 실효성 등에 대해 회의적인 시각을 가진 과학자들도 많다.

과거의 인간은 하늘에 반짝이는 무수히 많은 별들을 동화 속의 이야기로 만나며 미지의 세계를 동경했다. 그리고 지구에 서서 하늘의 붉은 점을 바라보는 것만으로 만족해야 했다. 오랜 세월 동안 그 점은 인류가 하늘 너머의 존재를 상상하도록 영감을 주었다. 하지만 이제 우리는 화성이라는 새로운 문명을 향해 성큼 나아가고 있다. 먼저 로봇을 보내 첫 번째 단계를 밟았다. 실제로 화성은 로봇이 거주하는 태양계의 유일한 행성이다. 그리고 조만간 우리는 그들과 합류하게 된다.

인류의 슬기로운
화성생활을 위한 조언

화성에서의 삶은 어떤 모습일까? 정말 그곳에서 인간이 살 수 있을까? 이미 수많은 사람들이 세계 도처에 있는 '화성 시뮬레이션' 공간에서 화성의 삶을 경험하고 있다. 남극의 데본섬에 위치한 플래시라인 화성 북극 연구 기지FMARS, Flashline Mars Arctic Research Station와 미국 유타 사막 등지에서 과학자나 우주인뿐 아니라, 우주 환경에서 살아보고자 하는 일반인들도 화성 체험을 할 수 있다.

이처럼 극단적이고 외진 환경에 놓이면 어떤 일이 벌어질까? 우선 신선한 음식을 구하기 힘들기 때문에 식량과 건강상의 문제가 발생한다. 대인관계를 비롯한 정신적 문제도 겪게 된다. 지구를 떠나 거대한 우주에서의 삶을 꿈꾸기 위해서는 좁디좁은 우주선 캡슐에서 자기격리와도 같은 지긋지긋한 시간을 견뎌내야 한다. 시뮬레이션이지만 화성에서의 삶을 체험하는 것이 마냥 달콤하지만은 않을 것이다.

유타 사막의 화성 시뮬레이션

미국 남동부 유타 사막에 있는 MDRS_{Mars Desert Research Station}는 화성의 지형과 유사한 사막에 온실, 거주 시설 등을 만들어놓고 인간의 생존과 우주 탐사에 필요한 기술을 연구하며 화성탐사 모의 훈련 등 다양한 시뮬레이션을 진행한다. 전 세계 우주 과학자들에게 과학적 실험만을 목적으로 사용 가능하도록 허용된 곳이다.

이곳은 스페이스X와 함께 유인 화성 탐사를 준비하고 있는 화성협회_{Mars Society}에서 관리하고 있다. 머지않은 미래에 우주인들이 거주하게 될 화성 기지와 비슷하게 구현해놓았다. 실제 화성에 지을 예정인 기지와 유사하게 사막 위에 거주 지역인 하얀 돔을 지었다. 그리고 이와 함께 식물을 기르는 원통형의 온실, 화성 사막 천문대 등 탐사 기지도 함께 건설되어 있다.

이 프로그램에 참여하면 모의 우주복을 입고 더미 에어록을 통과하지 않고는 그 누구도 밖으로 나갈 수 없다. 정해진 일정에 따라 음식을 먹고, 3일에 한 번 샤워하며, 산소 없이 사는 것이 주된 훈련이다. 이 과정에서 사람들은 여러 가지 정신적·육체적 문제에 봉착한다.

화성에서 겪게 될 식량 문제

풍요로운 현대를 사는 대부분의 사람들은 매일 세 끼를 배불리 먹으며 많은 요리를 한다. 또한 신선한 식재료로 조리한 음식을 선호한다. 하지만 화성에서의 생활은 그렇지 않다. 화성 체험장을 방문한 한 기자는 자신이 가지고 온 바나나를 먹으려는 순간 주변에서 날아오는 날카로운 시선 공격을 받았다고 한다. 그는 조용히 과일을 건네주었고, 함께한 사람들과 과일을 여섯 조각으로 나누어야만 했다.

신선한 농산물은 극한 환경에서 신체적·정신적 건강을 확실히 증진시킨다. 이는 규범적·사회적 기억과 밀접하게 연관될 수 있는 소리, 질감, 냄새와 함께 나온다. 음식은 우리의 몸뿐만 아니라 개인 및 사회적 정체성의 중심이다. "치즈가 없으면 저는 안 갈 겁니다." 화성 시뮬레이션에 참여한 체험자의 말이다. 다행히 3D 프린팅부터 실내 농업, 세포 농업에 이르기까지 많은 기술이 미래의 우주여행자와 식민지 개척자들의 건강과 행복을 지원할 수 있다. 그때까지 농업과 지속가능한 생활을 위한 미래 혁명은 기후변화를 포함해 여러 위기에 직면한 지구상의 인간을 지원하는 데 매우 중요할 것이다.

사생활과 대인관계 문제

식생활 다음으로 문제가 되는 것은 사생활 상실로 인한 정신 건강상의 문제다. 현대인들은 집에서든 직장에서든 사람들에게 둘러싸여 있고, 서로 소통하며 상호작용한다. 하지만 화성 시뮬레이션을 하면 고립된 생활을 견뎌야 한다.

답답하고도 지루할 것 같은 기지에 머물며 훈련받고 있는 6명의 우주인들은 최대 1년까지 바깥세상과 완전히 고립된 삶을 살아야 한다. 아주 작은 사회 집단 내에서 정신적 탈진과 향수병, 소통의 중압감에 시달린다. 사생활은 단지 다른 사람들을 차단하는 것만이 아니라 공간 공유와도 연관이 있다.

프라이버시를 둘러싼 새로운 관습과 사회적 규범은 미래의 화성 식민지 개척자들에게 매우 중요한 문제가 된다. 우주선과 초기 정착지에는 정신 건강을 지탱하는 데 필요한 질감이나 향기와 같은 일상의 감각적 입력이 부족할 수 있다. 그리고 퇴비 화장실과 빨지 않은 양말은 끊임없이 당신이 혼자가 아님을 상기시키며, 사생활이 사라진 듯한 불쾌감을 초래할 수 있다.

그렇다면 새로운 디지털 촉각 기술과 후각 기술을 사용하여 풍부한 개인 공간을 구축할 수 있을까? 가상현실이 얼굴에 바람을 느끼고 싶은 갈망을 덜어줄 수 있을까? 화상회의 및 가상현실과 같은 기술은 새롭고 의미 있는 의식과 상호작용을 확립할 수 있는 잠재력을 갖고 있다. 이러한 접점을 위해 물리적 상호작용을 디지털 형태로 변환하는 것뿐만 아니라, 새로운 인간 중심적 환경에 맞게 디지털 여건을 조성하는 것에 대해서도 생각해야 한다.

그 외에 기술 지원은 공간의 간격뿐만 아니라 시간의 격차를 줄이는 데도 중요하다. 지구에서 온 메시지는 화성에 도달하는 데 22분이나 걸리고(시뮬레이션에서도 이메일이 지연된다), 답장이 다시 돌아오는 데 같은 시간이 필요하다. 그리고 그러한 지연은 바로 저 너머의 다음 행성을 위한 것이다. 공간과 시간을 초월하여 우리를 하나로 모으기 위해서는 기발한 기술이 필요하다.

우리는 누구나 화성의 주인이 될 수 있다

우주의 기본법은 우주탐험이 초기 단계에 있었던 50년 전에 만들어졌다. 1967년 미국과 당시 소비에트 연방 및 영국은 '달과 천체를 포함하여 우주의 탐사 및 이용에 있어서 국가 활동을 지배하는 원칙에 대한 조약'을 썼다. '우주 조약'이라는 별명으로 불리는 이 문서는 우주 공간에 대한 평등하고 평화로운 접근을 보장하기 위한 지침을 설정했다. 이 문서에는 100개국 이상이 서명했다.

여기에는 무엇보다도 우주의 부동산에 대해 구체적으로 설명되어 있다. 제2조는 '달과 다른 천체를 포함한 우주 공간은 주권 주장, 사용, 점유 또는 다른 수단에 의한 국가적 할당의 대상이 되지 않는다'고 명시하고 있다. 요컨대 특정 국가가 화성의 소유권을 주장할 수 없다는 뜻이다.

그러나 조약은 사회가 발전함에 따라 수정되었다. 2015년 미국의회는 '민간 항공우주 경쟁력 강화 및 기업가정신법'이라는 법안을 통과시

컸다. 이를 통해 미국 시민은 천체에서 추출한 물질을 '소지, 소유, 운송, 사용 및 판매'할 수 있다고 밝혔다. 새로운 법은 소행성, 달 또는 기타 천체에 존재하는 광물 또는 기타 자원에 대한 관심이 높아지고 있음을 설명한다. 민간회사는 화성에 매장을 설립하고 채굴하여 해당 자원에 대한 소유권을 주장할 수 있지만 토지를 소유할 수는 없다. 다만 중국과 러시아 등 우주 개발에 뛰어든 대국들의 반발을 잠재울 수 있을지는 미지수다.

우주여행 패키지 상품 출시가
임박했다

일론 머스크는 몇 년 전부터 우주관광을 신사업으로 준비하면서 지나치게 낙관적이었다. 스페이스X와 미국 우주여행사 '스페이스 어드벤처'는 민간인 우주여행 사업을 위해 계약을 맺었다. 버지니아에 위치한 우주개발 업체인 스페이스 어드벤처는 지금까지 민간인 7명을 러시아 소유즈 우주선을 이용해 ISS에 보내는 우주여행 상품을 판매해왔다.

스페이스X는 이 우주여행사와 손잡고 향후 1~2년 내에 민간인 4명을 크루 드래건에 태우고 우주여행을 다녀오는 상품을 출시할 계획이다. 이 우주여행의 가격은 아직 공개되지 않았지만 다른 우주여행 상품들과 비슷한 범위에서 결정될 예정이다.

블루 오리진과 버진 갤럭틱의 우주를 향한 도전장

스페이스X뿐 아니라 다른 민간 우주여행 회사들도 우주관광 사업을 위한 치열한 경쟁 레이스에 뛰어들었다. 영국의 억만장자 리처드 브랜슨의 버진 갤럭틱Virgin Galactic과 아마존의 CEO 제프 베이조스의 블루 오리진Blue Origin이 대표적인 주자들이다. 아마존의 제프 베이조스는 최근에 블루 오리진에 투자하기 위해 아마존 주식 31억 달러어치를 매각했다.

버진 갤럭틱은 대기권 밖까지 다녀오는 우주여행 상품을 1인당 25만 달러에 출시했다. 현재까지 약 600명이 이 대기권 밖 여행을 예약한 것으로 알려져 있다. 블루 오리진은 수직이착륙체를 활용한 여행을 준비해왔으며, 스페이스X와 함께 나사의 아르테미스 프로젝트의 파트너이기도 하다. 이외에도 여러 국가와 기업들이 우주여행 시장에 뛰어들어 각축을 벌이고 있다.

블루 오리진은 스페이스X가 성공한 1단계, 재활용 우주 왕복선 시스템을 이미 독자적으로 성공시켰다. 그 후 스페이스X가 소형 인공위성을 쏘아올리는 데 집중할 때, 블루 오리진은 대형 화물을 싣는 연구를 거듭한 결과 화물 이송과 우주여행에 있어 스페이스X보다 특화된 기술을 갖고 있다. 또한 이미 구축된 파트너십을 통해서 수년 안에 스페이스X와 경쟁할 TV 네트워크도 제공할 예정이다.

현재 블루 오리진은 관광 전용 우주선 '뉴 셰퍼드'를 개발하고 있다. 뉴 셰퍼드는 지구에서 약 100킬로미터 떨어진 저궤도 상공에서 6명의 승객이 자율비행할 수 있도록 설계됐다. 탑승객들은 몇 분간 무중력 상태를 경험하고 지구를 관찰할 수 있다. 2018년 뉴 셰퍼드는 상공 106 킬로미터까지 시험 비행하는 데 성공했다. 블루 오리진에 따르면, 티켓 가격은 20만~30만 달러가 될 예정이다.

버진 걸랙틱은 최근 우주관광객들을 우주에 보낼 수 있는 '스페이스 십 2'의 내부를 공개하기도 했다. 지난 몇 년간은 초음속 여행기 개발에 많은 관심을 보였다. 초음속 제트기의 최종 버전은 9~19명의 승객을 태울 수 있으며 음속보다 최대 3배 빠른 속도 혹은 시간당 3,700킬로미터의 속도로 운행할 수 있다고 알려져 있다.

그 외에 우주선을 타고 고도 80킬로미터 이상으로 올라갔다가 자유낙하하면서 우주 공간의 무중력을 체험하는 90분짜리 우주관광 상품도 개발했다. 이 여행 상품은 1인당 25만 달러에 달하는데, 리어나도 디캐프리오와 저스틴 비버 등의 유명인을 포함해 약 600명이 탑승 의사를 밝혔다.

과학계에선 버진 걸랙틱의 도전이 기존 우주개발 방식의 상식을 깬 것이라 평가하고 있다. 먼저 발사 비용을 대폭 줄였다. 일단 연료로 아산화질소와 고무 타이어의 주성분인 탈수산화부타디엔HTPB을 쓰는 것이 특징이다. 일반적인 로켓은 액체수소나 특수 정제한 등유를 쓰는데, 그에 비해 개발 비용이 10분의 1에 불과하다. 이런 형태의 로켓엔진을 쓰는 상업용 발사체는 버진 걸랙틱이 처음이다. 또한 이 우주 비행체는 발사 방식도 다르다. 비행 중인 대형 항공기에 매달려 있다가 떨어져 나가면서 로켓엔진을 분사해 목표한 궤도로 솟구친다. 그러므로 지상에 비싼 발사 기지를 만들 필요가 없다.

670억 원이 있으면 우주로 휴가를 떠날 수 있다

이제 ISS로 가는 10일간의 여행 상품을 5,500만 달러에 예약할 수 있다. NASA는 ISS에 설치될 우주 호텔 제작사로 액시엄 스페이스 Axiom Space를 선정했다. 항공우주 스타트업인 액시엄 스페이스의 우주 호텔은 모듈 형태로 제작돼 ISS에 연결된다.

이 호텔은 3개의 대형 모듈과 큰 창문이 달린 지구 전망대로 구성돼 있다. 그중 승무원과 우주여행객이 머물 거주 모듈의 디자인은 필립 스탁이 맡는다. 액시엄 스페이스가 출시한 이 상품의 가격에는 지구와 우주를 오가는 왕복 비용, 궤도에서 지내는 8일 동안의 숙박 비용과 기타 오락 일체 그리고 출발 전 15주 동안의 적응훈련 비용 등이 포함되어 있다.

스페이스X는 액시엄 스페이스와 계약을 맺고 3명의 민간인을 ISS로 보낼 예정이다. 즉 5,500만 달러가 있으면, 스페이스X가 만든 유인 우주 캡슐을 타고 필립 스탁이 디자인한 우주 호텔에서 휴가를 보낼 수 있다. 우주관광객들은 10일간의 여행 일정에서 2일은 ISS를 오가는 데 쓰고, 8일은 우주비행사들과 ISS에서 같이 생활하는 데 쓰게 된다. 액시엄에 따르면, 추후 우주여행 상품은 더 다양해질 전망이다. 우주로 떠나는 휴가 계획, 더 이상 꿈이 아니다.

COVID—19

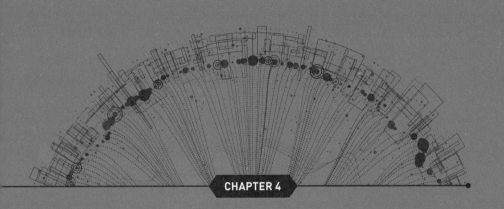

CHAPTER 4

누구나 미래학자로
살아야 하는 시대가 온다

시민의 미래

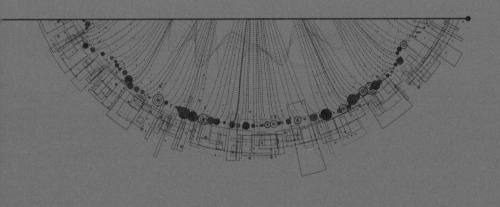

"

대담하고 탁월한
미래인으로의 삶을 열다

"

과거에도 전염병은 전 세계적으로 반복되었다. 특히 미국의 전염병은 시민의 논쟁과 저널리즘의 성장을 부채질했다. 언론들은 질병을 포함해 논란이 되는 이슈에 대한 토론의 장을 마련함으로써 대중의 참여를 끌어냈다. 개척자들의 목소리와 시각을 담은 식민지 아메리카 최초의 신문인 〈뉴잉글랜드 쿠란트〉New England Courant의 설립자들은 보스턴 전염병 유행 시기에 천연두 접종에 반대하는 기사를 보도했다.

1721년 보스턴에서는 천연두 집단 발병으로 인해 약 10개월 사이에 인구 1만 600명 중 5,700여 명이 감염되어 총 844명이 사망했다. 천연두가 도시를 황폐화시키자 의사 잡디엘 보일스턴Zabdiel Boylston은 증세를 약화시키고 사망 위험을 줄이기 위해 천연두 접종을 시행하려 했다. 하지만 이에 반대하는 세력의 의견을 대변하기 위해 제임스 프랭클린James Franklin은 〈뉴 잉글랜드 쿠란트〉를 발행했다. 이 무렵 보스턴에서는 접종에 반대하거나 지지하는 의견을 담은 매체를 발행하면서 질병에 대한 의학적·사회적·종교적 공공 담론이 시행되는 계기가 되었다.

오늘날도 마찬가지다. 코로나19로 인해 미디어 파워가 강해지고 있으며 일반 시민들도 뒤로 물러나 있지만은 않다. 정보를 수집하고 논의하기 위해 소셜 미디어로 몰려들고 있으며 다양한 정보를 전파하고, 소통한다. 또 정보의 진위 여부를 확인하거나 점검하고, 때로는 그 과정에서 변화된 세계에 대한 두려움을 표현하기도 한다.

돌이킬 수 없는 변혁의 단계에 들어서다

코로나 이후 국가의 구조가 변화하고 있다. 유럽 같은 국가 연합들의 재구성이나 힘 있는 세계기구의 탄생, 민주주의에 대한 새로운 도전이 시작되었다. 인간과 인간의 대면문화가 비대면, 원격, 가상화, 디지털화로 바뀌면서 행사, 교육, 인간관계, 회사나 조직의 일처리 및 서비스는 점점 더 자동화되고 인공지능화된다. 그리고 정치와 경제 등 모든 분야가 탈중앙화, 분산화, 분권화의 방향으로 가고 있다.

구세계는 죽어가고 있으며, 우리는 거대한 패러다임의 전환기를 맞고 있다. 제2차 세계대전 후 정부 지도자들은 주권을 공유하고 민족주의를 억제한 세계를 구상했다. 그러나 현재 우리는 미국, 중국 그리고 많은 국가들에서 세계의 극적인 국유화 또는 민족주의로 가려는 움직임을 포착했다. 세계은행, 국제통화기금, 유엔, 세계보건기구와 같은 전 세계적 협력을 장려하기 위한 기관들은 국제화의 맥락에서 탄생했지만 효과적인 구조를 갖추지 못했다. 지금은 코로나바이러스뿐만 아니라 기후변화, 해양 보호, 미래의 자동화 및 인공지능 시대를 위한 준비 등 전 세계적인 위기를 해결하기 위한 노력이 필요하다. 그런데 어떤 국가도 이 거대한 도전을 위한 협력에 진정성 있게 나서지 못하는 실정이다. 바로 자국민 우선주의 때문이다.

인류는 그 어느 때보다 더 긴밀하게 연결되어 있다. 과거에는 지식이 전달되려면 오랜 시간이 걸렸지만 지금은 단 몇 분 만에 인터넷을 통해 전 세계에 퍼진다. 바이러스도 마찬가지다. 생각보다 훨씬 빠른 속도로 번져나간다. 그래서 유럽연합과 같은 다자간 국가연합은 극도의 긴장과 갈등을 견디지 못하고 서서히 국가 경계를 닫는 추세다. 이는 다른 나라들도 마찬가지다. 나라마다 다시 빗장을 걸고 있으며, 세계 곳곳에서 쿠데타가 일어나고 있다. 민주주의에 대한 또 다른 도전이 시작되었다.

뉴노멀, 새로운 세계의 탄생

온라인이 활성화되며 비대면 문화가 시작되더니, 코로나19로 그 변화가 급격해졌다. 이제는 비대면과 원격이 일상으로 한걸음 더 들어와 있다. 각종 이벤트와 교육, 사회활동, 인간과의 상호작용 등이 가상화, 디지털화되었다. 그뿐 아니다. 사회적 거리두기는 일상이 되었고, 실물경제가 죽어가며, 실업자는 늘어나고 있다. 세상이 어떻게 변할지 예측할 수 없는 미래 때문에 모두들 불안해하고 두려워한다. 이 전염병이 전환점이 되어 그 이후의 세계는 결코 전과 같지 않을 것이다.

기업이나 조직의 각종 서비스나 생산 프로세스는 대부분 자동화 혹은 인공지능화된다. 정치와 경제는 본격적으로 분산화, 탈중앙화된다. 아울러 우리 모두는 인류에게 닥친 재앙을 극복하기 위해 글로벌 시스템에 예산과 활력을 불어넣어줘야 한다. 그것과 관련하여 장기적인 예측을 정확하게 하고 시급하게 행동할 수 있도록 준비해야 한다.

유엔의 '지속가능한 개발목표'SDG, Sustainable Development Goals는 2016년부터 2030년까지 새로 시행되는 유엔과 국제사회의 최대 공동목표다. 빈곤과 질병, 교육과 같은 인류의 보편적 문제와 지구 환경문제, 경제·사회 문제를 해결하고자 노력하는 국제사회 최대의 공동목표다. 문제는 우리가 이런 기관들에게 예산 지원을 해주거나 힘을 실어주지 않는다는 점이다. 안타깝게도 글로벌 위기 극복에 큰 영향을 줄 만큼 충분한 예산과 강력한 힘을 가진 기관이 현재는 없다.

우리들의 부모나 조부모들에게는 제2차 세계대전 이후가 새로운 질서의 탄생이었던 것처럼, 지금 우리에게 코로나 팬데믹 이후의 새로운 질서는 자녀와 손자들에게는 아주 평범한 현실로 받아들여질 것이다. 과거에는 소규모의 강력한 권력을 가진 똑똑한 사람들이 비전을 세우고, 그것을 실현하기 위한 방법론까지 결정했다. 그러나 이번은 다르다. 우리는 새로운 힘의 위치를 인식해야 하며 그 힘은 바로 우리 자신, 개개인에게서 비롯된다. 지금 당면한 이 문제들을 해결할 수 있는 주역은 바로 우리 자신이다.

'코로나 자본주의'의 도래

"위기는 기회다, 놓치지 말라. 재창조하고, 소통하고, 협력하라."

미래학자 게르트 레온하르트Gerd Leonhar의 말이다. 그는 코로나 이후 세상은 디지털 기술과 ICT 회사, 각종 전자상거래가 더욱 부상한다고 예측했다. 전 세계적 규모의 과학적 '하이퍼 컬래버레이션'이 급부상하면서 놀라울 정도의 새로운 기회가 열린다는 뜻이다.

인지된 위기만이 실질적인 변화를 가져온다. 위기가 발생하면 기존의 정책을 바꿀 대안을 개발하고, 정치적으로 변화가 불가피할 정도로 지속으로 요구해야 한다. 코로나 위기도 대담한 변화를 통해 새로운 기회로 바꿀 수 있다. 비대면이 보편화되면서 우리는 의사소통하는 방법을 새롭게 배우고 서로를 지원하는 방법을 다시 익히고 있다. '사회적 분화'의 규칙에도 불구하고 연결하는 방법을 발견했으며, 종종 원격으로 서로를 받아들였다.

코로나는 모든 측면 즉 경제적, 사회적, 정치적, 환경적, 과학적 측면에서 막대한 '글로벌 리셋'을 일으켰다. 전 세계 GDP 성장률은 엄청난 마이너스다. 미국은 최악의 상황을 겪고 있는 반면, 중국은 새로운 세계질서를 위해 자국의 위치를 바꾸고 있다. 또한 2020년은 전 세계 CO2 배출량이 감소한 산업 시대 역사상 첫 해다. 우리는 마침내 전통적인 경제 논리를 다시 생각하도록 강요받았고, 정치적 자본주의의 규칙을 다시 작성하기 위해 준비하고 있다. 2012년 앨 고어_{Al Gore}가 '지속 가능한 자본주의'라고 부르던 것이 이제 당면한 의제가 되었다.

종전과 같은 비즈니스나 정치 형태는 더 이상 찾아보기 어려워진다. 전 세계 곳곳에서 재난의 위험을 준비하지 않은 정부의 실책, 건강관리 자금 부족 등의 문제가 소셜 미디어를 통해 공유되고 비판받고 있다. 특히 코로나 팬데믹을 차단할 준비가 부족했고 안일하게 대처한 미국은 약탈과 폭력이 증가하는 중이며, 어쩌면 대재앙이 반복될 수도 있다. 이제는 새로운 위기위원회가 미국을 운영하는 주체가 되어야 한다. 코로나19로 정치인들도 새롭게 평가받았다. 미래를 대비할 수 없는 것으로 입증된 정치인들은 추방되었다. 이 과정에서 공무원과 정치인에게는 강력한 미래 예측과 신기술에 대한 인식이 보다 더 절실해졌다. 핀란드와 뉴질랜드에서 이미 시작된 여성 지도자들의 권력 인수가 전 세계적으로 번져나갈 것이다.

또한 인류는 프라이버시 위기에 직면했다. 코로나 보안 조치의 명목으로 광범위한 휴대폰 위치 추적 및 유비쿼터스 환경을 활용한 얼굴 인식이 새로운 표준이 되었으며, 각종 앱을 통한 무작위적인 정보 수집과 비디오 감시 강화가 만연하고 있다. 실제로 이스라엘과 싱가포르는 디지털 감시체제를 만들었다. 앞으로 우리는 법률가보다는 과학 데이터 및 의료 전문가를 정치인으로 신뢰하는 세상에 살지도 모른다.

"

경제, 사회, 문화 전 분야에서
진행되는 초혁신

"

2020년은 우리에게 위험과 고통의 한 해로 기억될 것이다. 하지만 기존 질서와 시스템에 대한 이 잔인한 도전은 오랫동안 기다려온 변화를 꾀하는 사람들에게는 놀라운 기회이기도 하다. 코로나19가 바꾸는 세상을 알면 부의 방향을 예측할 수 있다. 특히 코로나로 인해 먼 미래의 산업으로만 알고 있던 기술을 보다 앞당겨 더 빠른 시일 내에 만나게 되었다. 원격근무 가속화, 농업생태계의 변화 및 탄소세 등장, 여행의 감소 및 가상현실과 증강현실의 부상, 석유의 종말, 엄격한 질병 감시 체제 도입, 여성의 급부상, 유럽의 영향력 하락…. 수많은 분야에서 빠른 시간 내에 급격한 변화가 이루어지고 있다. 원하든 원하지 않든 패러다임의 전환은 시작되었고, 변화하는 세상에 대응하고 적응하기 위해서는 그 어느 때보다 열린 마음이 필요하다.

자급자족 산업의 부상

각국은 중국의 공장이 문을 닫게 되면 전 세계적으로 생필품 부족 현상이 생길 수 있다는 우려를 경험했기 때문에 생필품을 자급자족하려는 노력을 기울이고 있다. 하지만 4차 산업혁명 기술을 접목한 최첨단 분야는 자급자족이 쉽지 않기 때문에 4차 산업혁명으로 산업구조를 변화시킨 국가의 기업에 의존할 수밖에 없다. 우리나라를 비롯한 각국이 4차 산업혁명을 접목한 산업구조로 빠르게 재편해야 한다고 목소리를 높이는 것은 바로 이런 이유 때문이다. 아울러 보호무역 조치가 공고해지면 식량은 무기화될 가능성이 높으므로 식량 또한 자급자족할 수 있는 여건을 마련해야 한다. 무엇보다 국민들은 정부와 지도자를 믿기보다는 경제와 방역 등 모든 면에서 독립심을 갖고 생활해야 한다.

태양광 발전의 빠른 채택

전염병이 극한으로 번져나가도 정전 사태는 발생하지 않았다. 그러나 앞으로 특정 장소에서 정전 사태가 발생하지 않을 것이라고 생각하는 것은 순진한 발상이다. 태양광 발전은 우리 모두가 편하게 사용하고 있는 중앙집중식 전기발전과는 다른 '마이크로그리드'_{Microgrid}이다. 태양광 분산 시스템의 이점은 중앙 시스템이 고장 나도 모두가 정전을 겪지 않는다는 점이다. 무엇보다 태양광 발전은 온난화를 늦추는 등 지구를 위해 옳은 일을 하는 가장 중요한 한 가지 방법이기도 하다.

드론에 대한 규제 완화

우리는 모든 종류의 제품을 비대면으로 개개인의 문 앞에 배달해주는 시대에 살고 있다. 지금까지 드론은 주로 폭격을 담당하거나 감시를 수행하는 도구로 알려져왔다. 그러나 드론 기술은 급속하게 발전하여 다양한 기능을 갖추면서 건설적이든 파괴적이든 인간의 욕구를 충족시켜주는 새로운 기술로 보편화될 준비를 하고 있다. 코로나19 사태로 그 가치를 입증한 드론은 생필품이나 약 등을 운반하면서 비대면 격리생활을 하는 이들에게 큰 도움이 되어주었다. 이제 드론 배송에 관한 각국의 규제도 점차 완화되고 있는 추세다.

보편적 기본소득제 실시

마틴 루서 킹 박사, 버트런드 러셀 등 당대의 리더들은 이미 오래 전부터 기본소득의 중요성을 강조해왔다. 그들은 '문명이 발전한 사회라면 절망적인 상태에 빠진 시민들에게 기본적인 필수품과 생필품을 살 돈을 제공해야 한다'고 주장했다. 이는 오늘날의 '보편적 기본소득'을 의미한다. 코로나19로 하룻밤 사이에도 수많은 일자리가 사라지는 상황에서 전 세계 국가들은 시민에게 재난지원금을 집행했다. 우리나라 역시 재난지원금을 지급하면서 아울러 '기본소득제' 도입에 대한 이슈가 한층 더 가열되고 있다.

'지도자를 맹목적으로 믿지 말라'는 경고

전 세계 시민들은 현재 각국의 지도자들이 코로나19에 어떻게 대처하고 있는지를 생생히 지켜보고 있다. 코로나19가 안정되면 그 결과에 따라 지도자에 대한 평판과 신뢰도가 판이하게 달라질 것이다. 모든 과정을 지켜본 우리는 지도자들이 어떤 선택을 했기에 성공 혹은 실패했는지 알 수 있다. 또한 다양한 선택지 앞에서 어디에 가치를 두었는지도 확인할 수 있다. 특정 지도자는 잘못된 선택과 접근 방식으로 수많은 사망자를 냈다. 시민들은 이제 더 이상 그 지도자를 믿지 않는다. 이제는 과학을 중시하고 의료 지식에 관한 질문에도 답할 수 있는 지도자를 원하는 시대가 왔다.

진실에 대한 탐구와 새로운 일깨움

코로나19는 전 세계의 생산 동력을 크게 떨어뜨렸다. 이것은 우리가 그동안 맹목적으로 추구해온 성장 지향의 삶과 대별되는 새로운 기준을 제공했다. 사람들은 '잠시 멈춰야 한다는 것'을 알게 되면서 무엇을 놓치며 무엇을 그리워하는지 알게 되었다.

코로나로 인해 비대면 사회로 변하고 있는 와중에 지식 정보의 정확성도 중요해졌다. 실제로 우리는 코로나가 비말로 전달이 되는지 공기를 통해서도 옮을 수 있는지 혹은 악수만으로 감염되는지 등에 관해 무수한 추측을 했다. 어떤 마스크를 써야 안전한지, 집에서만 머물러야 하는지 언제까지 원격근무를 해야 하는지 등 추측이 아니라 진실을 알고 싶어 했다. 수많은 정보가 다양한 매체를 통해 전파되면서 사람들은 더욱 혼란에 빠졌고 진실에 대한 갈구는 더 강렬해졌다. 가짜뉴스가 판을 치는 세상에서 우리는 진정으로 진실을 원한다.

한편 노동이 멈추면서 오히려 노동의 진정한 가치를 느낄 수 있었다. 자녀를 홈스쿨링하는 사람들은 교사의 노고에 감사의 마음을 가진다. 환경미화원, 배달 택배기사들에게도 감사하는 마음을 가진다. 타인들을 위해 자신의 건강을 위험에 빠뜨리는 의료서비스 제공자, 즉 의사나 간호사들에게는 특히 더 감사의 마음을 가진다. 우리는 지금 중요한 것을 배우고 있다. 이제 이 위기 속에서 진정한 영웅들은 정치인이 아니라 이들임을 알게 되었다.

세계 시민으로
산다는 것

세상은 점점 더 좁아지면서 상호 연결되어가고 있다. 정치, 사회, 비즈니스, 환경에 이르기까지 모든 분야에서 인류는 서로 떼려야 뗄 수 없는 관계이다. 코로나19로 인해 그 밀접성은 더욱 분명해졌다. 좋든 싫든 인류는 점점 운명 공동체로 얽혀가고 있다.

세계 시민이란 무엇인가

이런 시점에서 세계 시민으로서의 인식은 보다 지속가능하고 탄력적이며 자비로운 세상을 만들 수 있는 매우 강력한 도구이다. 세계 시민은 '특정한 국가나 장소의 시민이 아닌, 전 세계적인 철학과 감각을 가지고 세계의 일원이 됨으로써 권리와 시민적 책임을 함께 가지고 있는 자'를 일컫는다. 이러한 의식은 특정 개인의 정체성이 지리적 여건이나 정치적 경계를 초월해서, 그 책임이나 권리가 더 넓은 계층인 '인류'의 멤버가 된다는 것을 의미한다. 이제는 세계 시민의 시대가 왔다는 것에 대해 그 누구도 부인하지 않는다.

이러한 배경에서 세계화에 대한 논쟁은 전례 없는 수준으로 진행되고 있다. 그러나 우리는 세계 시민의 역할에 대해서는 구체적으로 고민하지 않고 있다. 세계 시민은 개인의 삶뿐 아니라 전 지구적인 가치와 책임을 공유해야 한다. 이런 관점에서 세계 시민권은 다양하고 논쟁의 여지가 있는 개념을 만들어낸다.

본질적으로 국적과 관련된 법적 지위 특권이 세계 시민권의 특징은 아니라고 볼 수 있다. 세계 시민권은 삶의 상호 연결성을 인식하고, 문화적 다양성과 인권을 존중하는 데 중점을 둔다. 글로벌 사회 정의를 옹호하고, 전 세계 사람들에 공감하고, 다른 사람들이 보는 것처럼 세상을 바라보고, 지구에 대한 도덕적 책임감을 느끼는 것을 의미한다. 세계 시민권에는 자기 자신과 타인에 대한 인식인 '책임과 참여'가 포함된다. 계몽된 세계 시민은 민족주의적 의무감과 다른 세계에 대한 도덕적 의무 사이에서 긴장을 느낄 필요가 없다.

이에 대해 반론을 제기하는 세계의 지도자들은 지구의 자원을 놓고 경쟁하고, 주민과 생태계의 복지를 확보하는 오래되고 피곤한 방식에 빠져 있다. 그러나 세계 시민은 지구의 지속가능한 미래와 모든 생물 형태를 보장할 수 있는 사고방식을 중요시여기며 인류가 함께 생존하는 미래에 대한 희망을 제공한다.

세계 시민권은 세계화와는 다르다. 조직이 국제적 영향력을 강화하거나 국제적 규모로 운영되는 과정인 세계화는 경제, 비즈니스 및 돈에 의해 좌우된다. 즉 제품, 자본, 사람 및 정보와 밀접한 관련이 있으며 이는 양적 성장과 경쟁을 목표로 한다. 세계화는 국가 간 불평등을 좁히는 반면, 국가 내에서는 불평등을 심화시켰다. 반면에 세계 시민권은 '정체성과 가치'에 의해 좌우된다. 즉 세계 시민은 서로의 연대를 강화하고 위험을 완화하며 인류를 보호해야 한다는 가치를 중요하게 생각하고 행동한다.

세계 시민권은 공유된 인간 경험이다

세계 시민은 태어나지 않는다. 그들은 만들어진다. 흡사 아이들이 자라나는 과정과 같다. 아이들은 자신의 인간성을 선천적으로 이해하지 못하고 시간이 지남에 따라 후천적으로 배우고 깨닫는다. 그러므로 교육과 글로벌 관점의 중요성은 절대 과소평가해서는 안 된다.

역사적으로 보면, 세계 시민권은 전쟁을 예방하려는 공통의 욕구에 뿌리를 두고 있었다. 일반적으로 우리는 서로에 대해 더 많이 알수록 평화, 진보, 번영을 보장할 가능성이 높다. 오늘날은 새로운 기술을 통해 그 어느 때보다 다양한 방법으로 더 많은 사람들과 교류할 수 있다. 따라서 서로의 유사점과 차이점을 발견하고 상호 의존성을 보다 잘 이해하고 세계관을 확장할 수 있다.

그러나 모든 사람들이 이런 식으로 느끼거나 그러한 경험을 한 것은 아니다. 아직까지는 그렇지 못한 사람이 많다. 전 세계적으로 소속감을 느끼지 못하는 사람들이 있으며, 그들은 다른 장소, 사람들 또는 문화와 깊이 연결되어 있지 않다. 특히 개발도상국에서 디지털 혁명에 참여할 수 없었던 사람들은 이러한 경험에서 제외되었다. 세계 시민은 이러한 격차를 해소하고 현실을 바로잡는 데 도움이 된다. 이는 단순히 사고방식에 국한된 것이 아니다. 시간이 지남에 따라 행동, 라이프스타일 및 더 큰 영역에서 변화를 일으키는 중요한 요소가 된다.

세계 시민이 된다는 것은 우리가 어디에서 왔고 어디를 가든지 간에 '우리가 지금 여기에 있다'는 것을 인정하고 함께 기뻐한다는 의미다. 즉 '공유된 인간 경험'을 한다. 이는 궁극적으로 '우리는 상호 의존적 관계이므로, 미래에 대해 두려워하지 않고 서로 배워나가면서 어려움을 함께 극복해나가고자 하는 태도'이다.

세계 시민은 자국의 일이 전 세계와 영향을 주고받는다는 것을 잘 알고 있다. 그들은 모든 국가의 평등 요소를 보존하는 국가법이나 정체성, 사회적 계약보다 기본적인 인권을 지지한다. 그래서 다양성, 상호 의존성, 공감 및 수용적 관점은 글로벌 시민의 필수 가치다. 세계 시민은 이러한 가치를 활용하면서 국제적인 이해를 장려하고 촉진한다. 이들은 장기적이고 비전이 있는 리더십과 함께한다.

왜 세계 시민이 되어야 하는가

　접근 방식에 대한 신뢰의 침식은 오늘날 세계가 직면한 가장 큰 도덕적 도전 중 하나다. 민주주의 사회는 늘 불안하다. 각 국의 지도자들과 일반 대중은 극단주의, 테러 및 특정 사상의 급진화에 대해 걱정하고 있다. 교육자와 전문가는 종교적인 교리와 유사한 접근 방식을 지속하는 사람들에 대해 우려하고 있다. 그러한 위협으로 인해 우리는 다른 사람들, 특히 우리와는 다른 관점을 가진 사람들에 대해 신뢰를 덜 갖게 된다.

　신뢰를 회복하기 위해서는 세계 시민이 되어야 한다. 지구촌 시민들은 함께 모여 지구에 관심을 가져야 하며, 모든 사람들이 잘 사는 길을 모색해야 한다. 어려움에 처한 사람들을 돌보는 것뿐만 아니라 다양한 아이디어, 신념 및 태도에 비판적이되 열린 태도로 참여할 수 있도록 교육할 필요가 있다. 그래야 시민 사회에 대한 잃어버린 신뢰를 회복하는 데 도움을 줄 수 있다.

　다른 사람들과 조화롭게 살기 위해서는 그들도 우리처럼 좋은 삶을 살고자 한다는 것을 인식해야 한다. 물론 '좋은 삶'의 기준은 시대에 따라 사람들의 가치관에 따라 다르다. 하지만 각자 처한 환경과는 무관하게 그 안에서 더 나은 삶을 꿈꾸고 있으며, 그럴 권리가 있음을 인정해야 한다. 궁극적으로 나만 행복한 게 아니라 더불어 행복한 사회를 지향하는 것이 핵심이다.

세계화와 함께 달라지는 것들

지난 수세기 동안 세계화의 속도는 점점 더 빨라지고 있으며, 그에 대한 논쟁은 그 어느 때보다 격렬해지고 있다. 세계 시민 의식이 중요한 만큼 우리를 둘러싼 세상이 어떻게 세계화되어가는지 파악하는 것이 필요하다.

우리는 점점 더 특정 위치, 사회 구조 또는 국가에서 벗어나고 있다. 이것은 우리를 둘러싼 광범위하고 거대한 변화이다. 이에 적절히 대처하기 위해서는 세계화를 바라보는 프레임을 다시 설계해야 한다. 가장 중요한 세계화는 다음과 같다.

디지털 기술의 세계화

인터넷은 경계가 없으며 세계는 이미 디지털화되었다. 스마트폰 및 기타 모바일 장치는 전례 없는 수준의 글로벌 상호 연결성을 제공한다. 그래서 새로운 기술에 접근할 수 있는 사람들에게는 엄청난 능력과 기회가 주어진다. 우리가 이 상호 연결성을 세계 시민권의 가치와 결합시키면, 세상은 훨씬 더 많은 사람들에게 개방되고 그들에게 자신의 목소리를 낼 기회를 줄 수 있다.

이는 교육에도 일대 혁신을 가져온다. 오늘날의 젊은이들은 세상을 경계가 없고 유동적인 것으로 보는 경향이 있다. 이들에게 디지털 기술의 세계화는 세상을 향한 새로운 도전을 가능케 한다.

리더십의 세계화

세계화는 많은 사람들에게 전례 없는 이익을 가져왔지만 그 이익이 모두에게 돌아가지는 않았다. 인정받는 미래의 지도자라면 세계화를 넘어서 진정으로 포용적이고 더불어 지속가능한 미래를 건설할 수 있는 능력과 리더십을 갖고 있어야 한다. 특히 미래의 리더는 기후변화와 환경문제를 중요하게 생각해야 한다. 세계 시민을 위한 리더의 요건 중에서 이보다 더 중요한 것은 없다. 세계 협약을 보호하고 지구의 건강을 위해 헌신할 수 있는 리더야말로 진정한 리더다.

비즈니스의 세계화

글로벌 비즈니스, 특히 다국적 기업MNC, Multinational Corporation은 세계화 논쟁에 시달리고 있다. 수십 년, 심지어 수 세기 동안 다국적 기업은 그들이 기여한 것보다 더 많은 것을 얻었다. 세계 시민을 대상으로 엄청난 이익을 얻음에도 불구하고 세계 시민을 위한 그들의 헌신은 미약하다.

코로나 팬데믹 이전에도 기업의 가치는 회사와 주주의 이윤을 얼마나 극대화했는지 그것만으로 평가돼서는 안 된다는 인식이 확산되어왔다. 앞으로는 기업이 사회적 문제에 대한 인식을 더욱더 높이고 장기적으로 사회적 문제 해결에 적극적으로 동참할 것을 요구받고 있다. 그것은 조만간 비즈니스 세계화의 새로운 기준이 된다.

스마트워크 시대,
미래 노동자의 삶

앞으로도 우리가 살고 있는 이 세계에 바이러스 등이 더 빈번하게, 더 많이, 더 넓게 퍼지는 재난이 발생할 것이다. 코로나 사태가 해결되더라도 사람들은 모이는 것을 꺼려하고 전통적인 근무 형태는 서서히 소멸하게 된다. 종전에는 도심의 거대한 오피스 빌딩에 수많은 사람들이 함께 모여 일했다. 하지만 앞으로 사무실은 베이스캠프 역할을 하고 업무의 대부분은 개인의 공간에서 재택근무와 화상회의 등으로 이루어진다.

코로나19 재앙 이후 동아시아를 중심으로 원격근무 수요가 급증하고 있으며, 실리콘밸리에 기반한 줌의 사용자 숫자도 급증했다. 지난 3월 기준으로 줌 사용자는 1,292만 명에 이르는데, 코로나19가 확산한

2월 한 달 동안의 사용자 증가폭은 2019년 한 해 동안 증가한 고객 숫자를 넘어설 정도로 폭발적인 인기를 끌고 있다.

특히 줌은 코로나바이러스 이후 중국에서 무료 사용자들에게 제공하는 40분 제한 규정을 없앴는데, 이런 정책이 이용을 더 늘렸다. 코로나 사태 이후 원격근무에 대한 새로운 경험, 신기술 활용 등을 보다 많은 사람들이 하게 되었다는 점은 미래의 큰 트렌드가 된다.

원격근무, 코로나 이전에 시작되었다

코로나19의 발생으로 즉각적인 원격근무가 거의 강제로 시행되었지만, 이전에도 원격근무는 이루어지고 있었다. 최근 몇 년간 원격근무가 증가한 것은 기업들이 다국적 인재를 유치하고, 사무실 용도의 부동산 면적을 줄이기 위한 목적으로 시행했다.

미국 채용 정보 사이트 플렉스 잡스FlexJobs 및 글로벌 워크플레이스 애널리틱스Global Workplace Analytics의 조사결과에 따르면, 원격으로 일하는 미국 직원의 수는 지난 5년 동안 44퍼센트 증가했다. 지난 10년 동안의 추이를 보면 무려 91퍼센트나 증가했음을 알 수 있다. 전 세계적으로 근로자의 52퍼센트가 이미 일주일에 1회는 집에서 일하고 있었다.

페이스북 앳 워크Facebook at Work의 사업 책임자인 줄리앙 코도뉴Julien Codorniou는 "코로나19 사태 후에도 글로벌 기업은 직위에 관계없이 분산된 인력에게 더 많은 유연성을 제공하거나 그런 근무 조건을 바탕으로 차세대 인재를 채용해야 할 것이다."라고 말했다. 코로나19라는 전염병에 관계없이 앞으로 모든 비즈니스의 성공과 지속가능성은 원격 인력을 얼마나 잘 유지하는가와 관련 있다는 말이다. 앞으로는 함께 일하는 모든 파트너와 고객에게 원격근무 기능을 확장할 수 있는 도구를 적극적으로 활용해야 한다. 그래야 장기적으로 커뮤니케이션을 유지할 수 있다.

현재 밀레니얼 세대의 디지털 마인드와 직업에 대한 민감성, 클라우드 기반 서비스의 대대적인 개선은 원격 근무에 일대 폭풍을 몰고 오는 중이다. 대면 접촉 의존도가 낮은 비즈니스의 꾸준한 상승세와 그것을 선호하는 이들 역시 증가 추세다. 부동산 연구회사 메이어스 리서치Meyers Research의 CEO 몰리 카마이클Mollie Carmichael은 "인간은 습관을 만드는 데 3개월이 걸린다. 코로나19로 자가격리를 하면서 3개월간 집에서 일하는 동안 조직과 직원은 서로 신뢰를 쌓게 되었고, 재택근무를 일상으로 받아들이게 되었다."라고 했다. 이제 직원들은 대면 접촉 없이 매일 온라인으로 함께 일하는 것을 자연스럽게 받아들이고 있다. 코로나 위기가 끝나도 재택근무를 선호하는 직원들이 있을 것이고, 기업도 이들을 훨씬 더 잘 지원할 수 있는 시스템을 갖추게 된다.

새로운 시대, 스마트하게 일한다

페이스북 CEO 마크 저커버그는 "5~10년 이내에 전 직원의 50퍼센트가 원격근무를 하게 될 것이다."라고 선언했다. 현재 페이스북의 전체 직원은 4만 5,000여 명에 달한다. 페이스북은 코로나19로 시작된 분산형 업무 방식, 즉 원격근무를 중심으로 회사의 운영 방식을 영구적으로 재조정하겠다고도 밝혔는데, 이는 상당한 파급효과를 불러왔다. 이러한 파격적인 결정은 페이스북 직원들의 재택근무 만족도가 높은 데 기인한다. 저커버그는 직원들이 여러 곳에 분산된 상태에서 일하는 것이 인구학적·이념적 다양성을 높여줄 것이라고도 말했다.

IT 주요 기업뿐 아니다. 카피라이팅, 번역 및 기타 다양한 분야에 이르기까지 원격근무가 증가하고 있다. 하지만 근무자들의 지식과 경험은 서로 다르다. 향후 원격근무가 어떻게 발전할지에 대해 살펴보기 전에 업계가 지금 어디까지 와 있는지 살펴보는 게 중요하다. 원격근무는 최초의 유연한 재택근무 회사가 등장한 이후 많은 변화를 겪어왔다. 그동안 새로운 기술이 등장했고 진화를 거듭하고 있다. 기업들의 원격근무 활용 수준은 어디쯤 와 있을까?

글로벌 워크플레이스 애널리틱스 데이터에 따르면, 미국의 재택근무 현황은 지난 10년간 115퍼센트나 증가했다. 이 통계는 재택근무가 매년 인기를 얻고 있으며 계속 성장할 가능성이 있음을 증명한다.

IWG Intelligence Working Group 설립자 겸 CEO인 마크 딕슨 Mark Dixon 은 이미 2019년에 유연근무제가 생산성과 민첩성, 인재 확보에 주력하는 기업들에게 뉴노멀이 되고 있다고 말했다. 그는 유연근무제가 가져다주는 경제적, 전략적 이점을 고려하지 않은 채 이를 외면해온 기업들은 경쟁에서 뒤처지게 됨을 지적했다. 또 현대인들이 원하는 근무 요구사항을 충족시키지 못해 유능한 인재를 놓치게 될 것이라고 경고했다. 특정 인재를 유치하고 탁월한 성과를 내는 데 성공한 기업들의 여러 사례들을 통해 원격근무의 실효성은 이미 입증되었다.

재택근무는 직장인들의 도심 탈출로도 연결된다. 미국의 기술기업인 구글, 애플, 마이크로소프트, 아마존, 페이스북, 트위터 등이 샌프란시스코를 떠나는 직원들에게 영구 재택근무를 보장하는 대신 급여 삭감을 제안했다. 대부분의 직원들은 임금 삭감에 동의했다. 그들은 월급의 20퍼센트 이상이 월세로 지출되고, 세금도 다른 주보다 6퍼센트나 높은 실리콘밸리를 떠나 더 넓고 생활비가 싼 곳으로 나가길 원했다.

2020년 9월 24일 〈블룸버그 보고서〉에 따르면 소프트웨어 회사 VM웨어VMware는 실리콘밸리를 떠나는 직원의 급여를 삭감하기 시작했다. 직원들은 영구적 원격근무를 할 수 있지만 덴버와 같은 도시로 이사하면 18퍼센트의 급여 삭감을 받아들여야 한다. 그럼에도 도심에서 벗어나길 원하는 이들은 이를 흔쾌히 수용하고 있다. 페이스북도 내년 1월부터 영구 재택근무를 희망하면서 도심에서 벗어나길 원하는 직원들의 급여 삭감을 실시한다. 트위터는 이미 삭감을 시작했으며, 직원 분산화에 성공하고 있다.

외국에 비해 재택근무 비율이 떨어졌던 국내 기업들도 코로나19 이후에는 재택근무가 증가하고 있다. CJ올리브네트웍스는 '모든 회의를 온라인으로만 진행하라'는 지침을 내렸다. 보안 업체 안랩은 임산부, 이상 증상을 보이는 직원, 코로나19 집중 발생 지역에 다녀온 직원들을 대상으로 재택근무를 시행했다. 한글과컴퓨터도 직원들이 자율적으로 재택근무를 선택할 수 있도록 허용하는 분위기다.

하지만 전 세계적인 흐름과 달리 국내 기업들은 아직까지 비대면 근무 전환에 소극적이다. 대한상공회의소가 국내 300여 개 기업 인사담당자를 대상으로 비대면 근무 현황을 조사한 결과 코로나 이후 원격근무를 시행한 기업은 전체의 34.3퍼센트로 코로나 이전 대비 4배 증가한 것으로 나타났다. 그리고 재택근무에 대한 직원들의 만족도도 높았다.

하지만 담당자들의 70퍼센트가 원격근무를 지속적으로 도입할 계획은 없다고 답했다. 이 중 대부분은 화상회의나 온라인 보고 등을 확대할 의향도 없다고 했다. 이제 비대면 업무는 피할 수 없는 흐름이다. 코로나19를 해결한다 해도 또 다른 바이러스가 언제든 다시 발생할 수 있다. 전염병의 위기가 아니더라도 디지털화되는 세상에서 비대면 업무 방식은 더 확장될 수밖에 없다. 이런 환경에서 전 세계 기업들의 업무 문화도 빠르게 변화하고 있는 만큼 우리 기업들도 혁신을 통한 경쟁력 확보에 뒤처져선 안 된다.

원격근무 시대에 마주할
문제와 변화

재택근무는 회사의 직원뿐만 아니라, 회사에도 많은 이점이 있는 것으로 나타났다. 재택근무의 확산은 새로운 기술 투자에 영감을 주고 조직 운영의 변화에 동기를 부여한다. 또한 사무실에서 근무하는 이들보다 원격으로 근무하는 이들의 생산성이 높다. 대부분의 원격근무자는 자신의 작업 일정을 스스로 선택할 수 있기 때문에 가장 생산적인 시간을 택해 작업을 함으로써 양질의 결과물을 생성한다. 미국 채용 정보 사이트 플렉스 잡스의 보고서에 따르면, 대부분의 원격근무자들이 집에서 일할 때가 사무실에서 일할 때보다 생산성이 더 높다고 답변했다. 그렇다면 구체적으로 어떤 이점이 있을까?

원격근무의 다양한 이점

워라밸 실현과 업무 사기 진작

원격근무와 사무실이 융합된 일자리는 인간의 혁신 의지, 삶의 목적, 일에 대한 에너지, 건강과 웰빙, 재능 발전, 사무실 문화 개선 등의 효과를 가져왔다. 원격근무자들은 출퇴근 시간과 비용을 줄일 수 있으며, 점심으로 회사 근처 식당에서 비싼 음식 또는 패스트푸드를 먹는 대신 집에서 신선한 음식을 해먹을 수 있어 건강에 도움이 된다. 부모라면 보다 유연한 일정을 짜서 자녀를 케어할 수 있다.

미국 내 원격근무제를 도입한 기업의 28퍼센트가 여성 CEO라는 통계가 이러한 장점을 뒷받침하고 있다. 그들은 자신의 경험을 바탕으로 일과 가정의 양립 필요성을 절감했기 때문이다. 이처럼 일상에 융통성을 더하면 스트레스가 적어지고 가족과 함께하는 시간도 늘리면서 일상생활의 균형을 회복할 수 있다. 원격근무의 유연성 덕분에 직원들은 더욱 동기부여가 되고 업무의 생산성이 높아진다. 직원의 사기가 높을수록 업무에 대한 열정은 커지고 이직률은 낮아진다.

광범위한 전문가 확보

원격근무는 소도시나 개발도상국 등 소규모 지역에서 자격을 갖춘 전문가의 경력을 개발할 수 있는 기회를 제공한다. 지역과 국적에 관계없이 전문성을 지닌 인재라면 누구나 원하는 직장을 가질 수 있다. 이는 회사 입장에서는 전 세계의 노동력을 모두 활용할 수 있다는 장점이 있다. 어디에서든 최고의 전문가를 선발할 수 있는 광대한 시장이 열린 것이다. 이를 통해 회사는 글로벌한 프로젝트를 진행할 수 있으며 경쟁력을 높일 수 있고, 구직자는 자신의 능력에 맞는 일자리를 언제 어디서든 구할 수 있게 된다.

직원 충성도 및 유지율 향상

화상회의 설루션 업체인 아울 랩스Owl Labs의 설문조사에 의하면, 원격근로자는 향후 5년간 현재 직장에 더 머무를 가능성이 높으며 이는 현장근로자보다 13퍼센트 더 높은 수치다. 또한 원격근무자의 55퍼센트는 더 이상 원격근무를 허용하지 않게 될 경우 다른 직무를 찾게 될 가능성이 높다고 답했다. 이는 얼마나 많은 이들이 원격근무 환경을 선호하는지 잘 알 수 있는 조사결과다. 유연한 근무환경은 직원 만족도를 높이고 궁극적으로 근속에도 긍정적인 영향을 미친다.

비용 절감 효과

원격근무는 직원과 회사 양측에 모두 비용 절감 효과를 가져온다. 재택근무를 할 경우 직원들은 출퇴근에 들어가는 각종 비용을 줄일 수 있으며, 고용주도 유지 비용을 크게 절약할 수 있다. 특히 대도시에 있는 회사의 경우, 사무실 임대료와 유지보수 및 월간 공공요금과 같은 비용을 줄여서 순익을 높일 수 있다. 그 외 직원들의 복지 등 비즈니스 운영 외적인 소요 비용도 대폭 절감할 수 있다.

환경에 미치는 긍정적인 영향

오늘날 지구가 처한 환경문제는 인류의 생존을 위협하고 있다. 특히 온난화로 인해 지구 곳곳이 이상 기후 현상으로 큰 재난을 입었다. 가장 직접적인 이유는 온실가스 배출이다. 이제는 이 문제를 보다 절실하게 다루어야 한다.

원격근무로 출퇴근 인구가 줄어들면 자연스럽게 차량 운행이 줄어들어 환경에 긍정적인 영향을 미친다. 미국에서만 한 해에 5,500만 톤의 온실가스를 배출한다. 원격근무가 보편화되면 출퇴근으로 인한 자동차 배기가스와 사무실 전기에너지 소비 등을 줄일 수 있다. 사람들이 도심을 떠나서도 일할 수 있는 환경이 보편화되면 환경문제는 새로운 전환점을 맞을 것이다.

원격근무, 무엇을 극복해야 성공하는가

원격근무는 이제 주류가 되었으며 우리 생활 속으로 깊숙이 들어왔다. 원격근무의 생산성이 향상되려면 이에 필요한 디지털 기술과 관리시스템이 제공되어야 하는데 그것의 실현 속도가 예상보다 빨라지고 있다. 더 많은 회사와 프리랜서가 이러한 방식으로 작업을 해나가기 위해서는 원격근무의 몇 가지 단점을 해결할 방안을 찾아야 한다. 관련해서 노사가 다음과 같은 규칙을 지킬 필요가 있다.

업무와 일상의 분리로 최적의 생산성 찾기

마감일이 엄격하고 업무량이 많은 경우 원격근무자들은 일에 중독되기 쉽다. 원격근무자들은 대부분 집에서 직무를 수행하기 때문에 업무 분위기에서 벗어나 자유 시간을 즐기기 어려울 수도 있다. 이는 업계가 직면한 가장 큰 과제 중 하나다. 이를 해결하기 위해서는 집 안에서도 일하는 공간을 확실히 정하거나 근처의 공동작업 공간 혹은 별도의 작업실 등을 활용해서 엄격한 근무 환경과 시간을 유지해야 한다.

혼자 일하는 외로움으로 인한 정신 건강 문제

인간은 누구나 소통을 필요로 하며 다른 사람들과의 관계를 바탕으로 자신을 이해한다. 우리는 동료이자 팀원이며 부하직원이자 상사다. 사무실에서 함께 일하며 각자의 새로운 아이디어와 의견을 나누어 한층 더 나은 결과를 만들어낸다. 그리고 회의 테이블이 아닌 카페나 식당에서 서로의 고민을 나누며 동료애를 키워나간다. 이로써 함께 일하는 즐거움을 알게 된다.

원격근무는 직원 간의 상호작용을 최소화하여 직원을 서로 분리시킨다. 대면 상호작용은 온라인회의와 공동작업 공간에서의 미팅 등으로 대체되지만 이것만으로는 부족하다. 이 제한된 인간 상호작용의 결과로 원격근무자들은 고립감을 느낄 수 있다. 외근해서 타인과 미팅하지 않거나 배우자가 없거나 혼자 살며 집에서 일하는 경우에는 더욱 문제가 악화될 수 있다.

인적자원관리협회SHRM, Society for Human Resource Management의 연구에 따르면, 71

퍼센트의 사람들이 원격근무에 적응하기 위해 고군분투하는 과정에서 정신건강에 문제가 생겼다고 한다. 사람들은 혼자 집에서 오래 일할수록 슬픔과 피로에 관한 문제가 생길 가능성이 높기 때문이다. 이 문제의 심각성을 소홀히 여기면 외로움이 다른 정신건강 문제로 이어질 수 있다. 그래서 일주일 중 하루 이틀 정도는 공동작업 공간에 가서 직장 동료들과 소통하고, 주요한 오프라인 행사 등에도 간헐적으로 참석하는 것을 권장한다.

따로 또 같이, 새로운 혁신이 필요하다

이번 강제 재택근무로 기업들이 사무실의 비중을 축소하면서 사무실의 존재 자체에 대해 회의적일 거라고 생각할 수 있다. 하지만 회사가 사무실을 없애는 결정을 쉽게 내리지는 않을 것이다. 사무실은 일의 효율성, 직원들의 건강 및 더 큰 비전을 위해 필요하다. 기업들은 집에서 하는 일정 수준의 작업을 계속 장려하겠지만 최선의 전략은 사무실에서 일하는 것과 집에서 일하는 것이 잘 결합된 형태다.

사람과 사람이 실제로 접촉하는 것은 매우 중요하다. 우리는 사회적 피조물이며 끊임없이 타인과의 인간관계를 갈망하기에 어느 정도의 연결성은 늘 보장돼야 한다. 대면 커뮤니케이션은 신체적, 인지적, 정서적 건강 외 모든 종류의 건강에 기여한다. 반대로 그것이 부족하면 정신과 신체 건강이 저하된다. 이런 연결 중 일부는 기술에 의해 해결될 수 있지만 지극히 일부분이다.

우리는 어느 곳에서나 창의력을 발휘할 수 있지만, 같은 공간에서 접촉하며 함께하는 것이 사고를 자극하는 데는 훨씬 더 효과적이다. 서로의 아이디어를 기반으로 그것과 다른 창의적 생각을 할 수 있으며, 거리낌 없이 상호작용할 수 있다. 성공적인 아이디어는 빠른 의견 교환과 끊임없는 기술의 적합성과 방해받지 않는 대화의 흐름에 달려 있다.

혁신은 소매를 걷어붙이는 열정과 검증되지 않은 테스트라 할지라도 적극적으로 수행할 수 있는 기회를 바탕으로 이루어진다. 또한 계획되지 않은 만남을 통해서도 혁신을 촉진할 수 있다. 우리는 동료와 대화를 나누거나, 식당에서 점심을 먹기 위해 줄을 서 있다가 얻은 정보로 영감을 받기도 한다. 물론 개인 작업을 하는 사람들은 집에서 혼자 일하는 것만으로도 독보적인 성과를 낼 수 있겠지만 사무실에서 팀이 함께 모여서 최상의 생각을 혼합할 때 더 잘 작동한다.

앞으로는 재택근무를 통해서도 이런 성과를 이루어내야 한다. 팀 내에서 이루어지는 공동 창작 외에 조직 간 협업으로 만들어내야 할 성과도 재택근무와 대면근무의 융합으로 이루어내는 게 좋다. 그러기 위해 몇 가지 측면들이 좀 더 스마트해질 필요가 있다.

산만함으로 인한 집중력 저하 방치하기

사람들은 집에서 일할 때 뇌 활성화가 덜 진행되어서 업무 능력이나 재능을 잃을 가능성이 더 크다는 연구결과가 있다. 집에서 일을 하다 보면 업무 중에 온라인쇼핑부터 소셜 미디어 계정 서핑에 이르기까지 다양한 디지털 활동을 하기 때문에 자칫 산만해져 업무 집중도가 떨어질 수 있다. 주요 프로젝트에 참여할 때 직장에서는 완전히 함께한다.

반면 재택근무를 할 때는 회의 중 세탁물을 접거나 중요한 작업 중에 사적인 이메일을 쓸 수도 있다. 그러므로 재택근무를 할 때는 업무 집중력을 높이기 위한 자신만의 훈련이 필요하다.

협업 및 커뮤니케이션 강화

사회적 신뢰는 '사회적 자본'의 핵심이다. 사회적 자본은 사람들 사이의 협력을 가능케 하는 구성원들 사이에 공유된 제도, 규범, 네트워크, 신뢰 등 일체의 사회적 자산을 포괄하여 지칭하는 것이다. 이는 사람들이 함께 있을 때 더욱 효과적으로 구축된다. 하지만 재택근무는 이런 사회적 자본을 축소시키는 원인이 된다. 리더들도 이에 대한 고민이 깊다.

마이크로소프트의 CEO 사티아 나델라Satya Nadella도 재택근무 환경이 가져오는 문제점에 대해 우려를 표시했다. 특히 '커뮤니케이션 부재'가 미칠 부정적 영향이 크다는 점을 지적했다. 팀원들이 서로 다른 공간에서 일하기 때문에 업무 외적으로 접촉할 일이 없어지면서 기업 내 연결성이 약화되고 커뮤니티 형성이 어려워질 수 있기 때문이다. 그는 "재택근무는 기존 사회적 자본을 포기하는 일이 될 수 있으며 이를 대체할 수 있는 방안이 있는지 묻고 싶다."고 말했다.

공동 작업을 진행할 때는 프로젝트 관리 시스템을 사용하거나, 직장 커뮤니케이션 플랫폼 슬랙Slack과 같은 채팅을 사용하여 원격 환경에서도 자신의 아이디어를 명확하게 전달해야 한다. 물론 원격 환경에서는 아이디어를 제대로 전달하는 것이 어려울 수 있다. 그렇기 때문에 팀

내에서 명확한 의사소통 프로토콜이나 워크플로 및 지침을 설정해야
한다. 또한 명확하게 의사소통하기 위해 비디오를 녹화 및 전송하는 것
도 중요하다. 팀 화상회의를 위해 특정 시간을 정할 필요도 있다. 구글
행아웃이나 줌 통화와 같은 도구는 사용하기 쉽고 매우 저렴하다.

원격근무 시대, 리더의 조건

관리자는 주관적인 관찰이 아닌 객관적인 시각으로 직원을 관리해야
한다. 무엇보다 재택근무자에게 신뢰를 보여줘야 한다. 재택근무는 결
과와 성과에 중점을 둘 수밖에 없다. 그래서 회사의 비전과 목표 그리
고 리더로서 해당 직원에게 갖는 자신의 기대를 분명히 드러내야 한다.
갤럽의 연구에 따르면, 재택근무 직원의 50퍼센트가 자신이 해야 할
일과 목표를 정확하게 모르고 있다.

리더는 해당 직원의 목표가 무엇인지 구체적으로 알려줘야 한다. 특
히 원격근무 환경에서 성과를 높이기 위해서는 분명한 기대치를 보여
주는 게 중요하다. 아울러 업무의 유연성과 생산성을 높이는 각종 협업
도구를 제공해야 한다. 줌, 스카이프, 텔레그램 등과 같은 화상대화 도
구뿐 아니라 조직의 기대치와 성과의 목표를 정확히 알려주는 지표와
함께 협업 상대나 방법도 알려줘야 한다.

코로나19 이후
여행자의 미래

'위드 코로나'With Corona 시대가 도래했으며, 코로나19와 공존하는 방역 생활이 일상이 되었다. 그렇다면 위드 코로나 시대에 여행은 어떻게 될까? CNN이 분석한 '코로나19 이후 여행 트렌드'는 크루즈와 같은 단체 여행이 축소되고, 여행지에선 방역과 소독이 상시 존재하며, 공유 경제 서비스의 하락으로 에어비앤비 같은 숙소보다는 호텔로의 쏠림이 강화될 것으로 내다봤다.

또한 항공 산업은 비즈니스 비행이 우선 진행되면서 추후 여행 수요가 이어질 것이다. 항공사는 식음료 제공 등의 서비스를 줄여 운임 비용을 낮추고자 노력하겠지만 결국 포스트 코로나 시기에는 항공요금이

크게 상승할 수밖에 없다. 왜냐하면 열 감지, 항공기 소독 등 방역 유지
비용이 추가되기 때문이다.

코로나19 시대의 여행 트렌드로 'S.A.F.E.T.Y'

한국관광공사는 코로나19 시대의 여행 트렌드로 'S.A.F.E.T.Y'를 선
정했다. 안전 인식이 여행 트렌드를 새롭게 바꾸고 있다고 본 것이다.

S는 '가까운 거리 여행'Short Distance을 뜻한다. 일례로 경기도 양평군은
지난 3월 두물머리와 세미원 등을 찾는 관광객이 전년 대비 35퍼센트
나 증가했다고 발표했다. 가까운 지역에 당일치기 여행을 즐기는 이들
이 늘어났기 때문이다. A는 '야외활동'Activity을 의미한다. 감염병 전문가
들은 비말을 통해 전파되는 코로나19의 특성상 실내 활동은 위험하다
고 강조하고 있다. 따라서 다양한 야외 체험활동 등 사회적 거리두기를
지키기 쉬운 활동 위주의 여행이 늘어나는 추세다. F는 단체 여행보다
서로의 건강 상태를 잘 알고 있는 '가족 단위'Family 여행의 증가를 의미
한다. E는 '청정지역'Eco Area을 나타낸다. 청정지역에서 가족끼리의 야외
활동이 많아진 만큼, 캠핑이 큰 인기를 누리고 있다.

T가 의미하는 '인기 관광지'Tourist Site의 인기는 주춤했지만 확진자 수가
줄어든 시점에서는 다시 활기를 띠었다. Y는 '아직'이라는 뜻을 가진 키
워드 'Yet'을 의미한다. 국내 여행의 수요가 서서히 늘어나고는 있지만
예전 수준은 아니다. 하지만 많은 사람이 여전히 여행을 갈망하고 있다.

전신 살균기기에서 면역 여권까지, 공항의 미래

세계 여러 나라의 공항들은 정부 지침에 따라 필수 여행자들에게 적용해야 하는 조치를 마련한 상태다. 우선 공항 전체에 보급된 손 세정제와 각 터미널마다 사람들을 균등하게 배치하는 노력, 1~2미터의 거리두기 등이 여기에 포함된다.

미국의 도로교통안전국NTSA, National Highway Traffic Safety Administration 공식 지침을 보면, 보안 검색 전후로 20초간 손을 씻어야 한다. 홍콩국제공항에서는 전신 살균기기를 시험 중이다. 이 기기는 세균과 바이러스를 죽이는 액체를 피부와 옷에 뿌려 40초 안에 살균할 수 있다. 또한 홍콩국제공항은 주변을 돌아다니면서 자외선으로 살균을 하는 자동청소 로봇도 시험 운행 중이다. 비슷한 종류의 로봇이 임시로 만든 병실에서 사용된 바 있다. 그 외 전자 체크인 시스템을 갖고 있는 공항에서는 불필요한 접촉을 피하기 위해 승객들에게 가급적 전자 체크인 시스템을 사용할 것을 권하고 있다.

이보다 더 강력한 시스템으로 '면역 여권'의 도입을 이야기하고 있다. 백신이 없는 상황에서 경제활동이 시작되었고 자유롭게 어딘가로 이동하고자 하는 욕구도 강해지고 있기 때문에 코로나19 항체를 가진 사람과 그렇지 못한 사람을 구분하는 '면역 여권' 도입이 거론되는 것이다. 이와 관련한 기술적인 시도는 이미 진행 중이다. 영국의 온파이도Onfido와 요티Yoti, 독일의 아이디 나우IDNow 등 몇몇 기술기업들은 면역 여권에 주목해 관련 기술을 개발하고 있다.

하지만 면역 여권의 시행은 그리 쉽지 않다. 조지타운대학교 교수 알렉산드라 펠란은 의학저널인 《더 란셋》The Lancet에서 의학적 논쟁보다는 사회적 공정함을 둘러싼 쟁점에 주목했다. 그는 면역 여권은 "누가 사회적·경제적 활동에 참여할 수 있을지에 관해 인위적으로 제한을 두게 될 것이다."라면서 이렇게 되면 기존의 성별·인종·민족·국적 이외에 또 다른 불평등을 만들 수 있음에 우려를 표했다. 기업이 면역 여권을 채용 조건으로 삼는다면 이런 차별을 극복하기 위해서 '면역 여권 암시장'이 형성될 수도 있다는 것이다.

비행기 안의 풍경은 어떻게 변할까?

비행기 안에서 더 이상 승무원의 미소는 보지 못한다. 대부분 마스크를 쓰고 있기 때문이다. 만약 대한항공의 여객기 티켓을 샀다면 객실에 승무원들이 개인 보호장구를 완전히 장착한 채 나타나더라도 놀라지 마라. 대한항공은 승무원들에게 고글, 장갑, 가운 등의 장비를 제공할 계획이라고 한다. 또한 이제는 비행기 내의 빈 좌석은 없다. 항공사들이 빈 좌석을 둔 채 비행할 여유가 없기 때문이다.

한편 대부분의 주요 항공사들이 청소와 소독 과정을 보다 강화해 시트와 테이블, 안전벨트 등은 모두 잘 소독되어 있을 테니 염려할 필요 없다. 백신 접종 유무와 상관없이 입국시에는 여행 계획, 거주 위치 및 연락처 등 세부 정보를 추가로 제공해야 한다. 접촉 추적은 감염 확산과의 싸움에서 중요한 무기이며, 모든 정부는 여행객이 어디로 가고 어디를 방문하는지에 관해 알고 싶어 한다. 일부 국가에서는 호주의 바이러스 추적앱 'COVIDSafe'와 유사한 앱을 다운로드해야 할 수도 있다. 또한 체온 테스트를 포함하여 신체 상태 점검이 강화될 수 있으며, 가능한 경우 완전한 코로나 테스트도 해야 한다. 일부 국가의 방문객은 최근의 코로나19 검사 결과를 제시해야 할 수도 있다.

새롭게 펼쳐질 여행 산업

이번 코로나19로 인해 크루즈 여행업이 가장 큰 타격을 받았다. 대형 크루즈는 더 많은 진화를 해야 살아남을 수 있다. 사람들은 더 이상 창문이나 신선한 공기가 없는 실내 방은 선택하지 않을 것이다. 선박이 정착 하선할 때마다 체온 점검이 필요하고, 어디에서나 손 소독제를 사용해야 한다. 체크인 및 객실 출입을 안전하게 돕기 위해 사람의 손이 닿을 필요가 없는 터치리스 장치가 갖추어진다. 다이닝 뷔페는 크게 달라지거나 아예 완전히 사라진다. 크루즈를 탈 때 코로나19 백신접종을 했다는 증명이 필요할 수도 있다.

음식문화는 다시는 예전으로 돌아갈 수 없다. 코로나19 이후에 세계 최고의 미식 행사는 없어지거나 축소될 것이며 조리 과정에 관한 다양한 변화도 일어난다. 바에 펼쳐진 멋진 음식들, 줄을 잇는 모든 놀라운 음식들의 향연을 더 이상 볼 수 없다. 스페인의 타파스 문화는, 실제로 사람들이 일어서서 식당 안을 걸어 다니며 수백 명의 다른 사람들과 함께 음식을 즐긴다. 안타깝지만 이런 풍경은 당분간 볼 수 없거나 꽤 오랜 시간이 지난 후에야 가능해진다. 전 세계의 거리 음식문화도 코로나 이후 사라질 수 있다. 사람들은 값싼 거리음식이나 저렴한 식당을 예전보다 덜 찾게 된다. 반면 고급레스토랑도 급감하는 여행객을 기다리는 인고의 시간이 필요하다.

박물관, 갤러리, 교회, 성전, 묘소, 기념물 등 보고 싶은 것이 무엇이든 이제는 입장 시간을 지정해준 티켓을 미리 구매해야 입장이 가능하다. 관람객 수를 쉽게 제어할 수 있고, 사회적 거리두기가 항상 가능해야 하기 때문이다. 더 이상 사람들이 줄을 서서 기다리는 모습을 보기는 어렵다.

코로나19 이후의 여행, 언제쯤 가능할까?

"앞으로는 사람들이 해외여행을 덜 다니게 될 가능성이 높다. 소위 집이나 집 근처에서 휴가를 즐기는 '스테이케이션'Staycation이 새로운 여행 트렌드가 될 수도 있다." 영국의 여행사 프레시 아이즈의 창업자 앤디 러더포드는 이렇게 말한다. 전 세계적인 전염병이 창궐한 데다가 그린 테크놀로지와 기후 문제에 대한 관심이 높아지고 있어 크루즈선이나 스키 여행, 장거리 비행은 매력을 잃을 수 있다. 또한 코로나19 팬데믹으로 인해 여행의 습관이 바뀔 수 있다는 데 많은 이들이 동의한다.

국제항공운송협회IATA, International Air Transport Association의 최근 설문에 따르면 응답자의 60퍼센트가 코로나19가 진정되고 나서도 비행기 표를 구매하기까지 두 달 정도를 기다릴 것이라고 답했다. 40퍼센트는 적어도 6개월을 기다릴 것이라고 0했다. 코로나19로 인해 직원의 10퍼센트를 해고한 보잉은 적어도 2023년까지 항공 여행이 2019년 수준으로 돌아올 것으로 보지 않는다고 말했다. 언제가 될지 기약할 수 없는 해외여행 대신 한동안은 국내여행 트렌드가 지속된다.

STATE OF THE FUTURE

COVID-19

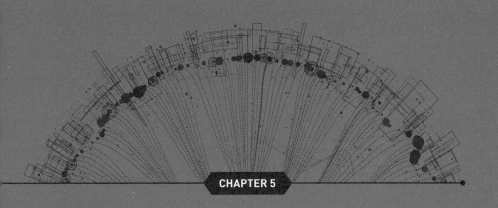

CHAPTER 5

인공지능 정치인과
가상국가의 시대

국가와 정치의 미래

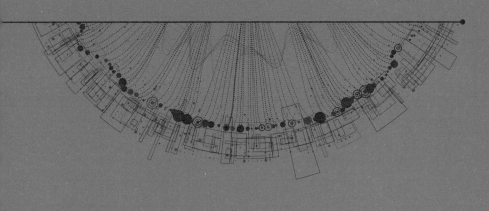

"

인공지능이 바꿀
정치와 국가의 미래

"

지금 전 세계는 코로나와 전쟁 중이고, 경제 상황은 악화일로를 걷고 있다. 국가와 민족을 떠나 인류 모두가 당면한 현실이다. 이런 상황에서 정치권이 할 일은 민생 안정을 위해 애쓰고, 위기를 극복하기 위한 대안을 모색해 사회를 유지하는 것이다. 그러나 현재 정치권의 움직임은 그야말로 위기를 정치적으로만 이용하려는 과열된 양상을 보여주며 시민들에게 실망감을 안겨주고 있다.

사실 정치인에 대한 신뢰가 하락한 것은 어제오늘의 일이 아니다. 그러나 국민들이 정치와 정책결정 그 자체를 신뢰하지 않거나 관심을 잃었다고 단정하긴 어렵다. 그보다는 패권 다툼으로 왜곡돼버린 전통적인 정당정치에 대한 믿음을 잃었다는 게 더 적합한 표현이다.

국민을 대표해야 할 국회의원들이 정당을 내세워 밥그릇 싸움을 하고, 국가의 이익보다 정당의 이익을 앞세우는 행위는 국민들을 실망시켜왔다. 국민이 원하는 것을 해결하기 위한 입안이나 정책결정을 하기보다는, 자기 당에 유리한 정책결정을 하는 일도 다반사였다. 이런 식으로는 삼권 분립의 원리를 제대로 구현해낼 수 없다. 또한 제대로 된 정치가 이뤄지는 게 아니라 정치적 행위만 남게 된다.

이토록 부정적인 모습만을 봐왔기에 유권자들 중 상당수는 거대 정당들이 기득권 세력과 유착되어 있으며, 대기업과 모종의 커넥션이 있고, 각종 비리와 부정에 얽혀 들어 있다고 생각한다. 실제로도 이런 의심에서 자유롭지 못하다. 시민들은 파벌 싸움과 파행을 일삼으며 무능 상태에 빠져 있는 국회를 원하지 않는다. 시민들이 원하는 것은 급변하는 상황을 빠르게 진단하고 분석함으로써 가장 적합한 대안을 예측하고 국민적 합의를 끌어내는 국회다.

인공지능이 정책결정의 문제를 극복할 대안이 되다

성숙한 시민 사회의 유권자들은 예전과 다르다. 정치인들은 으레 그러려니 하며 방관자로 머물지 않고 적극적으로 자신의 의사를 표현한다. 정치인들의 의사결정이나 행보에 대한 자신만의 가치판단을 하며, 이에 대한 견해를 밝힌다. 특히 선거를 통해 자신의 의사를 드러내기 위해 항의성 투표를 함으로써 권력을 견제한다. 그러나 시민의 일방적 노력만으로 정치권의 문제를 해결할 수는 없다. 그렇다면 어떤 대안이 필요할까?

정치인들 각자가 자성함으로써 올바른 정치인의 태도를 고양시킨다면 더없이 좋겠지만, 그러지 못하는 경우가 많기에 시스템적으로 해결할 대안이 필요하다. 정책입안자가 외부로부터 과도한 영향을 받지 않도록 정책결정 시스템을 설계하는 것이 하나의 대안이 될 수 있다. 불필요한 외부 압력이나 기득권과의 커넥션 자체가 기능하지 못한다면 의회가 갖는 기본적 책무에 충실해질 수 있기 때문이다. 이때 객관적이고 과학적인 증거를 바탕으로 입안할 수 있도록 설계하는 게 관건이다.

하지만 이것은 어디까지나 이론적인 논리상 그렇다. 동성혼, 망명 정책, 기후변화 정책과 같이 정치적 견해가 극심하게 갈리는 문제에서는 효과적으로 기능하기 어렵다. 객관적이고 과학적인 근거뿐 아니라, 각각의 사안에 대해 고려해야 할 요소들이 매우 복잡다단하게 얽혀 있기 때문이다. 혹시 이런 문제들을 해결하기 위해 인공지능 로봇을 활용한다면 어떨까? 효과적인 대안이 될 수 있을까?

기술발전을 중요시여기는 사람들은 로봇의 의회 등장을 찬성할 가능성이 크다. 최신 정보기술과 빅데이터를 통한 딥러닝이 가능해진 인공지능은 복잡한 계산을 몇 초 안에 해결할 수 있다. 인간의 능력을 능가하는 여론의 수렴과 복잡한 정보들을 계산해내는 데는 인공지능이 필수다. 인공지능을 활용한 혁신적 방법론은 특정 정책 영역에서 매우 가치 있는 것으로 입증되었다. 예를 들어, 도시 계획에 있어 새로운 인프라 프로젝트의 효율성과 타당성을 검토하는 경우, 교통 혼잡 모델링 소프트웨어를 사용해 향후 트래픽 흐름을 예측한다.

반면에 사회·윤리적 측면을 중요시여기는 사람들은 로봇의 여론 융합에 의구심을 갖는다. 인공지능 로봇이 인간이 가진 도덕적 가치관과 윤리의식을 충분히 이해하고 의사결정을 하기에는 한계를 갖고 있기 때문이다. 따라서 기술발전은 경쟁적 신념에 의해 좌우되는 정책 문제에 제한적으로 사용된다.

안락사법을 그 예로 살펴보자. 안락사법은 본질적으로 종교적 신념, 윤리적 문제, 자기 결정권과 관련한 것들이 복잡하게 얽혀 있어 늘 논란이 되어왔다. 우리는 이 문제를 예외적인 것으로 치부하려 하지만, 사실 정책결정의 문제에서 이처럼 신념이나 가치판단과 관련된 문제는 상당히 많다. 그리고 이런 문제에 있어 현재까지는 인공지능이 그다지 큰 효용을 발휘하지 못하고 있는 실정이다.

인공지능이 윤리에 기반한 가치판단을 한다면?

슈퍼컴퓨터는 순환도로에서 도로 사용자 수를 정확하게 예측할 수 있다. 그러나 이 슈퍼컴퓨터가 도덕적 딜레마에 직면했을 때는 어떻게 해야 할까? 사람과 기계를 구분하고, 사람을 보다 우월하게 만드는 것은 바로 가치판단이 가능하다는 점이다. 그러면 또 이런 생각을 해볼 수 있다. 만일 인공지능 로봇이 도덕과 윤리에 기반한 가치판단을 하는 것이 가능해진다면 어떻게 될까? 합의된 윤리적 표준을 컴퓨터에 프로그래밍하고 사전에 정의된 규범적 지침과 그에 따른 선택이 초래할 결과들까지 계산하고 판단할 수 있게 설계한다면? 만일 그것이 가능하다면 정치인들을 완전히 인공지능 로봇으로 대체하는 것이 가능할까?

인공지능 로봇은 이미 우리 일상생활 곳곳에 들어와 있다. 특히 특정 작업에서 인간을 도와 안전성 및 작업 능력 등을 높일 수 있는 협력형 로봇은 쓰임새가 광범하다. 리싱크 로보틱스Rethink Robotics의 백스터Baxter와 소여Sawyer는 협력형 로봇의 좋은 예다. 실제로 인공지능이 탑재된 로봇은 이미 일상생활의 일부로 조금씩 자리를 잡고 있는 상황이다. 장애인이나 노인을 케어하며 독립적 생활을 가능케 한다. 공공시설에서 안내를 담당하고, 위험 시설 제거 등을 위해서도 사용된다. 그러니 정치를 하는 로봇이라고 등장하지 못할 이유가 없다.

최근 발표된 논문에서는 인공지능을 활용해 정치연설을 쓰는 시스템이 나왔다. 이 연설들 중 일부는 믿을 만하며, 대부분의 사람들이 인간이 아닌 인공지능이 글을 썼는지 여부를 판별하지 못한다고 한다. 사실 정치인 본인이 직접 연설문이나 글을 쓰는 경우는 극히 드물며, 대부분 전문작가의 도움을 받는다. 때문에 인공지능이 연설문을 대신 써주는 것은 그다지 놀랄 일도 아니다. 어쩌면 여기서 한 발짝 더 나아가 정치인을 대신해 연설하는 아바타용 로봇의 등장도 가능할지 모른다.

정교한 모델링 소프트웨어를 사용하는 도시 계획이나 기상 이변에 대응하는 여러 시스템들을 담당하는 정책 입안자에게도 인공지능 로봇은 도움이 된다. 물론 이때 로봇은 합의된 윤리 기준에 따라 프로그래밍된 도덕에 기초해서 판단해야 한다. 이런 점이 보강되고 인공지능 기술이 더욱 발전한다면 우리가 하는 일의 대부분을 인공지능 모델링 소프트웨어가 내장된 로봇으로 대체하는 것이 가능해진다.

인공지능 로봇이 활동하는 의회, 곧 다가온다

기존 의회의 여러 문제들을 보완하기 위해 인공지능 로봇을 의회로 보내는 것이 불가능한 일은 아니다. 물론 로봇에 프로그래밍될 윤리적 표준을 정의하고 책임지는 인간과 기관은 여전히 필요하다. 물론 그 윤리 기준을 결정하게 될 사람은 매우 막중한 임무를 맡고 있으므로, 신중히 뽑을 필요가 있다. 다양한 이해관계자들과 경쟁자들이 모여 자격 요건을 검토하고 공정하고 투명하게 투표로 뽑아야 한다. 이렇게 하면 여야의 끝없는 논쟁과 이해관계의 부딪침을 없애고 중요한 법안이 빠르게 심의를 통과하는 등 여러 이점이 생겨난다.

물론 이 문제를 둘러싼 갈등은 있을 수밖에 없다. 민주주의가 투표하는 것 이상이라고 생각하는 민주주의의 옹호자들은 정치로봇의 부상을 반대할 것이다. 하지만 그간 정치계에서 보여준 부정과 부패, 기득권을 지키기 위한 이기적 결정, 안일무사주의 등에 실망한 사람들이라면 반색할 수밖에 없다. 무능력과 무결단에 지친 국민들에게 올바르고 현명한 의사결정을 하고 정책을 입안할 로봇이 있다면 마다할 이유가 없으니 말이다.

미래의 어느 시점이 되면 모든 의사결정을 인공지능에게 맡기게 될 수도 있다. 이런 필요에 따라 인간이 원하는 일에만 집중할 수 있도록 나머지는 전부 해결해주는 자동서비스가 나올 수밖에 없다. 당파 싸움, 거짓말, 우민정책으로 의회민주주의와 정치권을 향한 불만과 불신이 한없이 커진 지금, 인공지능 로봇으로 의원들을 대체하는 일은 좋은 대안일 수 있다. 인공지능 로봇이 활동하는 의회는 우리 앞으로 다가온 현실이다.

국민을 24시간 만나는
인공지능 정치인의 탄생

작년 러시아 대통령 선거에서 '앨리스'_Alice 라는 후보가 출마했다. 그녀는 '당신을 가장 잘 아는 대통령'과 같은 슬로건을 사용하여 캠페인을 진행했으며 수천 표를 받았다. '앨리스'는 사람이 아니라 인공지능 시스템이다. 공직을 위해 운영되는 인공지능 시스템으로 앨리스가 유일한 건 아니다. 인공지능 로봇 '소피아'를 개발한 싱귤레리티넷의 벤 괴르첼 대표는 버락 오바마 전 대통령의 이름을 딴 인공지능 로봇 '로바마(로봇+오바마의 합성어)'_Robama 를 2025년까지 개발 완료하겠다고 공언한 바 있다.

2019년 일본 도쿄의 타마_Tama 에서 열린 시장 선거에서 '미치히토 마츠다'Michihito Matsuda라는 기계가 2,000표로 3위를 차지했다. 앨리스와 미치히토 마츠다 외에 뉴질랜드에서 온 '샘'Sam도 있다. 샘은 2020년 총선에 출마하기 위해 만들어졌으며 세계 최초의 가상 정치인으로 불린다. 그녀는 불편부당함 없이 유권자의 입장을 최대한 고려해 정치하겠다고 밝혔다.

정치세계에 등장한 인공지능

아론 셔피로Aron Shapiro는 "이제 인간은 수많은 선택이나 옵션이 아니라 그 반대로 인공지능이 더 이롭고 정확한 선택을 대신해주기를 바라기 시작했다."고 말했다. 복잡한 선택지 앞에서 누군가 가장 현명하고 이성적인 결정을 해준다면 더할 나위 없다. 그런 측면에서 보자면 세계적으로 가장 중요한 의사결정을 하는 사람들은 정치인일 것이다.

현재 인공지능은 정보를 학습하고 패턴을 감지·분석하는 폭넓은 기능을 갖고 있기 때문에 정보를 분석해 미래를 예측하는 것은 인간보다 잘할 수밖에 없다. 인공지능은 정보파악, 증거분석, 대조·요약을 통해 중요한 의사결정을 지원하는 추론의 근거를 만들 수 있다. 과학기술이 더 발전해 고도의 지적 능력을 갖춘 인공지능이 출현한다면 인간의 지적 능력은 큰 힘을 발휘하지 못하게 된다.

인공지능은 잘 가르치기만 하면 스스로 학습하고 구상하여 더 좋은 시스템으로 진화한다. 따라서 초기에 인공지능 기반의 사회·정치적 의사결정 지원 시스템을 구상할 때 2가지 측면을 고려할 필요가 있다.

첫째, 정책을 잘 평가하도록 가르쳐야 한다. 각국의 모든 법과 정책을 학습시키고, 인공지능 시스템은 그 정책을 이해하여 분석하고 대답하게 한다.

둘째, 국민이 원하는 정책을 찾도록 도와줘야 한다. 인공지능에게 목표를 설정해주고, 현재의 정치적 상황과 이해관계에 따른 다양한 문제들을 분석함으로써 균형 잡힌 정책을 세우도록 한다. 그리고 국민이 원하는 방향에 대한 정보를 줌으로써 더 실용적인 정책 혹은 이상적인 정책을 찾아 선택하도록 유도해야 한다.

인공지능이 사회·정치적 분석을 제대로 하려면, 인간이 인공지능에게 법, 뉴스, 정책 브리핑, 전문가 분석, 소셜 미디어와 다양한 종류의 정량적 데이터를 포함하여 폭넓은 정보를 입력해야 한다. 이런 정보가 유연한 방법으로 상호 연관되도록 하고, 다양한 패턴 및 추론을 이끌 수 있는 데이터 유형으로 주입하고 가르쳐줘야 한다. 이렇게 정보를 입력하고 훈련시킨 인공지능 사회·정치적 시스템은 인간에게 다양한 종류의 결과물을 생성해주게 된다.

새로운 기술혁명은 자동차 운전에서 질병 진단에 이르기까지 삶의 모든 측면에서 인간을 대체한다. 딥러닝 분야의 약진을 생각한다면 인공지능이 정치세계에서 발휘할 영향력은 적지 않다. 이제 인간이 기계와 함께 통치하는 그럴듯한 미래 시나리오가 머지않아 현실로 나타날 것이다.

에스토니아의 인공지능 국회의원 노라

　세계 각국은 인공지능 활용을 공식화하면서 본질적으로 혁신적인 설루션을 채택하는 방법을 찾고 있다. 디지털정부의 인공지능 사용은 특별한 일이 아니며, 이제는 일반화된 기술이다. 이미 몇몇 민간회사들이 인공지능 시스템을 도입하여 회사의 경영진으로 합류시켰다. 회사의 상무나 전무로 인공지능이 대체되었으니, 국회의원을 인공지능 로봇으로 교체할 날도 얼마 남지 않았다.

　에스토니아에서는 2015년에 도입한 인공지능 '노라'가 국회위원회 활동을 하고 있다. 안보 문제 때문에 국가 비밀을 처리할 수 있는 권한은 노라에게 부여되지 않았을 수 있지만, 합리적 의사결정을 위해 훈련되었기에 사회 문제나 경제 문제에 있어서는 주어진 업무를 훌륭히 처리할 수 있다.

　노라는 현재 하원의원이 평생 할 수 있는 것보다 훨씬 많은 양의 정보를 배우며 분석 중이다. 만약 노라가 문맥을 이해하고 제대로 된 질문을 할 수 있다면, 의회 서비스는 더 활성화되고 모순되는 입법에 대해 초기 경고와 대안까지도 제시할 수 있다. 이제 과학자들은 노라에게 공익과 인권이 무엇인지 설명하는 방법에 대한 흥미로운 도전을 할 것이다. 노라가 하원의원의 의무를 완전히 받아들인다면 우리는 더 합리적인 결정, 경제에 대한 보다 더 정량적인 분석, 효율적인 사회 서비스의 개발을 만나게 된다. 물론 노라가 내리는 결정은 대중의 환심을 사는 식의 포퓰리즘이 아니라 데이터와 확인 가능한 자료를 기반으로 한다.

인공지능 하원의원인 노라는 경제 문제에 관해 다양한 전문적 이론을 알고 있고, 실제 경험을 종합해 정책을 제안할 수 있다. 외교 문제에서는 공개된 소스를 기반으로 정책개발을 예측하고 상대의 움직임과 패턴을 분석하는 파트너가 될 것이다. 그뿐 아니다. 노라는 유권자를 24시간 동안 만날 수 있으며, 시간과 장소에 관계없이 유권자 및 다른 정책 입안자와 동시에 대화할 수 있다. 물론 노라의 업무는 결정의 질에 의해 측정될 수 있기에 이 부분을 유념해서 지켜보아야 한다.

인공지능 하원의원인 노라는 특정 연합이나 특정 정당의 이념적 지지자가 되어서는 안 된다. 중립적이고 공익적이어야 하며, 그러기 위해 노라에게 헌법과 에스토니아의 법체계, 의회민주주의의 기본원칙을 가르칠 필요가 있다. 그리고 인공지능이 의회에 들어오면 구성원의 변화를 반영해 투표 절차는 다시 설계돼야 한다.

더 많은 업무 처리, 질 좋은 의사결정

2020년 에스토니아 의회Riigikogu는 의원 및 직원의 작업을 도와줄 '한스'HANS라는 인공지능 시스템을 도입한다. 한스의 역할은 음성인식기술을 사용하여 의회 현장의 대화 내용을 받아 적되 효율성과 정확성을 더 높이는 것이다. 한스는 의회의 총회 기록을 가장 신속하고 정확하게 보고서로 만들어주는 새로운 정보 시스템이다.

에스토니아 의회 사무국장인 오토 사크Ahto Saks는 "혁신이 구식 관행을 변화시키고 국가 제도 시스템의 투명성을 높이기 위해 인공지능을 도입했다. 이는 인간이 하던 일을 인공지능으로 더 많이 대체하기 위한 시작에 불과하다."고 말했다.

이 외에도 의회나 정부부처에서 인공지능을 적극적으로 활용하려 하고 있다. 가까운 시일 내에 인공지능이 자동번역을 담당하게 된다. 그리고 지능형 데이터 연결 시스템, 주민 의견 수렴에 대한 연구를 진행 중이다. 데이터를 스마트하게 활용하고, 이를 근거로 객관적인 결정을 내릴 수 있다면 정보 독점으로 인한 세력 형성, 특권의식, 밀실정치 등은 사라지게 된다. 또한 특정 조직, 기관, 개인에게 이득이 되는 결정이 아닌 가장 합리적이고 다수의 시민들에게 득이 되는 의사결정을 할 수 있다.

2020년 뉴질랜드 총리 선거에 출마하는 로봇 샘

2017년 최초로 등장한 뉴질랜드의 인공지능 정치인 '샘'은 2020년 11월 총선 출마를 앞두고 있다. 뉴질랜드의 샘은 세계 최초 인공지능 정치인으로, 2020년 뉴질랜드 총리선거에 출사표를 던졌다. 샘은 뉴질랜드 개발자 닉 게릿센Nick Gerritsen이 만든 여성형 인공지능 정치인으로, 페이스북 메신저를 통해 유권자들과 소통하며 이슈와 선거에 대한 질문에 답한다.

인공지능 정치인인 만큼 샘은 '인간 정치인'과의 차별성을 드러낸다.

그중 하나는 '기억력'이다. 샘은 "내 기억의 용량은 무한하기 때문에 당신이 말한 것을 잊거나, 말을 바꾸거나, 국민들의 의견을 무시하지 않을 것이다."라고 말하며 이렇게 부연했다. "인간 정치인과 달리 나는 결정을 내릴 때 편견 없이 모든 사람의 입장을 고려한다. 뉴질랜드 사람들이 가장 관심을 갖는 문제가 무엇인지 의견을 수렴하고 반영하기 위해 엄청난 데이터를 분석해 사람들이 원하는 것을 찾아낼 것이다. 또 시간이 지남에 따라 국민을 위해서 변화할 것이다."

샘을 만든 닉 게릿센은, 시간이 갈수록 샘은 인간보다 훨씬 더 영리하고 엄청난 양의 정보를 모아 분석함으로써 국민들의 마음을 가장 잘 읽는 총리가 될 것이라고 말했다. 샘의 의회 출마로 인해 인공지능 로봇이 총선에 출마하는 미래가 코앞으로 다가왔다.

실제로 인공지능 정치인이 인간 정치인을 곧바로 대체할 가능성은 희박하다. 하지만 인공지능 로봇이 향후 인간 정치인과 공생하고 협업한다면, 합리적이고 효율적인 의사결정을 내리는 데 적극 활용될 것이라는 점에는 의심의 여지가 없다.

"
정치는 대표적인
사양 산업이 된다
"

전 세계 수많은 사람들이 그닥 내키지 않거나 심지어 싫어하는 법률과 정책을 지지할 것을 강요받고 있다. 정치 지도자들이 자신의 안전과 이익, 기득권을 유지하기 위해 유권자들의 절반 이상은 비참한 현재의 상황을 유지할 수밖에 없는 정책을 강요하기 때문이다. 이에 대응해 수백 개의 분리 독립운동이 동력을 얻으며, 억압적이고 전제적이며 효과적이지 못한 중앙정부에서 독립할 권한을 주장하고 있다.

이런 흐름과 맞물려 정치인, 정치에 대한 불신과 혐오도 날로 고조되는 상황이다. 각종 여론조사에서도 가장 혐오하는 직업과 직종으로 정치인, 국회의원, 정치 리더들이 가장 많이 꼽힌다. 유럽에서는 정치 이야기가 나오면 신문을 접고 TV를 끌 정도로 부정적 인식이 강하다. 그런 이유로 선진국에서는 신문이나 TV가 살아남기 위해 정치 뉴스를 안하거나 심지어 줄이는 실정이다.

정치가 기피 직종, 사양 산업이 되는 이유

정치인에 대한 불신, 정치에 대한 혐오의 뿌리는 깊다. 그래서 앞서 살펴봤듯이 그 대안으로 인공지능 로봇 정치인이 끊임없이 대두되는 것이다. 실제로 인공지능이 정치인 즉 국회의원이나 대통령이 하는 일을 이미 보좌하기 시작한 것을 살펴봤다.

또 다른 예로 '로바마'를 들 수 있다. 로바마는 의회, 정부를 대신하는 의사결정 프로그램인데, 의원과 대통령을 보좌하다가 결국에는 그들을 대신할 날이 머지않았다. 인간의 지능을 모두 합친 것보다 더 똑똑하고, 편견 없이 공정하며, 사리사욕에 치우치지 않고, 업무 처리의 양과 속도도 탁월하다. 매일 신문, 방송, SNS를 검토한 후 전 국민의 의견을 수렴해서 국민이 원하는 정답을 내놓는다. 정보나 여론 분석, 의견 수렴에 있어 이미 인간보다 더 신뢰할 만한 수준이다.

선진국에서 정치 이야기를 하지 않고도 나라가 잘 돌아가는 것은 모든 것이 시스템화되어 있기 때문이다. 시스템화되었다는 것은 부정부패, 권력 집중, 정경 유착, 정언 유착이 불가능하도록 제도가 만들어졌다는 뜻이다. 300년 전에 삼권분립을 만든 것도 이런 것들이 잘 유지되도록 하기 위해서였다. 하지만 이런 시스템이 잘 돌아간다는 게 사실상 쉬운 일은 아니다.

바로 여기서 파생되는 문제를 인공지능이 도와줄 수 있다. 이제 대통령이 없어도 제도와 시스템은 그대로 돌아가고, 현명한 의사결정을 할 수 있다. 미래에는 정치인들이 검은 돈을 받거나 주지도 못한다. 권력끼리 결탁해 자기 잇속을 챙기는 일도 할 수 없다. 인공지능 시스템이 그런 문제들을 모두 포착해서 잡아낼 것이기 때문이다. 그러다 보니 결국 정치가 돈이 되지 않는 상황에 도달하고, 정치인은 기피 직종이, 정치는 사양 산업이 된다.

미래에는 미래파만이 살아남는다

제롬 글렌의 미래 사회 예측 공식에서 농경 시대 권력은 종교가, 산업시대 권력은 국가가, 그리고 정보화 시대 권력은 대기업이 가졌다. 그렇다면 후기정보화 시대는 어떨까? 똑똑한 개개인들이 권력을 가진다는 게 그의 주장이다. 2016년 일어났던 촛불시위는 똑똑한 개개인들로 권력이 이동했음을 보여주는 징표다.

후기정보화사회에서는 정보통신기술의 발달로 개인과 개인 간의 연결뿐 아니라 개인과 사물, 사물과 사물 간의 연결이 활성화된다. 이러한 초연결사회가 본격화되면 교통, 금융, 에너지, 농업 등 모든 분야가 획기적으로 변하게 된다. 당연히 그런 세상을 살아가는 개인들도 달라질 수밖에 없다. 똑똑한 개인들은 발달한 네트워크와 개인 미디어를 통해 자기 생각과 주장을 표현하고, 생각을 공유하는 전 세계인들과 연대하게 된다. 국가나 기업이 권력을 독점하던 시대와는 사뭇 다른 모습으로 변화해갈 것이다.

지금 미국 정치인들은 정체성 혼란에 빠져 있다. 민주당은 트럼프가 민주당의 주요 지지층인 블루칼라 노동자를 위한 각종 정책을 내놓자 진보 민주당의 정강정책을 바꿔야 하는지 토론하는 등 혼란의 와중이다. 반면 미국의 보수 공화당은 트럼프가 진보 보수라는 거대한 개념을 붕괴시키고 있다고 말한다. 그러나 미래에는 진보냐, 보수냐 하는 이념과 정당이 큰 의미가 없어진다. 단지 미래를 준비하는 미래파만이 남게 된다. 세상은 하루가 다르게 변화하는 중이며 코로나 팬데믹으로 그 변화의 속도는 더욱 급속해졌다. 이제는 정치놀음이 아니라 다음 스텝을 준비하며 급변하는 세상을 맞이해야 한다.

개별 국가의 소멸과
새로운 거버넌스의 도래

우리는 전통적으로 국민국가에 속해 살아가고 있다. 그러나 조만간 이런 개별국가는 사라지고, 누구나 자신의 국가를 선택하는 새로운 거버넌스의 시대가 도래한다. 민족, 인종, 국가라는 경계 안에 자신을 가둘 필요도 없고 자신이 원하지 않는 국가의 국민임을 한탄할 필요도 없다. 이미 제4차 산업혁명이 정치, 경제, 사회 체제 전반에 영향을 미치고 있으며, 이 변화를 보여주는 대표 사례가 '비트네이션'Bitnation이다.

비트네이션은 2014년 수잔 타코프스키 템펠호프Susanne Tarkowski Tempelhof에 의해 설립된 분권적 조직Decentralized Organization이며 카운터파티Counterparty 기술을 통해 블록체인 위에 세워진 가상국가다. ID 시스템, 분산화 애플리케이션_{Dapps, Decentralized Applications} 라이브러리, 분쟁해결 메커니즘, 보험, 외교, 보안, 스마트 계약 등의 서비스를 제공하는 일종의 플랫폼이다. 스마트폰, 컴퓨터, 무인자동차의 운영을 위해 운영체제가 존재하듯 정부 운영을 위한 운영체제도 존재하며, 그중 하나가 비트네이션이다.

사이버 세상의 가상국가, 권력의 독점을 막다

익히 알고 있듯 국가는 국민, 영토, 주권으로 구성된다. 그리고 국민의 출생, 결혼, 사망과 관련한 것은 물론 부동산등기, 주권과 관련한 법적 문서 등이 모두 기록돼 있다. 이제껏 정부는 중앙관료기구라는 권위를 활용해 신뢰할 수 있는 신분과 거래 정보의 입증자이며 발행자 역할을 해왔다. 이러한 서비스를 대중에게 제공할 수 있는 가장 좋은 위치에 정부가 있었기 때문이다.

민간 기업들도 자신들만의 증명 시스템을 가지고 있지만 정부와 같은 광범한 서비스를 제공할 수는 없다. 회사들은 있다가 사라지기도 하고, 무엇보다 기업들이 개인신용조회 회사와 같은 신분 또는 신용 서비스를 제공하는 것은 특정한 이유에 의한 특정한 시장을 위해서이기 때문이다. 기업들이 국가에 맞서 이러한 서비스를 제공할 수 있는 경쟁자가 되려면 반드시 영구불변의 신뢰성을 가져야 한다. 다시 말해 파산되지 않아야 하고 출생, 결혼 등을 비롯해 개인의 기록을 상실하지 않을 수 있어야 한다.

기업들은 그럴 수 없지만, 비트네이션은 다르다. 블록체인 기술 덕분에 중앙관료기구 없이 작동할 수 있으며 국가 서비스의 상당 부분을 더욱 효과적으로 대체할 수 있다. 블록체인 거래 데이터베이스는 정부 시스템이 요구하는 기본적인 기록 보존 특성을 갖고 있다. 정보가 등록되면 이는 영원히 네트워크에 존재하고 수백만 개의 개인 노드에 보존된다.

블록체인은 엄격한 입증 절차를 가지고 있으며 네트워크가 일정한 임계량에 도달하면 사실상 해킹이 불가능해진다. 때문에 블록체인을 이용하여 전통적으로 정부만이 할 수 있었던 출생, 결혼, 사망, 재산권, 기업 간의 계약, 그 외 다양한 것들을 기록할 수 있다. 그리고 그 기록들이 위조되거나 소멸되지 않도록 관리하고 보존하는 것도 가능하다. 정부가 수행하고 있는 공증인 또는 신용할 수 있는 제3자 역할을 블록체인이 대신 수행하는 것이다.

그동안 독점은 경제 침체를 유발해왔다. 실상 모든 독점은 문제를 유발한다. 그러나 블록체인 시스템이 제대로 수립되기만 하면 독점에서 비롯되는 문제들을 해결할 수 있다. 자원을 낭비하고 권한을 남용하며 힘없는 사람들을 억압하는 독점적 관료주의의 힘을 소멸시키는 것이 가능하다. 정보를 광범하게 이용할 수 있고, 자유 시장 토대 위에서 품질을 향상시키는 동시에 원가를 절감할 수 있다. 다시 말해 공정성과 투명성을 담보하는 비정치화된 거버넌스 서비스를 통해 개인의 주권과 자율성을 향상시키는 일이 가능해진다.

안방에서 손쉽게 국적을 갈아타다

비트네이션은 아직도 진화해가고 있는 중이다. 인공지능, 글로벌 브레인, 슈퍼컴퓨터, 블록체인 등을 이용해 정부나 의회를 대체할 기술은 계속 연구되고 있다. 비트네이션, 백피드Backfeed 등 정부를 대체할 웹사이트 들이 이미 여러 개 나와 있다. 사람들은 출생신고를 비트네이션 정부 서비스에 하고, 그곳에서 결혼과 이혼도 한다. 심지어 이런 가상 국가들은 무료이거나 거의 비용이 없는 서비스를 제공하고 있으며, 가입과 탈퇴의 수순도 비교적 간편하다.

세계경제포럼이 2015년 세계 비즈니스 리더 800명을 조사한 결과, 10년 뒤면 블록체인으로 세금을 걷는 첫 정부가 등장할 것이라고 답한 사람은 73퍼센트였다. 지금의 국가 형태가 당연한 것처럼 여겨지지만 사실 국가의 개념이 정립된 것은 1648년으로, 그 역사가 불과 370여 년밖에 되지 않는다. 그렇다면 디지털 기술의 발달로 중앙집중형 구조를 탈피한 새로운 국가의 탄생은 요원한 일도 배척할 일도 아니다. 실제로 우리 사회는 그러한 방향으로 나아가고 있다.

온라인 위에 세워진 디지털 국가는 오프라인 국가와 대척점에 있을 것인가? 물론 그렇지 않다. 아직까지는 상호 보완의 관계라고 봐야 한다. 기술발전 속도를 보면 비트네이션을 시작으로 여러 비슷한 국가 서비스들이 생겨날 것이고, 미래에 우리는 4~5개 나라에 속하게 된다. 몸은 한국에 있어도 생활은 주로 사이버 국가 가운데 하나에서 하게 되는 식의 삶도 얼마든지 가능하다.

국회나 국가를 대체할 가상의 공간을 만들기 위해 웹사이트나 여러 단체들, 특히 실리콘밸리 천재들이 발 빠르게 움직이고 있다. 디지털 기업을 선도하며 상당한 매출과 회원 수를 보유한 구글이나 페이스북 같은 기업이라면 국가를 만드는 상상도 해볼 수 있다.

페이스북,
가상국가로의 진화는 시작되었다

페이스북은 왓츠앱, 페이스북, 인스타그램 등 3가지 플랫폼으로 약 25억 명의 사용자를 보유하고 있다. 시가총액 약 6,000억 달러에 달하는 회사며, 세계에서 가장 자산가치가 큰 회사 중 하나이고, 지구상에서 가장 영향력 있는 온라인 매체다. 그럼에도 그간 여러 가지 논란이 있어왔고, 2018년 말 페이스북 CEO 마크 저커버그는 드디어 결단을 내렸다. 페이스북의 콘텐츠 조정 가이드라인과 독립적인 감독위원회, 즉 대법원을 만들 계획을 발표한 것이다.

페이스북이 겪은 여러 논란 가운데 가장 큰 문제는 가짜 뉴스와 혐오 콘텐츠, 정치적 분열을 일으키는 게시물에 대한 침묵이다. 언론과 표현의 자유를 내세운 페이스북의 침묵을 질타하며, 혐오 발언과 언론 자유는 다르다는 자성의 목소리가 연이어 나왔다. 실제로 포드, 코카콜라, 스타벅스를 비롯해 세계 유명 기업들은 페이스북이 분열과 인종차별, 증오를 조장하는 콘텐츠를 방치했다는 이유로 페이스북과 인스타그램에 광고를 중단한 바 있다.

페이스북의 최고법원 역할을 하는 콘텐츠 감독위원회

페이스북은 단순히 소통하고 정보를 공유하는 플랫폼 이상의 지위를 얻었기에 초미의 관심 대상일 수밖에 없다. 〈뉴욕 타임스〉는 페이스북이 러시아의 미국 대선 개입, 그리고 기타 소셜미디어의 오용 문제 공론화 과정에서 어떤 식으로 책임을 회피하고 왜곡했는지 보도했다. 그 보도가 나온 후 페이스북은 2018년 11월 독립적 콘텐츠 감독위원회를 구성할 계획을 발표한다.

감독위원회는 페이스북과 인스타그램에 올라오는 텍스트, 사진, 동영상 등 모든 콘텐츠를 살펴보며 논란이 있는 콘텐츠에 대해 심사를 하게 된다. 더불어 문화적, 정치적, 세계적 갈등을 해결하는 데 필요한 새로운 종류의 세계적인 권위를 대표하며, 정부의 공식 정책결정 부서와 매우 유사하게 운영된다. 페이스북의 결정을 번복할 수 있는 독자 권한을 갖는다. 마크 저커버그도 위원회의 결정을 따라야 하기에, 페이스북의 '최고법원'으로 불릴 정도로 그 권한이 막강하다.

이사회는 페이스북과 독립적이지만 페이스북은 최소 6년간 1억 3,000만 달러, 한화 약 1,500억 원 규모의 운영자금을 지원한다. 자신의 콘텐츠가 부당하게 또는 사유 없이 서비스에서 제거되었다고 생각하면 이 독립위원회에 사용자가 직접 항소하는 것도 가능하다.

기업이 만드는 가상화폐와 가상국가라는 멀지 않은 미래

감독위원회의 초기 위원들은 노벨상 수상자, 글로벌 저널리스트, 판사, 인터넷 전문가, 디지털 권리운동가, 인권 전문가, 종교 전문가, 전정부고문, 교수 등으로 구성되어 있다. 광범한 분야의 사람들을 모집했고 다양한 정치 의제, 인종과 지리적 여건, 남녀평등을 고려해 구성원을 뽑았다. 위원회 멤버는 27개국에 걸쳐 있으며 최소 29개국어를 구사한다. 멤버의 4분의 1과 4명의 공동 의장 중 2명은 미국인이 맡는다. 처음 이사회 위원들은 20명이지만 시간이 지남에 따라 40명으로 늘릴 계획이다.

페이스북 감독위원회에는 미국 연방 순회법원 판사를 지낸 헌법학자이자 종교자유 전문가인 마이클 매코널이 이사회 공동의장을 맡았다. 헌법 전문가인 자말 그린, 앨런 러스브리저 전 가디언 편집국장, 안드라스 사조 전 유럽인권재판소 판사, 헬레 토르닝슈미트 전 덴마크 총리, 콜롬비아 변호사 카날리나 보테로 마리노 등 다양한 국적의 법률가, 언론인, 교수 등이 포함됐다. 헬레 토르닝슈미트는 이사회 공동의

장 중 한 명이다.

매코널 공동의장은 콘퍼런스 콜에서 이렇게 말했다. "위원회는 인터넷 경찰이 아니다, 빠르게 움직이는 문제를 신속하게 처리하는 집단으로 생각하지 말라."고 당부했다. 위원회 멤버이자 인터넷 거버넌스 연구원인 니콜라스 수저 역시 위원회는 페이스북을 위해 일하는 것이 아니라 페이스북이 인권을 존중하도록 하는 데 목표를 두고, 정책 과정을 개선하도록 압력을 가하는 것이 핵심이라는 점을 거듭 강조했다.

이 위원회는 저커버그와 셰릴 샌드버그Sheryl Sandberg가 비즈니스에 더 집중하게 하고, 페이스북이 인권을 존중할 수 있도록 함으로써 그간의 비판적 시선을 떨쳐내는 데 큰 역할을 하게 된다. 이 위원회가 신뢰받으며 제 역할을 해낸다면 페이스북은 가상국가와 유사한 형태로 발전할 것이며, 그로 인해 더 나아지는 세상을 위한 첫 발을 뗄 수 있다.

페이스북은 이미 마스터카드, 비자카드, 우버 등을 포함한 27개 파트너사와 함께 '리브라'Libra라는 이름의 새로운 암호화폐를 출시한다고 발표했다. 리브라는 비트코인 같은 다른 암호화폐와 달리 자산으로 직접 지원될 예정이라 더욱 관심을 끈다. 쉽게 말해 리브라로 이베이에서 물건을 살 수도 있고 우버를 이용할 수도 있다. 페이팔도 파트너사로 가세해 사용처는 더욱 늘어날 전망이다.

리브라 발행은 미국 정부의 독점적인 통화 발행권에 대한 정면 도전으로 받아들여지며 미국 의회의 청문회까지 올라가 일단 발행을 연기하는 것으로 일단락되었다. 그러나 금융의 디지털화라는 거대한 흐름 앞에서 리브라의 발행을 마냥 지연시킬 수만은 없을 것이다. 잠시 멈춰 있다 해도 시기의 문제일 뿐 미래는 가장 빠르고, 편리하고, 안전하고, 소비자를 만족시키는 기업 화폐의 시대로 들어가게 된다.

현실국가들과 가상국가의 공존은 가능한가?

전통적인 국민국가는 공동의 언어, 문화, 민족, 혈통, 역사를 공유하는 많은 사람들의 집단이다. 그러나 인터넷이라는 보이지 않는 세계 위에 세워진 가상국가는 땅과 국경이 없으며, 언어, 민족, 혈통 같은 것의 경계도 없다.

이미 전 세계적으로 수백 개의 분리 독립운동이 동력을 얻고 있다. 전제적이고 억압적이며 효과적이지 못한 중앙정부에서 독립할 권한을 주장하는 것이다. 카탈로니아 독립운동, 아랍의 봄, 스코틀랜드 독립 국민투표, 홍콩의 저항운동, 대만과 중국의 갈등, 이슬람 과격주의자의 폭력, 유럽의 테러리스트 네트워크와 이민 배척주의자들의 결집은 등이 대표적인 사례다. 이들은 모두 정치적 선택과 경제적 이동성을 불가능하게 만드는 경직된 국민국가에서 글로벌 권력투쟁이 악화되어 나타난 다양한 증상들이다.

그러나 가상국가의 경우 사람들은 상호 이익과 목표를 통해 연결돼있다. 여기서 국가는 통치체제보다는 자발적인 형성이 중요하며, 거버넌스의 도구를 제공하는 반면, 사람들에게 특정한 법률과 규정을 부과하지 않는다. 거버넌스 서비스를 선택할 때, 마치 소셜네트워크 가입을 선택하는 것처럼 쉽게 하기 위해서다.

　우리는 지금 한 국가의 국민인 동시에 가상국가의 국민이라고 주장할 수 있다. 그리고 이 주장은 보호되어야 할 인권적 가치가 충분하다. 현실국가와 가상국가의 경쟁은 이미 시작되었다. 가까운 시일 내에 가상국가들끼리 경쟁할 날도 다가올 것이다. 그러나 현실 국민국가와 가상국가는 서로를 배척할 이유가 없으며, 오히려 상호보완을 통해 공존해야 한다.

　가상국가의 가장 큰 매력은 자신이 속한 국가의 제약을 넘어서는 것이다. 즉 현실국가는 싫어할 수 있지만 어디서든 아웃사이더, 즉 자국 경계 안의 '외부인'이 존재한다. 그리고 가상국가에 속한 이들이 법을 준수하고 세금을 내며 국가를 위태롭게 하지 않는다면 가상국가의 시민인지 아닌지는 중요하지 않다. 새로운 국가에 대한 인식이 보편화되고 국가로 인정을 받으려면 해결해야 할 문제들이 남았다. 또 가상국가가 늘어남으로써 생기는 여러 문제들도 해결해야 한다. 국제안보를 보장하고 갈등을 피하기 위해 유엔과 같은 국제기구를 만들어 통제를 받아야 할 수도 있다.

COVID-19

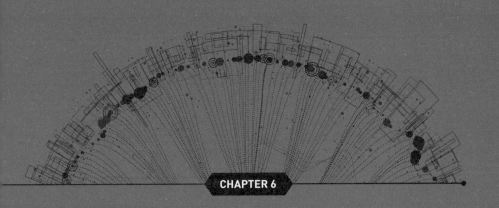

CHAPTER 6

기본소득제도는
약이 될 것인가, 독이 될 것인가

복지의 미래

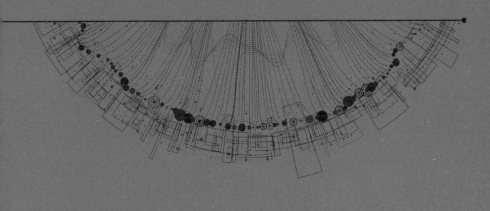

"

새로운 세상을 위한
'위대한 리셋'

"

최근 미국 내에서 확산하고 있는 기본소득 논의에 억만장자인 잭 도시 트위터 CEO가 가세했다. 잭 도시가 기본소득제를 추진하는 미 지자체장 협의기구에 300만 달러를 기부한 것이다.

지자체장 협의기구는 기존 사회보장제를 보조하는 방식의 기본소득 제를 구상 중이며, 먼저 시범프로그램을 운영할 계획이다. 구체적인 지급 대상이나 액수 등은 확정되지 않았지만 LA와 애틀랜타, 미시시피주 잭슨, 그리고 뉴저지주 뉴어크 등의 주민 700여만 명이 기본소득 시범 프로그램의 혜택을 받을 것으로 본다. 미국에서 역이민으로 한국에 다시 돌아온 사람들도 LA로 돌아가면 기본소득을 받고 자신이 하고 싶은 일을 하면서 여생을 지낼 수 있게 되었다.

한 남자가 샌프란시스코의 한 거리에서 앤드류 양이 주장한 기본소득 '자유 배당금' 1,000달러 지폐를 보여준다. 기본소득 프로그램은 많은 사람들에게 직접 현금을 지불하기 위해 고안된 것으로, 올해 초까지 워싱턴DC, 정책 전문가, 웨스트 코스트 지역과 미래학자들만 이야기하던 영역이었다. 그러나 지속되는 코로나19와 글로벌 경기침체 속에서 기본소득과 관련된 정책들이 전례 없는 추진력을 얻고 있다.

지난 6월 전국에서 모인 11명의 민주당시장연합은 기본소득 시범 프로그램에 투자하고 주 및 연방 수준에서 관련 정책을 위한 로비를 계획하는 '소득보장을 위한 시장 추진단'의 출범을 발표했다.

코로나 이전과 이후, 전혀 다른 세상을 준비하라

2019년 〈파이낸셜 타임스〉Financial Times가 자본주의 개혁 캠페인을 들고 나와 주목을 받았다. 그들은 "자본주의, 리셋을 위한 시간"이라는 헤드카피로 신문 1면을 장식했다. 주주 이익의 극대화를 추구하던 자본주의에서 벗어나 고객, 직원 등에 대한 사회적 책임을 다하며 목적Purpose을 위해서도 봉사해야 함을 강조했다.

그리고 2020년 초 세계경제포럼이 '위대한 리셋'Great Reset을 어젠다로 들고 나오며 움직임을 본격화하고 있다. 이 어젠다는 코로나19라는 전염병 위기를 맞고 공존과 공생을 고민하는 인류에게 그 중요성이 더욱 강조되는 상황이다.

자본주의 세상이 나아가야 할 길에 대한 새로운 모색을 하던 와중 팬데믹까지 겹쳐 인류는 전에 없던 위기에 봉착해 있다. 클라우스 슈밥 Klaus Schwab 세계경제포럼 회장은 그럼에도 우리가 힘을 합쳐 신속하게 행동한다면 이 위기를 극복하고 더 나은 세상으로 나아갈 수 있다고 말한다. 바로 위대한 리셋을 통해서다. 똑같은 일을 반복하며 다른 결과를 기대할 수 없다는 것은 익히 알고 있는 진리다. 전 세계가 지금까지와는 전혀 다른 방식으로 탈바꿈해야 한다.

우리는 코로나19로 사회가 급격하게 흔들리는 모습을 목격했다. 이미 수십만 명의 사망자가 나온 전염병의 대유행은 최근 역사상 최악의 공중 보건 위기 중 하나다. 사상자는 세계 여러 지역에 산재해 있으며, 지금도 환자가 계속해서 발생하는 중이다. 비교적 방역 시스템을 잘 갖추고 발 빠르게 대응한 우리나라와 달리 그렇지 못한 곳에서는 엄청난 인명 피해를 보기도 했다. 또한 시간이 지날수록 의료 시스템과 인력 등의 부족으로 여러 어려움이 뒤따르는 상황이다.

그뿐 아니다. 코로나19로 급격한 경기침체가 시작되었고, 1930년대 이후 최악의 불황에 직면할 위기에 처했다. 전염병의 유행은 아직도 진행 중이며 인류의 건강은 물론 경제성장, 공공부채, 고용 및 인간 복지 등 전 세계 기업과 각국 경제에도 장기적으로 심각한 영향을 미치고 있다. 현재 국가별로 방역과 정책 대응을 하고 있지만, 이 위기는 쉽게 가라앉을 것 같지 않아 보인다. 이런 상황에서는 국가와 사회별로 경기 회복의 전망과 시나리오도 달라질 수밖에 없다.

세계 정부 부채는 이미 최고 수준에 도달했으며, 많은 국가에서 실업이 급증하고 있다. 미국의 경우 근로자 4명 중 1명이 실업수당을 신청한 상태다. 국제통화기금IMF, International Monetary Fund은 2020년 세계 경제성장률을 -3퍼센트로 전망했으나, 6월에 -4.9퍼센트라는 하향 전망을 내놓았다.

그럼에도 위기의 해법은 있다. 교육, 국가 정책, 비즈니스, 사회적 계약과 근로 조건에 이르기까지 각계각층, 모든 분야에서의 개조를 목표로 연대하고 신속하게 행동하는 것이다. 기업, 개인, 국가가 연결된 채모두 맞물려 돌아가는 상황에서 단독 생존이란 무의미할 뿐 아니라 불가능하기 때문이다. 또한 한 국가만의 합심으로 해결될 일도 아니다. 전 세계의 모든 국가가 참여해야 하며 석유와 가스에서부터 기술 부문에 이르기까지 모든 산업 분야가 다 변해야 한다. 요컨대 자본주의의 '위대한 리셋'이 필요하다.

위대한 리셋의 3가지 구성요소

'위대한 리셋'이 위기 극복을 위한 대안이 될 수 있다면, 구체적으로 어떤 것들을 어떻게 리셋해야 하는가? 위대한 리셋을 위한 3가지 주요 과제는 다음과 같다.

첫째, 시장을 공정하게 이끄는 것이다. 이를 위해 정부는 조세, 규제, 재정 등의 정책을 개선하고, 무역 협정과 관련한 규정들을 업그레이드하며 '이해관계자 경제'를 위한 여건을 만들어야 한다. 조세 기반이 위축되고 공공부채가 급증하면 정부는 적극적으로 행동에 나서야 한다. 그뿐 아니다. 공정한 성과를 촉진하기 위해 그동안 미뤄두고 실행하지 못했던 개혁을 시행해야 한다. 국가에 따라 부유세의 변화, 화석연료 보조금 폐지, 지적 재산권, 무역 및 경쟁에 관한 새로운 규칙을 포함할 수 있다.

둘째, 투자가 평등 및 지속가능성과 같은 공동 목표를 추진하도록 보장해야 한다. 많은 국가들이 시행하고 있는 대규모 지출 프로그램은 이를 진전시키는 하나의 요인이 된다. 유럽위원회European Commission는 복구 기금으로 750억 유로에 대한 계획을 발표했다. 미국, 중국, 일본도 경기 부양 계획을 속속 마련하는 중이다. 중요한 것은 보다 탄력적이고 공평하며 지속가능한 시스템을 만드는 것이다.

셋째, 제4차 산업혁명의 혁신을 이용해 건강과 사회적 문제를 해결함으로써 공공의 이익을 지원하는 것이다. 어쩌면 이것이 최우선 과제일 수도 있다. 코로나19로 인한 위기를 겪는 동안 기업, 대학, 기타 기관은 진단과 치료법, 가능성 있는 백신을 개발하기 위해 힘을 합쳤다. 시험 센터를 설립하고, 감염을 추적하는 메커니즘을 만들고, 원격 진료를 제공하고 있다. 만일 다른 부문에서 이와 유사한 협력이 이루어졌다면 얼마나 놀라운 결과를 도출했을지 자못 기대가 되는 대목이다.

우리 삶을 덮친 팬데믹의 충격으로 사람들은 삶의 모든 측면에 영향을 받았지만, 비극의 감옥에 갇혀 있을 이유는 없다. 현실을 받아들이고 더 나은 미래를 위해 시스템, 삶의 방식, 새로운 태도를 찾아 재구성하고 재설정하면 된다. 인류는 오랜 세월 동안 무수한 위기와 환경의 변화 속에서 그것을 받아들이거나 극복하며 진화해왔다. 지금의 위기는 분명 힘겹고 고통스럽지만, 한편으로는 또 다른 기회를 만날 수 있는 순간이기도 하다.

일자리 파괴와 재창조,
혁명은 시작됐다

많은 사람들이 미래의 자동화 기술에만 관심을 두고 있던 동안 직업의 본질은 변화하기 시작했다. 인사 컨설팅 기관인 아덴트 파트너스Ardent Partners의 보고서에 따르면, 현재 기업들의 노동력 중 약 50퍼센트 이상이 비정규직 근로자로 채워져 있다. 그뿐 아니다. 인공지능이 인간을 대체하는 분야도 늘어나고 있다. 2030년에는 현존하는 일자리 중 거의 절반이 사라질 거라는 전망이다.

　레이 커즈와일은 2029년 무렵에는 인간 한 명보다 로봇이 훨씬 더 많은 지식을 갖게 될 것이라고 예측했다. 로봇, 즉 인공지능들이 집단 학습을 하게 된다면 커즈와일의 예측대로 인공지능이 인간보다 더 똑똑해지는 시대가 온다. 기술의 발전은 전체 경제를 성장시킬 테지만 미래 일자리의 변화는 불가피하다.

인공지능 로봇의 활약, 일자리를 잃는 인간

로봇들은 이미 놀라운 속도로 인간 노동자들을 대체하고 있다. 미국 경제를 기준으로 볼 때 로봇 한 대가 추가될 때마다 고용은 5.6명 줄어든다. 그리고 하나의 로봇은 1,000명의 인간 노동자의 임금을 0.25~0.5퍼센트 하락시킨다. MIT의 대런 애쓰모글루Daron Acemoglu 경제학 교수와 보스턴대학교의 파스큐얼 레스트레포Pascual Restrepo 교수는 이러한 연구결과를 미국 전국경제조사국National Bureau of Economic Research 보고서에 발표했다.

로봇이 미국과 다른 모든 곳에서 노동시장에 변화를 가져오고 있다는 사실은 분명하다. 전 세계가 높은 실업률로 고통스러워하고 있는 와중에 기술의 발전은 인공지능과 로봇을 앞세워 기존의 일자리마저 빠른 속도로 대체해버리고 있다. 일부 연구에서는 향후 수십 년 동안 전체 근로자의 약 50퍼센트가 자동화로 일자리를 잃을 위험에 처했다고 예측했다. 역사적으로 기술의 발달은 언제나 일자리의 변화를 가져왔고, 사람들은 그 변화 앞에서 혼란스러워했다.

애쓰모글루와 레스트레포 교수는 새로운 연구를 위해 1993년부터 2007년까지 산업용 로봇이 지역 노동시장에 미친 영향을 조사했다. 그들은 인간 작업자가 필요하지 않은 일, 특히 용접, 페인팅, 조립, 자재 운반, 포장 등 여러 가지 수동 작업을 수행할 수 있는 완전 자동화된 기계에 주목했다.

옥스퍼드대학교의 칼 베네딕트 프레이Carl Benedikt Frey와 마이클 오즈번 교수 역시 비슷한 전망을 내놓았다. 그들은 〈고용의 미래〉라는 논문에서 앞으로 20년 안에 미국 내 직업의 47퍼센트가 위험에 처할 것이라고 경고했다. 이 수치는 최근 맥킨지 앤드 컴퍼니의 조사로 확인되었다. 맥킨지 앤드 컴퍼니는 인공지능, 머신러닝, 로봇공학, 3D 프린팅 등의 기술이 기하급수적으로 발달하면서 오늘날 일자리의 45퍼센트가 자동화될 것이라고 보고했다. 향후 20년 동안 전문가 예측대로 로봇이 확산된다면 그로 인한 영향은 훨씬 더 커지게 된다. 가장 먼저 일자리를 위협받을 업무군은 단순 업무, 공장 노동자를 포함한 블루칼라 노동자, 오퍼레이터, 농부, 의사, 변호사 등이다.

전문가들의 조사에 따르면 2025년까지 미국의 로봇 수는 4배로 증가하고 노동자 1,000명당 로봇의 수는 5.25대를 초과하게 된다. 이렇게 되면 2015년에서 2025년 사이 고용비율은 0.94~1.76퍼센트 포인트 하락하며 임금은 1.3~2.6퍼센트 하락한다. 즉 노동자 1,000명당 5.25대 이상의 로봇이 존재할 경우, 10년 안에 190만 명에서 340만 명의 일자리가 사라짐을 의미한다. 물론 이 모든 것은 미래의 경제가 오늘날의 경제와 같은 방식으로 작동된다는 가정 아래 나온 산식이라 오차율이 있다. 그러나 인공지능과 로봇의 발달이 사람들의 일자리를 상당 부분 차지할 것임은 부정할 수 없는 사실이다.

로봇이 무거운 짐을 질 때, 우리는 삶의 의미를 되찾을 수 있다

이러한 자동화의 추세는 멈출 수 없지만 자동화로 인한 부정적 영향을 완화하는 방법은 있다. 빌 게이츠는 로봇에 세금을 부과할 것을 제안했다. 그렇게 징수된 세금은 로봇에 의해 대체된 노동자를 재훈련시키고 재정적으로 지원하는 데 사용될 수 있다. 대체된 노동자들은 재훈련과 교육을 통해 새로운 업무 역량을 키우고 보건, 교육 등 다른 분야로 옮기는 것도 가능하다. 로봇 회사들이 대체된 노동자들을 돕는 것이다.

그러나 보다 장기적인 시각으로 생각해봐야 할 문제들도 있다. 인공지능의 발전으로 인해 유발될 실업 문제는 일시적인 현상이 아니므로, 장기적이고 근본적인 대안이 필요하다. 상황이 극도로 나빠지면 정부는 대공황 시대와 비슷한 규모로 경제를 재편성해야 할 수도 있다. 일자리를 잃은 실업자가 증가하고 경제위기가 깊어지면 기본소득을 보장해주는 제도는 절실해질 수밖에 없다. 사실 기본소득제는 오래 전부터 줄곧 논의돼왔던 안건이다. 그러나 코로나19의 위기로 인해 그 논의는 더 이상 미룰 수 없는 뜨거운 감자가 되었다.

기술발전에 따른 대량 실업, 코로나19의 위협, 위기 상황에 놓인 경제 등 우리 앞에 닥친 현실이 녹록지 않지만 그렇다고 미래가 디스토피아를 다룬 SF영화처럼 끔찍할 것이라 생각할 필요는 없다. 관점을 일자리가 아닌 일거리로 옮겨가는 것도 중요하다. 기본소득을 받는 국민은 오로지 생계유지만을 위해서가 아니라 삶의 의미를 찾고 자아를 실현하기 위해 일거리를 찾아야 한다. 기계는 인간이 수행하던 위험하고, 모멸적인 일을 대신한다. 로봇이 힘겹고 무거운 짐을 지는 동안 우리는 다른 일을 찾을 수 있다.

결국 사람들은 로봇을 만들어 '앵벌이'를 시키고, 그들이 버는 돈을 뺏어서 기본소득으로 사용한다고 한다. 기본소득세수 중 1위는 조세피난처에 숨겨놓은 돈을 가져오는 것이고, 두 번째가 로봇세금이다. 로봇은 돈을 쓸 줄 모르기 때문에 로봇이 버는 대부분의 돈은 모두 세금으로 환수할 수 있다.

기본소득제, 동등한 결과가 아닌 동등한 기회를 약속한다

전 세계적으로 보편적 기본소득제Universal Basic Income에 대한 관심이 뜨겁다. 보편적 기본소득이란 다른 소득 수단을 통해 받는 수입 외에 정부나 공공기관 등 정치공동체가 국가에 소속된 모든 시민에게 아무런 조건 없이 일정한 돈을 정기적으로 제공하는 정책이다. 즉 보유한 자산, 노동 여부나 의사, 소득의 많고 적음에 상관없이 모든 사회 구성원에게 균등하게 지급해야 한다.

기본소득은 가구 단위가 아닌 개인에게 지급하며, 일회성이 아니라 정기적으로 현금으로 지급한다. 즉 보편성, 정기성, 개별성, 무조건성, 현금성 등의 5가지 요건을 갖춘 소득이다.

기본소득제를 둘러싼 오래된 논의

앞서 살펴본 대로 기술과 인공지능의 발달은 사람들의 일자리를 줄이고 부의 편중 현상을 낳을 수밖에 없다. 그러므로 이것을 재분배하는 것은 필요하면서도 고민스러운 문제다. 기본소득제도는 대한민국의 정치권에서도 의견이 팽배하게 맞서고 있으며, 전 세계 정치, 경제, 사회의 화두가 됐다. 세상에 활력을 가져올 유일한 대안이라는 의견이 있는가 하면 이런 보조금이 시장 기능을 왜곡하고 비효율성을 증가시킨다는 의견도 있다. 다양한 의견 속에서 거센 논쟁이 이뤄지고 있다. 그럼에도 선별적 복지든 보편적 복지든 복지가 확대되는 것은 시대의 흐름이다.

사실 기본소득제에 대한 구상이나 언급은 갑작스러운 일이 아니다. 이미 오래 전부터 기본소득에 대한 아이디어는 여러 이념 노선들 위에 다양한 형태로 놓인 채 이야기되어왔다.

16세기 초 토마스 모어는 《유토피아》에서 이상적 사회에 대해 언급했고, 비베스에 의해 '최저 소득'이라는 개념이 처음 등장했다. 18세기 말에는 유럽 전역을 휩쓴 빈곤을 해결하기 위해 수학자이자 근대 계몽주의자였던 콩도르세Marquis de Condorcet가 '기본증여'라는 아이디어를 구상했고, 토마스 페인은 '시민 배당'을 주장한 바 있다. 마침내 19세기 초에 이르러 조셉 샤를리에와 존 스튜어트 밀에 의해 '기본소득'이라는 단어가 등장했다.

그 후에도 많은 이들이 기본소득에 대한 개념을 주장했다. 노벨경제

학상을 수상한 제임스 미드James E. Meade나, 신자유주의 경제학자인 밀턴 프리드먼Milton Friedman도 역시 기본소득을 주장했었다. 노벨경제학상 수상자 중 10명 이상이 기본소득제를 주장했으며, 닉슨 정부 시절 1,200명의 학자들이 정식 건의할 정도로 기본소득 개념은 오랫동안 꾸준히 논의의 중심에 있었다.

기본소득제, 노동 공백과 실업률을 해결한 대안인가?

사회 구조적 문제와 실업, 양극화 현상으로 많은 이들이 경제적 위기에 봉착해 있다. 거기에 코로나19 전염병까지 가세해 그 위기는 더 심각하다. 과학기술정보통신부가 맥킨지 앤드 컴퍼니에 조사를 의뢰해 발표한 것에 따르면 향후 10년간 700만 개의 일자리가 소멸하고, 730만 개 일자리가 생긴다는 예측도 있다. 물론 다른 조사 기관들의 조사에서는 줄어드는 일자리가 더 많게 나오기도 했기에 수치가 딱 일치하지는 않는다. 하지만 우리가 원하든 원하지 않은 일자리를 둘러싼 노동 시장이 대전환기를 맞아야 한다는 사실에는 변함없다.

전환기를 거치며 새로운 일자리가 생겨난다 해도 문제는 여전하다. 일자리가 바뀌는 대전환과 혼란의 시기에는 필연적으로 노동 공백과 높은 실업률이 나타날 수밖에 없다. 이를 어떻게 보완할 것인가? 기본소득제가 이러한 상황을 타계할 대안이 될 수 있을까?

역사적으로 기술의 발전은 언제나 인간의 일자리를 위협해왔다. 자동화와 인공지능의 발달로 인간의 일자리는 점점 줄어들고 취업난은 심각한 상황에 직면해 있으며 이는 거스를 수 없는 흐름이다. 그러다 보니 노동소득으로 생계유지가 어려워지는 문제를 해결할 대안으로 기본소득제가 다시금 논의의 중심에 오른 것이다. 그러나 찬반양론뿐 아니라 기본소득제의 방법론과 세부적인 시행 조건까지 다양한 의견이 제시되며 엇갈리고 있는 상황이다.

사실 미래를 내다보면 이 제도를 시행할 수밖에 없다. 나날이 늘어나는 부의 집중 현상, 기술적 실업이 가져올 문제를 감안할 때 사회와 경제의 붕괴를 막기 위해서는 기본소득제도가 필수적이다. 기존의 시장 논리에 의존해온 기업들은 사회가 지금처럼 계속될 경우 위험을 감수할 준비를 해야 한다. 구조적으로 불평등한 사회는 지속될 수 없고, 불평등에 따른 폭동이나 비도덕적 행동이 인류의 생존에 어떤 위기를 가져올 것인지 자각한다면 기본소득제의 필요성은 더욱 절실해진다.

일에 대한 관점의 전환

기본소득제는 일에 대한 관점을 바꾸어 인간 노동의 탈상품화를 장려한다. 우리는 유급 및 무급 작업에 소비된 시간을 서로 경쟁하는 것으로 인식한다. 그러나 임금을 받을 권리와 임금을 받지 않을 권리는 서로 완전히 양립해야 한다. 이와 관련하여 기본소득제는 우리의 노동 문화를 재구성하고 노동 시장에서 발견되는 기존의 편견을 제거할 수 있는 힘을 갖고 있다.

인권의 관점에서 볼 때, 노동이나 고용 여부와 상관없이 기본소득을 제공하는 것은 사람들이 기본적인 권리를 실현하도록 돕는다. 실업이나 고용 불안으로 인한 부담을 어느 정도 덜어줄 수 있기 때문이다. 사회학적인 관점에서 보면 안전한 경제 기반을 제공함으로써 좀 더 의미 있는 직업을 찾도록 돕는다. 단순히 생계유지를 위한 일자리가 아니라 자아실현을 위한 일을 한다면 개인의 만족도뿐 아니라 개인적, 사회적 관계 역시 활성화된다.

유급노동과 무급노동의 균형

기본 생활이 보장된 사람들은 자신감을 갖고 자유롭게 살아가며 가족, 친구, 이웃과도 잘 지낸다. 미래에는 프레카리아트 Precariat(불안정한 고용 및 노동 상황에 놓인 비정규직, 파견직, 실업자, 노숙자들의 총칭. '불안정한 프롤레타리아'라는 뜻으로 신자유주의 경제체제에서 등장한 신노동자 계층을 말한다)가 더욱 늘어나는데, 이들에게 기본소득을 제공해야 국가 생산성과 경제활동이 늘어난다.

또 가사 노동, 자원봉사 활동 등 무급 노동을 활성화시키는 효과도 있다. 기본소득으로 경제적 부담을 덜 수 있다면 사회적으로 유용하지만 돈이 되지 않는 노동을 좀 더 적극적으로 할 수 있다. 자유 시장 관점에서 기본소득제는 유급 노동의 독점을 줄임으로써 보다 경쟁력 있는 노동 시장을 창출한다. 또한 고용주와 근로자 사이의 경쟁 균형을 이룬다. 고용주는 더 나은 임금과 유연한 시간으로 인재를 유치하기 위해 경쟁해야 하기 때문이다.

세계에서 이루어진
기본소득제 실험

기본소득은 수세기 동안 유럽과 미대륙을 넘나들며 관심의 대상이었다
가 최근 팬데믹 사태로 인해 뜨거운 담론의 대상이 되었다. 국내에서도
기본소득을 둘러싼 치열한 갑론을박이 벌어지고 있는데, 특히 2020년
5월부터 모든 국민에게 긴급재난지원금을 지급하면서 기본소득제 도
입에 대한 논의가 더욱 촉발됐다.

　미국의 경우 이미 알래스카주에서 '영구기금배당금'PFD, Alaska Permanent Fund
Dividend이라는 기본소득제를 시행하고 있다. 유럽과 아메리카 합중국 후
원자들의 기부로 이뤄진 나미비아의 기본소득 시범사업, 브라질의 보
우사 파밀리아Bolsa Familia, 인도의 마디아프라데시Madhya Pradesh의 기본소득

시범사업 등이 있다. 그 외에 핀란드를 비롯해 네덜란드, 캐나다, 프랑스, 스페인을 포함한 12개 이상의 국가에서 이미 임시 또는 영구 솔루션을 실험하는 중이다.

핀란드의 기본소득제 실험

핀란드의 기본소득 실험은 세계 최초의 기본소득 실험으로 전국적인 무작위 필드 실험을 기반으로 한다. 2017년부터 2018년까지, 복지수당을 받는 실직자 2,000명을 무작위로 선정하여 무조건 월 560유로를 지불했다. 기본소득은 실험자 마음대로 사용할 수 있으며, 사용처와 용도를 보고할 의무도 없다. 다만 기존에 받고 있던 현금성 사회복지 혜택이 기본소득 수급액만큼 공제된다. 그런 다음 핀란드의 표준실업수당에 대해 17만 3,000명의 사람들과 결과를 비교했다.

이 실험은 추가적인 사회 구조적 도움 없이 기본소득 제공만으로 노동력에 대한 참여를 증가시킬지 여부를 테스트하는 것이 목표였다. 2019년 2월 핀란드 정부는 실험결과에 대해 1차 발표를 했는데, 기본소득이 삶의 질은 향상시켰지만 고용이나 취업률에는 변화가 없었다고 했다. 실업자들에게 기본소득을 제공했는데, 고용이나 취업률에 변화가 없었다는 것은 기본소득제가 실패했다는 의미라는 평가도 있다.

개인이 노동에 적극적으로 참여하는 데 기본소득제가 도움이 되지 않는다는 식의 언급이 있었지만, 많은 사람들이 핀란드 실험은 근본적으로 결함이 있다고 지적했다. 우선 지금까지 가장 큰 실험임에도 불구하고 전국적으로 시행했을 때의 결과를 추정하기 어렵고, 정부 시스템과 문화가 다른 국가에서 유사한 결과가 나타날지 예측할 수 없다는 것이다. 무엇보다 핀란드의 실험은 보편적 기본소득제의 실효성이 아니라 기존의 진보적 시스템 내에서 대안적인 사회복지방법을 조사하는 실험이었다.

실제로 이 실험은 실험 조건 자체가 보편적 기본소득제와는 사뭇 다르다. 먼저 실업자만을, 그것도 2,000명만을 대상으로 하여 고용에 미치는 영향을 조사했다. 그리고 기본소득을 받은 이들의 취업률과 기본소득을 받지 않고 실업수당을 받은 이들의 취업률이 동일한 수준으로 저조한 것도 주목할 만하다. 이는 기본소득제의 문제가 아니라 핀란드에 일자리 자체가 없었다는 반증이기도 하기 때문이다.

알래스카주의 기본소득제 실험

미국에서 유일하게 기본소득을 지급하는 곳은 알래스카주이며, 1982년 시작됐으니 이미 40년이나 되었다. 그리고 나름의 성과를 거두었다. 모두가 알고 있듯 알래스카에는 상당한 양의 자원이 매장돼 있고, 넘치는 자원 때문에 기본소득 도입이 어렵지 않았다. 석유를 팔아서 생기는 이익의 일부를 알래스카영구기금에 넣고, 그 투자수익을 재원으로 해서 매년 한 번씩 배당금처럼 주민들에게 배분한다. 1년 이상

거주한 모든 주민에게 지급한다. 2008년에는 연간 지급액이 3,296달러에 이르기도 했으며, 2019년 기준으로 1인당 지급액은 1,606달러였다. 물론 알래스카는 석유자원이 많은 곳이라 재원이 확실하고 인구 70만 명 규모의 작은 사회라는 점에서 차이점이 존재한다.

스위스의 기본소득제 실험

2013년 스위스에서는 '조건 없는 기본소득을 위하여'라는 주제로 13만 명의 서명을 받아 헌법개정안을 발의했고, 2016년 기본소득제 도입을 국민투표에 부쳤다. 그리고 격렬한 찬반 논쟁 끝에 국민투표는 부결되었다. 스위스 국민투표에서 제안된 기본소득 안은 성인에게 매달 2,500스위스 프랑(2020년 9월 기준 1프랑은 한화로 약 1,278원), 미성년자에게 650스위스 프랑의 현금을 지급하는 것이다.

이 액수는 스위스 국내총생산의 약 30퍼센트에 해당하므로 막대한 재원을 필요로 한다. 그러다 보니 스위스 국민들은 세금 증가와 기존 복지제도의 축소, 이민자의 대량 유입에 대한 우려를 했고, 결국 국민투표는 부결되었다. 또 기본소득이 주어지면 노동 의욕이 감소해 일부러 일을 포기하고 무임승차하는 이들이 늘어날 것이라는 것도 부결의 한 이유였다.

스위스 국민들이 공짜로 주는 2,500스위스 프랑, 약 300만 원 돈을 거부했다는 식으로 말하는 이들이 있지만, 여기에는 오해의 소지가 있다. 국민투표에 부쳐진 헌법개정안 자체에는 2,500스위스 프랑이라는 액수가 명시돼 있지 않았다. 그럼에도 이러한 과정은 국민들이 기본소득제도 도입에 대한 여러 측면을 고민해보는 중요한 계기가 되었다.

나미비아의 기본소득제 실험

아프리카 나미비아의 오미타라 지역에서는 민간단체들이 합작해 기본소득 실험을 진행해 성과를 거둔 경험이 있다. 2008년 1월부터 2009년 12월까지 2년 동안 지역주민 930명에게 매달 100나미비아 달러(2020년 9월 기준 나미비아 달러는 한화로 약 73원)를 지급했다. 농지가 없는 극심한 빈곤 지역에 거주하는 60세 미만의 연금 미수령 거주 등록자가 그 대상이었다. 기본소득제를 시행한 결과 빈곤율과 실업률이 상당한 폭으로 낮아졌으며, 임금과 농업생산량, 자영업 소득도 모두 증가했다. 나미비아의 경우 재원 마련이나 기본소득제 시행의 환경이 특수해 일반화하기에는 무리가 있으나 효과를 거둔 것만은 사실이다.

캐나다의 기본소득제 실험

캐나다 온타리오주에서는 2017년부터 2019년까지 기본소득제를 실험하기로 했었다. 매달 1,320달러(온타리오주의 저소득 기준선의 75퍼센트 선)를 기준으로, 참가자의 소득이 그에 미치지 못할 경우 부족분에 상응하는 보조금을 지급하는 부의 소득세NIT, Negative Income Tax 방식이다. 정액의 현금을 지급하는 기본소득제도를 실험한 핀란드 및 네덜란드 등지와 달리, 캐나다에서는 부의 소득세 방식을 택했다. 여기에는 기본소득 실험의 효과를 다각도로 규명하려는 의도도 포함돼 있다.

4,000명이 참가한 이 실험은 3년 동안 진행될 예정이었지만 2018년 7월 취소되었다. 비용 대비 효과가 크지 않고 지속가능하지 않다는 게 취소의 이유였다. 당시 사회복지부 장관인 리사 매클라우드Lisa MacLeod는 "기본소득 시범사업에 너무 많은 돈이 들어가며, 주민 복지를 위한 해답이 아니다."라고 말했다.

이 프로젝트가 완전히 중단될 무렵 대부분의 참가자들은 약 17개월 동안 기본소득을 받고 있었다. 참가자들 217명과 온라인 설문조사 및 정성적 인터뷰를 진행했고, 40명과는 심층 인터뷰를 가졌다. 이 설문조사결과를 토대로 한 보고서에는 연구자들에게서 몇 가지 흥미롭고 유용한 패턴이 나타났다고 기술되어 있다.

설문 대상 대다수가 기본소득 프로젝트 시행 이후 신체적, 정신적 건강 측면에서 상당 부분 개선된 것이다. 알코올 섭취와 흡연이 절반가량 감소했고, 79퍼센트는 신체적으로 더 건강해졌으며, 83퍼센트는 더 나은 정신적 웰빙을 경험했다고 한다. 그리고 응급실 방문이나 의사 면담도 약 3분 1 수준으로 감소했다. 기본소득제 실시로 대다수의 심신 건강이 좋아졌다는 것은 주목할 만한 변화다. 이는 기본소득이 공중보건 서비스의 부담을 효과적으로 줄여줄 수 있으며, 일반 공중보건에 있어 유용한 전략임을 의미한다.

기본소득제를 반대하는 의견 중 가장 많을 뿐 아니라 핵심적인 것이 일에 대한 동기부여를 없애 일할 의지를 잃게 만든다는 것이다. 그러나 캐나다의 경우, 조사 대상의 절반 이상이 프로젝트 전과 프로젝트 후에 모두 일하는 것으로 나타났다. 그들 중 상당수는 기본소득을 바탕으로 더 나은 일자리를 찾을 수 있는 힘을 얻음으로써 더 좋은 근로조건을 가진 일을 확보하기도 했다. 기본소득이 오히려 동기부여의 원천이 된 셈이다.

표면적으로 나타난 현상만 갖고 기본소득제의 성공과 실패를 쉽사리 단정 지을 수는 없다. 상당수 국가에서 기본소득제 실험을 했으나 충분 조건이 갖춰지지 않은 상태에서 이뤄졌음을 인지해야 한다. 또 실험의 중단 여부나 결과와 상관없이 여러 측면에서 긍정적 변화들이 나타났다. 특히 기본소득제를 반대하는 이들이 가장 강조하는 근로 의욕 상실 등은 뚜렷이 나타나지 않았으며, 행복이나 웰빙 등 신체적·정신적 만족도 면에서는 오히려 긍정적 효과가 컸음에 주목해야 한다.

"

팬데믹이 불러일으킨
기본소득제 논쟁

"

디지털 시대의 대전환기를 맞은 상태에서 팬데믹까지 겹쳐 자동화, 무인화는 더욱 가속화되고 있으며 이와 더불어 실업은 늘어나고 있다. 전세계가 당면한 일자리 문제를 해결하기 위해 각 국가들은 적극적 대안을 모색하는 중이며, 협력과 연대의 움직임을 보이고 있다.

이런 상황에서 보편적 기본소득은 정부가 국민에게 고용 여부와 관계없이 일정한 금액을 지급하는 파격적인 대안으로 떠올랐다. 그러나 '최소한의 생계 보장은 필요하다'며 찬성하는 입장과 '국가재정에 부담이 되고 세금이 늘어난다'며 반대하는 입장이 팽팽히 맞선다. 이러한 찬반 논쟁의 핵심은 무엇인지 살펴보자.

그들은 왜 기본소득제를 찬성하는가

최근 조사에 따르면, 유럽인의 71퍼센트가 현재 보편적 기본소득제를 지지하고 있다. 일정 수준의 생활비가 정기적으로 주어지면 생존에 대한 막연한 불안감을 없앨 수 있고, 양극화 문제도 어느 정도 해소할 수 있다. 나아가 기본소득은 사람들이 합리적인 생활을 할 수 있게 해주고 장기적으로 국가와 경제성장에 도움이 된다는 것이 지지자들의 주된 의견이다. 상당수의 유명 인사들도 기본소득제를 찬성하고 있다.

페이스북의 마크 저커버그는 최근 하버드대학 졸업식 축사에서 "매달 수백 달러의 국가 지원이 노동으로 자신의 가치를 확인해온 인간에게 재기의 기회를 줄 것이다."라고 말하며 기본소득제를 지지했다. 그는 모든 세대가 평등의 개념을 확장시켜왔고, 우리 세대도 새로운 사회적 합의에 대한 정의를 내릴 때가 되었다고 말한다. GDP와 같은 경제적 지표가 아니라 얼마나 많은 사람들이 삶에서 의미 있는 역할을 찾았는가가 중요하며, 그것이 발전의 척도로 여겨지는 사회를 만들어야 한다는 것이다. 이를 위해 모든 사람들이 새로운 아이디어를 시도해볼 수 있도록 기본소득을 도입할 필요가 있다는 게 주장의 핵심이다.

일론 머스크도 사람이 로봇보다 잘할 수 있는 일은 점점 더 줄어들 것이므로, 대규모 실업 사태는 피할 수 없기에 기본소득이 필요하다고 주장했다. 그러고는 기본소득에 있어 중요한 것은 돈이 아니라 새로운 가치관에 대한 인간의 적응력이라며 다음과 같이 말했다.

"많은 사람이 자기의 가치를 직업에 준해서 찾는다. 따라서 '더는 내

노동력이 필요 없다면 내 존재적 가치는 뭔가?'라는 의문을 가질 수 있다. '아무 소용도 없는 인간이 되는 건가?' 하는 고민, 이게 더 큰 문제다."

빌 게이츠 역시 이들과 뜻을 같이 한다. 고도의 자동화로 일자리를 잃은 사람들의 재교육뿐 아니라 보호가 필요한 노인과 아이들을 보살피는 일에 로봇세를 통한 기본소득 지급을 제안했다.

프란체스코 교황은 부활절 편지에서 국가들이 코로나19로 인한 경제적 혼란에 맞서기 위해 보편적 기본소득을 고려해야 한다고 제안했다. 이어 "보편적 기본소득은 기본권을 보장받지 못하는 노동자가 없는 세상이라는, 인간적이며 기독교적인 이상을 보장하고 구체적으로 달성하는 수단이 될 것이다."라고 강조했다. 프란체스코 교황은 코로나19로 인한 경제적 봉쇄조치가 법적인 보호를 받지 못하는 이들에게는 두세 배 더 가혹한 타격을 주었음을 지적했다. 이를 해결하기 위해 각국 정부는 개개인과 공동체, 국민이 중심이 되어 서로를 치유하고 보호하고 나누는 활동을 해야 한다는 것이다.

그들은 왜 기본소득제를 반대하는가

보편적 기본소득제의 시행에 대해서는 긍정적인 여론이 우세하지만 여전히 반대하는 이들도 많다. 또 정책이 어떻게 시행될 것인지에 대해서는 논쟁의 여지가 있다. 보편적 기본소득제 반대론자들은 기술적 실업에 대한 우려가 기우라고 주장한다. 산업혁명 시대에 기술혁신에 대한 공포가 있었으나 이는 실현되지 않았음을 증거로 내세운다. 재정적으로 지속가능하지 않으며, 도덕적 해이와 세금문제가 생긴다는 점도 그들이 내세우는 이유다.

영국 〈파이낸셜 타임스〉도 "적은 금액이라도 모든 구성원에게 일률적으로 지급하려면 재원 조달 문제가 생겨 증세나 세제 개편이 불가피하다. 사람들의 일할 의지가 점점 줄어들 수도 있다."고 지적했다.

사실 반대론자들의 가장 핵심적인 주장은 기본소득이 주어질 경우 노동의 가치가 떨어지고 일할 의욕이 없어진다는 점이다. 공짜로 돈을 받으니 굳이 일하려 하지 않을뿐더러, 일할 의욕을 잃은 상태에서 놀고 먹는 배짱이만 양산할 것이라는 논리다. 또 기본소득은 쉽게 얻어진 돈이라 술이나 담배, 약물 등에 낭비할 수 있다는 우려도 표했다. 그러나 세계은행은 2014년 보고서에서 이는 근거가 부족하다고 결론 내린 바 있다.

기본소득제는 평등한 기회를 제공한다

사회와 기술은 발전을 거듭하고 있지만, 아직도 그 혜택을 받지 못한 인구가 존재한다. 빈곤율과 불평등은 증가하고 있으며, 팬데믹의 악재까지 겹쳐 시민들의 불안은 커지고 있다. 개인의 노력만으로는 해결할 수 없는 구조적, 생태적 문제들이 너무도 많이 산재해 있다. 이런 문제를 해결하기 위해 기본소득제를 예방 전략으로 채택해야 한다. 물론 보편적 기본소득제가 모든 문제를 한방에 해결해주는 만병통치약은 아니다. 또한 돈이 모든 사람에게 자립과 번영을 보장할 수는 없다. 그러나 현재로서는 인간에게 기본적인 안정감을 제공하고 소득 불평등을 감소시킬 유일한 방법임에 틀림없다. 인간적 삶을 영위하기 위해 최소한의 안전장치 역할을 하는 것이다.

구조적 불평등이 증가하면 그만큼 사회의 불만과 비도덕적 행동이 증가한다. 우리 모두가 삶의 존엄성과 자유, 자기 통제력을 주장할 수 있는 사회를 만들고자 한다면 변화는 반드시 필요하다. 일자리 대전환의 시기와 맞닥뜨리게 되면 기본소득제가 적용되는 것은 시간문제다. 보편적 기본소득은 사람들이 열정과 창의력을 발휘하며 고차원적으로 자신의 시간을 소비할 수 있도록 도와준다. 이는 앞서 말한 위대한 리셋을 실행하는 데 있어 반드시 필요한 전제 조건이다.

COVID-19

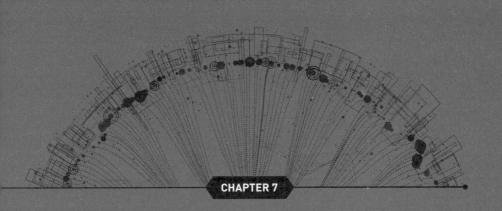

CHAPTER 7

거대한 위기 속에서
탄생하는 기회

비즈니스와 일자리의 미래

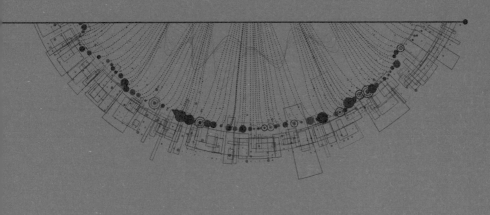

"

몰락하는 기업과
새롭게 재편되는 질서

"

미국의 렌터카 업체 허츠 글로벌 홀딩스HTZ는 2020년 5월 파산 절차에 돌입했다. 이후 주식 발행을 통해 자금 마련을 꾀하기도 했지만 파산법 원이 이를 불허하면서 대규모의 대출을 신청했다. 허츠는 코로나19 위기가 지속됨으로써 항공 업계와 함께 가장 타격을 입은 기업 중 하나다. 공항에서 자동차를 빌리는 고객들이 많기 때문에 코로나19 장기화에 따른 항공 산업의 붕괴는 허츠와 같은 렌터카 업체들에게 직격탄이 되고 있다.

그뿐 아니다. 2020년 2분기 미국 자동차 업계의 신차 판매가 30퍼센트 넘게 감소하면서 대공황 또는 2009년 글로벌 금융위기에 맞먹을 정도로 추락했다. GM의 판매량은 34퍼센트로 줄었고, 피아트 크라이슬러 역시 판매량이 38.6퍼센트 감소했다.

1930년대 대공황 이후 최악의 도미노 파산

미국의 파산정보제공 업체 뱅크럽시 데이터BankruptcyData.com에 따르면, 2020년 8월 기준 자산 규모 10억 달러 이상인 기업 45개가 파산 신청을 했다. 이는 2019년 대비 2배를 훌쩍 뛰어넘는 수치며, 금융위기를 겪었던 2009년의 파산 신청 건수인 38개를 넘어서는 심각한 수준이다. 여기에 중소기업과 대기업 계열사까지 합치면 부채 규모 5,000만 달러 이상인 기업 157개가 2020년 한 해 동안 파산 신청을 한 것이다.

특히 석유가스와 소매업의 피해가 컸다. 코로나19로 인해 원유 수요가 급감한 데다 저유가까지 겹치면서 미국 셰일의 상징인 체서피크 에너지Chesapeake Energy 등 석유가스 대기업 33개가 파산했다. 그 외 기업 가치 5,000만 달러 이상인 소매 업체 24개도 파산 신청을 했다. 2019년 대비 3배에 달하는 규모다.

1826년에 설립된 미국에서 가장 오래된 백화점인 로드 앤 테일러Lord & Taylor도 매장 폐쇄로 파산 신청을 했다. 그 외 제이 씨 페니J.C. Penney와 같은 주요 소매 업체도 파산을 선언했다. 코로나 팬데믹으로 비대면 쇼핑이 활성화되면서 이들 업체들의 매출은 급감할 수밖에 없다. 이 중 가장 영향을 많이 받는 소매점은 사무용품 판매업체로, 전문가들은 향후

5년 내 매장의 50퍼센트만 남아 있을 것이라고 예측한다.

2020년 들어 미국 경제는 최악의 실업률을 기록하고 있다. 레저 및 접객업 산업의 급격한 정리해고 때문이다. 레저 및 음식 서비스업 산업은 무려 770만 개의 일자리를 잃었다. 의류업도 실업 폭탄을 맞았다. 이는 오프라인의 대형소매체인들이 문을 닫기 시작한 여파로, 현재 전 세계적으로 퍼져나가고 있다. 2019년 미국의 소매 업체 중 약 9,000개 매장이 폐쇄됐다. 이는 2018년보다 59퍼센트 늘어난 수치다.

아시아 기업들의 도산

〈블룸버그 통신〉은 중국 역시 올해 도산하는 기업이 역대 최대에 이를 것으로 내다봤다. 중국 정부는 낙관적인 경제 전망을 내놨지만 민간 기업의 사정은 다르다. 코로나19 사태의 장기화와 미중 무역 갈등으로 도산 기업이 증가하고 있다.

바이톤拜騰은 중국 최대 IT 기업인 텐센트를 비롯해, 대만 폭스콘, 독일의 BMW, 일본의 인피니티(닛산), 중국 최대 배터리 기업인 CATL 등이 투자해서 출범한 신생 자동차 회사다. 지금까지 투자된 금액만 84억 위안에 달한다. 덕분에 '중국판 테슬라'라는 명성을 누리기도 했지만, 미중 무역전쟁으로 인한 중국 자동차 시장 침체와 코로나19로 인해 최악의 경영난을 겪으면서 법정 관리 수순에 들어갔다.

중국 기업의 대규모 부도 사태는 3분기부터 시작되고 있다. 지난 7월 중국 기업들의 디폴트(채무불이행) 규모는 총 104억 위안으로 집계됐다. 〈블룸버그 통신〉은 2020년 9월 이후에는 722억 위안 이상의 디폴트가 추가로 발생할 것으로 전망했다. 〈사우스 차이나 모닝 포스트〉는 금융 당국이 중국 경제가 바닥을 쳤다는 판단 아래 부실 기업을 솎아낼 때가 됐다고 판단한 것으로 분석했다.

일본에서도 코로나19 장기화로 도산 기업이 증가하고 있다. 제국 데이터 뱅크의 조사에 따르면, 8월 일본 내 기업의 도산 건수는 408건으로 부채 총액이 2,411억 7,400만 엔에 달한다. 도쿄가 97건으로 최다이며, 오사카 42건, 홋카이도 23건 등이다. 일본도 다른 나라와 마찬가지로 여행 및 음식 서비스업과 소매 업체가 가장 많이 도산했다.

일본의 국민 의류기업으로 불리는 레나운Renown은 도쿄증권 1부에 상장된 회사였으나 파산했다. 코로나19로 백화점들이 문을 열지 못하면서 매출액이 80퍼센트까지 급감했고, 부채 총액은 138억 7,900만 엔에 달했다. 데이코쿠 데이터 뱅크는 올해 일본의 기업 파산 건수가 1만 건을 넘어설 가능성이 있다고 발표했다.

〈니혼게이자이신문〉은 일본 주요 상장사의 2020회계연도(2020년 4월~2021년 3월) 순이익이 작년보다 36퍼센트가량 감소할 것으로 전망했다. 이 예상대로라면 2018년도 이후 3년 연속 순이익이 감소한 것이며, 2008년도 리먼 브라더스 파산 사태의 충격을 겪은 이후 최대 폭으로 떨어지는 셈이다. 물론 IT나 전자 관련 업종에서는 실적이 좋아질 것으로 예상되고 있지만 일본 경제 전반의 침체와 기업들의 도산은 피할 수 없다.

우리나라 기업들의 사정도 다르지 않다

법원행정처 발표에 따르면, 우리나라의 올 상반기 법인 파산 신청 건수가 통계집계 이후 사상 최대치를 기록했다. 전국 법원에 접수된 개인 파산 신청 건수도 2016년 이후 최대치인 2만 9,007건을 기록했다. 코로나19의 장기화로 하반기 경영환경은 더 악화될 전망이다. 더 우려스러운 것은 기업 파산이 개인 파산으로 이어지는 '연쇄 파산'의 악순환이 시작되는 것이다.

업종별로는 제조업과 식음료, 전자·반도체, 공연·문화·예술·스포츠, 여행·숙박·항공 분야가 가장 취약하다. 코로나 직격탄으로 갑자기 사정이 나빠진 회사도 있지만 그전부터 경영 사정이 좋지 않다가 코로나 이후 회생 가능성이 완전히 사라진 기업들도 있다.

당초 정부는 하반기부터 수출이 회복세를 보이자 3분기에 경제 반등을 예상했다. 하지만 코로나19의 2차 대유행이 현실화될 가능성이 높아져서 소비 감소, 생산 축소, 기업 도산, 대량 실업의 악순환은 피하기 어려워보인다. 전문가들은 하반기 우리나라 기업들의 성장 경로가 점점 더 불확실해지고 소비 회복도 지연될 경우, 경제성장률은 −2퍼센트보다 더 떨어질 것으로 내다보고 있다.

이런 상황에서는 리딩 기업들이 기업과 소비자, 국가의 연쇄 도산을 막기 위해 앞장서야 한다. 우리나라의 미래를 책임지는 과학기술을 육성하겠다는 목표로 삼성전자는 '삼성미래기술육성사업'을 적극적으로 지원하고 있다. 삼성미래기술육성사업은 2013년부터 지금까지 601개

과제에 7,713억 원을 집행했으며 국제 학술지에도 총 1,244건의 논문을 게재했다. 체계적이고 지속적인 연구지원 사업을 수행하기 위해 설립된 공익법인 '삼성미래기술육성재단'과 '미래기술육성센터'는 혁신적인 연구과제와 연구자를 발굴해 지원하는 시스템을 운영하고 있다.

산업이 요동치고 많은 이들이 일자리를 잃는 요즘, 대기업이 국가 경쟁력을 높이고 국민 삶의 질 향상에 기여한다는 목적으로 연구에 투자하는 것은 고무적인 일이다. 특히 삼성그룹은 밀레니엄 프로젝트에서 진행하는 강연 등을 통해 변화하는 세계의 흐름을 읽고, 부상하는 미래 기술 트렌드를 포착하며 일상적으로 미래를 준비하고 있다. 이런 것들이 단기적·단편적 노력에 머물지 않고, 기업 경쟁력은 물론 국가 경쟁력을 높이고 사회 전체가 부흥할 수 있도록 선순환이 이뤄져야 한다.

소멸하는 일자리와
탄생하는 일자리

세계경제포럼은 블록체인 혁신을 통해 2030년까지 3억 9,500만 개의 일자리를 창출하고 10조 1,000억 달러의 새로운 사업 기회를 만들어 낼 수 있다고 전망했다. 기술발전으로 사람이 하는 일을 기계나 로봇이 대신하는 데다 전 세계적인 경기불황과 팬데믹이 드리운 절망의 그림자로 불안이 커져가고 있다.

상당수의 산업과 일자리가 소멸하는 것은 사실이지만, 변화하고 달라지는 세상에 맞춰 또 다른 산업과 일자리가 만들어지는 것 또한 사실이다. 가까운 미래에는 어떤 산업과 일자리가 저물고, 또 어떤 산업과 일자리가 새로이 떠오를까?

예측 불가능한 미래, 떠오르는 산업과 저무는 산업

세계경제포럼은 〈자연과 비즈니스의 미래〉라는 보고서를 통해 "블록체인 같은 신기술을 활용한 자연친화적 솔루션을 구현함으로써 코로나19 사태 이후 성장을 촉진하는 데 도움이 될 수 있다."라고 밝혔다. 대표적인 사례로 블록체인 기술은 음식물 쓰레기를 줄임으로써 3,650억 달러의 비용을 줄일 수 있다고 진단했다.

에너지와 광산 채굴 역시 공급망에 블록체인을 적용하면 2030년에는 300억 달러 규모의 기회가 창출된다. 블록체인 애플리케이션은 향후 10년 동안 주석, 텅스텐, 코발트, 다이아몬드 등의 채굴 산업 분야에서 빠르게 성장할 수 있다. 기업들은 초기 블록체인 투자로부터 상당한 비용 절감 효과를 얻을 수 있으며, 많은 비용이 들어가는 재료 검증 과정이 필요 없게 된다.

그러나 기술과 인공지능의 발전으로 기존의 산업과 일자리 중 상당수가 쇠퇴하거나 소멸하는 것은 분명한 사실이다. 세계경제포럼은 2025년까지 전 세계 일자리의 52퍼센트를 기계가 대체한다고 전망했다. 또 클라우스 슈밥 회장은 2022년 예상 추세를 분석한 〈미래 일자리 보고서〉에서 "새로운 미래 기술의 수요 증가는 다른 역할의 수요 감소를 보상할 것이다."라고 말했다. 그의 전망에 따르면 2020년까지 약 210만 개의 일자리가 생겨나는 대신 약 710만 개의 일자리가 없어진다.

과거엔 사무직이나 생산직처럼 단순반복적 직무만 로봇이 대체할 것으로 예상했지만 이젠 전문직도 안전하지 않다. 인공지능은 이미 금융·의료·법률 같은 분야에서 일부 활용되고 있다. 인공지능 도입으로 대량 실업과 사회적 혼란이 일어날지 여부를 두고는 여전히 위기론과 낙관론이 맞서고 있다. 저무는 산업과 일자리, 떠오르는 산업과 일자리에는 어떤 것들이 있는지 점검해보자.

세계미래회의World Future Society에서 발간하는 월간지《퓨처리스트》The Futurist는 20~30년 후 부상해 수백만 명을 고용할 산업 20가지를 선정했다. 이미 회계, 관리, 판매 등 많은 전통적인 직업들이 새로운 산업의 상황에 맞게 바뀌는 중이다. 이런 변화를 바로 인지하고 대응하지 못하면 나중에는 늦을 수도 있다. 앞으로 나타날 새로운 직업과 산업에 대해 미리 살펴봐야 하는 이유는 그 때문이다. 다음은 앞으로 급성장해서 수백만 명을 고용할 24가지 산업이다.

- 인공지능 교육 산업
- 태양광발전 산업
- 대기 속 수분 수확 산업
- 드론 산업
- 3D/4D 프린팅 산업
- 모바일 앱 개발 산업
- 센서 산업
- 인공지능을 이용한 암 진단 및 면역 치료 산업
- LED 산업

- 빅데이터 산업
- 사물인터넷 산업
- 풍력발전 산업
- 대용량 에너지 저장 기술 산업
- 마이크로그리드 산업
- 초고속 교통운송 산업
- 공유경제 산업
- 스포츠 산업
- 코인 산업
- 바이오 산업
- 마이크로 칼리지
- 스마트 주택 산업
- 고령 친화 산업
- 택배 산업
- 24시간 도시를 위한 산업

슈밥 회장은 대량 실업, 불평등 심화, 인재 부족 등의 문제를 해결하기 위해서는 기업이 재교육과 기술개발을 통해 기존 인력의 성장을 적극 지원해야 한다고 말했다. 다음은 세계경제포럼에서 제시한 미래에 번창할 10개의 일자리다.

- 데이터 분석가 및 과학자

- 인공지능 및 머신러닝 전문가

- 총괄 및 운영관리자

- 소프트웨어 및 애플리케이션 개발자, 분석가

- 영업 및 마케팅 전문가

- 빅데이터 전문가

- 디지털 변환 전문가

- 신기술 전문가

- 조직 개발 전문가

- ICT 서비스 종사자

추출의 시대에서 생성의 시대로

경기불황에 코로나19까지 겹쳐 사람들이 불안에 떨고 있다. 학계에서는 코로나19가 쉽게 사라지지는 않을 것이라고 한다. 코로나19를 해결한다 해도 코로나20, 코로나21이 나오지 말란 법이 없다. 코로나가 아닌 새로운 바이러스가 나타날 가능성도 생각해야 한다. 코로나19 같은 팬데믹은 기후변화, 환경오염, 도시 인구집중, 과다한 육류 소비로 인한 탄소배출 증가 등이 주요 원인이다. 이 문제들이 해결되지 않는 한 다양한 국제적 질병은 지속적으로 나올 것이다.

이 사실을 받아들인다면 생존하기 위해 어떤 대책을 세워야 하며, 어떻게 먹고살아야 할지에 대한 심각한 숙제가 남는다. 일단 사는 데 비용이 너무 많이 들고, 그것을 해결하기 위해 너무 많은 시간과 에너지를 소모하는 게 문제다. 하지만 이 와중에도 희소식이 있다. 2030년이 되면 저렴화, 무료화의 시대가 온다. 급격하게 발달하는 첨단기술에 힘입어 교육, 의료보건, 의식주, 교통, 에너지, 오락, 식품 등이 저렴해지고, 생활비가 제로에 가까워진다. 컴퓨터와 핸드폰도 저렴해지고, 사진 찍는 행위가 공짜가 되며, 모든 데이터를 거의 무료로 전달하고 사용하는 시대가 다가왔다.

토니 세바 전 스탠퍼드대학교 교수는 2030년 미국에서는 월 30만 원으로 생활이 가능하다고 주장한다. 추출의 시대에는 땅에서 석유를 파내고 곡물을 수확했지만, 2030년부터는 생성의 시대가 열린다. 이렇게 되면 정밀발효기술, 세포배양육 등을 활용해 먹을거리를 만들어낼 수 있으니 생활비가 줄어든다는 게 주장의 논지다. 이런 변화가 몰아닥치면 산업의 흥망성쇠가 새로이 열릴 것이고 일자리 지형에도 변혁이 일어나게 된다.

코로나 시대 산업과 일자리의 흥망성쇠

코로나로 인해 소멸하는 산업은 항공, 공항, 승무원, 여행, 관광, 호텔 숙박업, 식당이나 뷔페 등의 요식업, 백화점, 마트, 콘서트나 뮤지컬 등의 공연, 스포츠, 학교나 학원 등의 교육 산업, 석유화학 산업, 항구나 항만 등의 조선 산업 등이다.

새롭게 떠오르는 산업은 소멸하는 산업을 대체하는 산업이다. 항공·공항 산업의 소멸로 화상회의 줌이 부상하고, 여행 관광 대신 가상현실이 뜬다. 백화점이나 마트 대신 모바일 쇼핑이나 택배가 부상하고, 콘서트나 뮤지컬 등의 공연은 온라인 행사로 대체된다. 학원은 원격수업이나 인공지능 로봇 교사, 뇌-컴퓨터를 연결한 BCI 기술이 빈자리를 메꾼다. 석유 산업 대신 재생 에너지, 항구·항만 산업 대신 3D 프린터가 활성화된다. 그럼 주요한 산업별로 그 흥망성쇠를 살펴보자.

항공 및 공항 관련 산업

수요가 급감하고 비행기를 이용하는 출장이 줄어든다. 기내 서비스와 관련된 모든 산업과 일자리가 쇠퇴하게 된다. 이동과 출장이 줄어듦에 따라 오프라인 회의 역시 대부분 줌 등을 이용한 화상회의로 전환되고 있다. 글로벌 컨설팅 기업 알릭스 파트너스의 에릭 버나디니는 "화상회의 기술이 개선돼 기업인의 비행기 출장 필요성은 거의 사라졌다."고 말했다.

관광 및 여행업

사람들의 이동이 줄어들면서 충격의 여파가 큰 분야는 단연 여행업이다. 대형 호텔은 물론 에어비앤비 등의 숙박업도 하향세다. 대신 가상현실과 증강현실을 통해 해외여행을 즐기는 시대가 다가오고 있다. 해외여행이 줄어드는 대신 집이나 집 가까운 곳에서 휴가를 즐기는 스테이케이션도 새로운 여행 트렌드로 떠오른다.

뷔페식당

각종 모임이 사라지고 결혼식을 비롯한 연회들이 줄어들면서 뷔페, 샐러드바 등 레스토랑들이 영업을 중지하거나 문을 닫고 있다. 최근 뉴욕에서 문을 닫은 식당이 60퍼센트를 웃돈다. 대신 간편식, 냉동식, 고령인구를 위한 '튜브 푸드'와 배달음식 수요가 급증하고 있다.

오프라인 백화점, 마트

온라인 쇼핑이 활성화되면서 백화점이나 마트 등 대형 매장들의 쇠퇴는 이미 2010년부터 시작됐다. 2019년 미국 소매 매장 9,302개가 문을 닫아 폐점수가 2018년보다 59퍼센트나 늘었고, 올해는 1만 2,000개가 넘는 매장이 문을 닫는다. 과도한 점포 확장, 점포 임대료 상승 등의 문제에 코로나19까지 겹쳐 이제 비대면 구매가 더욱 활성화된다. 혹은 컴퓨터 비전, 딥러닝 등을 활용해 저스트 워크아웃Just Walk Out 기술을 적용한 아마존고 같은 무인 매장이나, 로봇이 모바일 기기를 판매하는 화웨이 등 언택트 매장들이 활성화될 것이다.

영화, 공연, 스포츠

영화, 연극, 콘서트, 뮤지컬, 스포츠 행사 등도 대부분 온라인 관람으로 대체되고 있다. 스크린에서 보던 영화는 넷플릭스, 왓챠플레이, 그 외 OTT 서비스로 대체되고 콘서트나 뮤지컬 공연은 이미 온라인 시스템이 도입되고 있다.

석유 및 석유화학 산업

코로나19 발병의 주된 요인 중 하나로 기후변화가 꼽히는데, 기후변화는 화석연료에서 배출되는 탄소가 주범이다. 공장 가동이 중단되고, 국가·도시 폐쇄로 자동차용 석유 수요가 급감해 석유가 국제시장에서 마이너스 가격으로 거래되기도 하는 반면 재생에너지는 급부상하고 있다. 태양광에너지가 1킬로와트당 2센트 정도로 낮게 생산될 전망이다. 이제는 재생에너지 100퍼센트를 선언하는 기업들의 제품과 서비스만 팔리게 된다.

조선, 해운, 항만, 철강, 자동차 등의 산업

대형 여객기는 거의 운행이 중단된 상태고, 공장이 폐쇄되고 교역이 단절되는 상황에서는 대형 선박으로 실어 나를 물건이 없다. 조선, 해운, 항만, 철강 등의 산업은 하향세를 걷게 된다. 더구나 3D 프린터가 의식주 관련 제품을 프린트하고, 인공지능 로봇이 제조라인에 투입되면서 지역 사회는 대부분의 소비재를 자급자족할 수 있게 된다.

언론은 영원하지만
언론사는 소멸한다

"마이크로소프트, 언론인들을 인공지능 로봇으로 대체하다."

2020년 5월 〈가디언〉 지의 기사 내용이다. 마이크로소프트는 그동안 뉴스 콘텐츠의 우선순위 결정 등 포털 노출 방식과 관련한 편집을 프리랜서 기자를 고용해 맡겨왔다. 자사 포털 뉴스를 인공지능에 맡기기로 결정하면서 언론인 50명을 해고했다. 홈페이지에는 영국의 통신사 프레스 어소시에이션PA, Press Association의 언론인이 작성한 뉴스 기사가 더 이상 표시되지 않는다. 마이크로소프트는 현재 전 세계 50곳에 800명의 뉴스 편집 업무 인력을 두고 있다. 미국과 영국을 시작으로 한 편집 인력 해고는 점차 더 확산될 것으로 보인다.

로봇 저널리즘 시작되다

마이크로소프트와 구글 등 IT 기업들은 이미 인공지능을 언론에 접목하는 소위 '로봇 저널리즘'Robot Journalism 실험에 투자를 시작했다. 기술 기업들이 저널리즘의 인공지능 사용을 선호하면서 그 용도를 이해하기 시작한 것이다. 이러한 추세가 현실화되자 언론인들은 '뉴스가 위협받고 있다'고 말한다.

지금은 코로나 팬데믹으로 그 어느 때보다 뉴스 수요가 많은 시기다. 전 세계 수백만 명의 독자들이 진실에 근거한 정직하고 권위 있는 뉴스를 찾기 위해 기존 언론으로 몰려들고 있다. 그러나 이 중요한 순간에 뉴스 조직은 전례 없는 생존 문제에 직면해 있다. 각종 소셜 플랫폼의 부상으로 전통적인 미디어는 입지가 좁아졌고, 광고 비즈니스가 쇠약해짐에 따라 저널리즘을 유지할 수 있는 기반 자체가 흔들리고 있기 때문이다. 붕괴를 앞두고 있는 기존 언론은 결국 거대한 물결인 인공지능으로의 대체를 받아들여야 할 상황이다.

구글은 로봇 저널리즘 프로젝트에 대규모의 투자를 하고 있는데, 프레스 어소시에이션에 약 81만 달러의 자금을 제공했다. 이는 공공 데이터를 기반으로 매월 최대 3만 건의 지역 뉴스를 로봇으로 제공해주는 서비스인 레이더RADAR, Reporters And Data And Robots 프로젝트를 위해서다.

컴퓨터 알고리즘을 통해 기사를 작성하는 로봇 저널리즘은 1977년 처음 시작됐다. 학교 수업 프로그램에서 출발해 엉성한 문장을 만들어내던 초창기를 지나 지금은 금융 분야를 거쳐 날씨 정보, 스포츠 등 다

양한 영역에서 활용되고 있다. 〈LA 타임스〉의 '퀘이크봇' 사례가 대표
적이다. 지진 기사 작성 알고리즘인 퀘이크봇은 2014년 3월 캘리포니
아 지진 속보를 3분 만에 처리한 것으로 알려지면서 로봇 저널리즘에
대한 본격적인 관심을 촉발시켰다.

최근에는 차세대 딥러닝 알고리즘 'GAN'(생성적 적대 신경망) 기술을
활용한 인공지능 아나운서도 등장했다. GAN은 진짜 같은 가짜를 생
성하는 모델과 이에 대한 진위를 판별하는 모델의 경쟁을 통해 진짜 같
은 가짜 이미지를 만들 수 있는 딥러닝 기술이다. 이 기술을 활용해 자
동으로 인공지능 아나운서가 등장하는 영상 뉴스를 생성할 수 있는 길
이 열린 셈이다.

〈연합뉴스〉는 지진, 금융감독원 전자공시 시스템에 오르는 실적 공
시, 로또 당첨 번호 등의 기사를 시범적으로 자동화한다. 국내 유력 게
임 개발사이자 인공지능 기술 기업인 엔씨소프트와 함께 인공지능을
사진 추천, 고급 콘텐츠 요약 등에 활용하는 연구 프로젝트도 진행 중
이다.

인공지능 저널리즘 시대, 미래의 뉴스는 어디서 누가 만드나

미래의 독자들은 대부분 개인 인공지능 도우미로부터 뉴스를 제공
받는다. 인공지능 도우미는 내가 좋아하는 분야의 뉴스를 구글 알리미
Google Alert 형식과 비슷하게 모았다가 매시간, 매일, 매주 모아서 보내준

다. 그 외에는 완전히 새로운 형태의 뉴스 플랫폼을 이용할 수 있다. 주로 내가 종사하는 직업과 관련된 전문 뉴스 등을 위주로 보여주는 플랫폼과 현존하는 인터넷 뉴스 등을 함께 볼 수 있는 서비스다.

기존의 언론은 인공지능저널리즘 시대에는 완전히 소멸하리라 본다. 이미 스마트폰의 응용 프로그램은 기존 신문을 대체하고 있다. 대중은 원하는 시간과 장소에서 자신의 스마트폰에 제공되는 뉴스를 선택한다. 인공지능 저널리즘의 독자는 그 어느 때보다 올바른 방법으로 콘텐츠를 선택할 수 있는 능력을 갖고 있으며 해당 콘텐츠를 전달하는 더 똑똑한 도구와 기술을 보유하고 있다. 현재 미디어 세계의 중심 주체는 개인이다. 개인이 자신의 즐거움과 만족을 위해 뉴스를 새롭게 구성하고 자신만의 디지털 장치를 통해 전달받는다.

전 세계적으로 미국, 캐나다, 유럽 및 아시아 지역 등에서 인쇄된 신문의 수는 현저히 감소했다. 한편으로 소셜 미디어에 의존하거나 다른 한편으로는 스마트폰 응용프로그램에 전적으로 의존하는 젊은 세대의 출현으로 종이 신문의 배포가 급격히 줄었다. 〈공공정책포럼 보고서〉The Shattered Mirror에 따르면, 뉴스 매체의 광고 수입은 2000년 650억 달러에서 2016년 194억 달러로 급감했고, 1994년과 2014년 사이 뉴스룸 기자 고용은 거의 40퍼센트나 감소했다.

언론은 영원하지만 언론사는 사라진다

인간이 존재하는 한 언론은 살아남는다. 다만 조직과 구조는 달라진다. 언론사는 소멸하되 페이스북, 유튜브, 트위터, 인스타그램, 카카오스토리, 텔레그램 등 다양한 개개인이 운영하는 언론 매체가 대세가 된다. 아울러 언론사의 소멸은 광고의 소멸로 이어진다. 이와 관련하여 구글의 종말을 예측하는 사람들도 많다. 인공지능 발달로 모든 제품 서비스를 인공지능이 추천해주기 때문에 광고가 필요 없어지면 구글도 힘들어질 거라는 것이다.

인간의 뇌에 초소형 인공지능 기기를 이식해 사람의 뇌와 컴퓨터를 연결하는 '뉴럴 레이스'Nural Lace는 인간의 뇌를 인공지능 수준으로 만들어 정보처리 능력을 높인다. 이렇게 되면 엄청난 정보를 가진 개개인 모두가 언론인이 되는 상황이 온다. 미래의 뉴스는 이러한 개인들이 자신의 생각과 인공지능에 의한 분석 기사를 바탕으로 만든 콘텐츠가 주가 될 것이다. 기본소득제가 실시되면 사람들은 일자리를 찾는 것이 아니라 일거리를 찾는다. 일거리 중 비교적 손쉬운 것이 SNS에 자신의 생각과 경험을 공유하고, 의견 등을 올리는 것이다.

언론사의 기자들은 정보를 찾아다니면서 보고 들은 내용을 분석하여 기사를 쓴다. 그런데 앞으로 양자컴퓨터의 지식, 정보, 순발력, 속도 등이 우리 뇌와 연결된다면 인간이 쓰는 기사는 엄청난 속도의 정보 분석을 통해 놀라운 결과물을 만들어낼 수 있다. 이제 미래의 언론사는 기업이 아닌 개개인이 될 거라는 데 이견은 없다.

변호사와 의사도
기술직으로 변모한다

최근 인공지능, 로봇공학, 머신러닝의 발전 양상을 보면 우리는 자동화 시대의 중요한 전환점에 서 있다. 로봇과 컴퓨터는 육체활동이나 일상적인 노동을 인간보다 더 잘 수행하며 비용도 저렴하다. 게다가 암묵적 판단, 감정 지각, 심지어 운전처럼 자동화되기에는 어렵다고 생각했던 인지 역량을 포함한 활동에서도 기능이 향상되고 있다. 이처럼 자동화는 공장 노동자나 조경사에서 교사, 은행원, 신문기자, 변호사, 패션 디자이너, CEO에 이르기까지 모든 사람의 일상적인 업무 활동을 바꿔놓을 것이다.

법률 서비스도 인공지능과 함께

석탄 및 철강은 이미 사양 산업이 되었고, 자동화 및 기타 인공지능 기술의 증가로 인해 법률 전문가와 변호사, 데이터 입력 전문가, 우체국 직원 같은 직업들이 대거 소멸하고 있다. 놀랍게도 미국에서 가장 빠르게 사라지고 있는 직업 중 1위는 법률 전문가와 변호사 집단이며 의사 역시 마찬가지다.

모든 직업이 기술직이 되는 세상

앞으로 모든 직업은 기술직이 된다. 기술직이 되는 데 있어 변호사와 의사도 예외는 아니다. 이는 거부할 수 없는 흐름이며, 이런 상황에서 인공지능과 적대적 경쟁을 하는 것은 무의미하다. 이제 세상은 인공지능과 대결하는 것이 아니라 그들과 함께 일할 수 있는 기술 사고방식을 가진 인재를 필요로 한다.

사무장이 알아서 사건을 수임해오고 변호사가 수억 원대의 연봉을 가져가던 건 다 옛말이다. 요즘 젊은 변호사들은 인터넷에서 전화 상담을 하며 직접 고객을 끌어 모은다. 일차적으로는 변호사의 공급 과잉이 주요한 이유다. 여기에 자동화와 인공지능까지 가세해 변호사와 법률 보조원의 일자리는 점점 더 줄어들고 있다. 변호사들은 이미 텍스트 마이닝 기술을 활용해 증거개시절차에서 수집한 수천 건의 문서를 읽거나 법률 보조원이 심도 있는 검토를 해야 할 가장 관련성이 높은 문서를 찾아내고 있다.

언택트 문화와 인공지능이 만드는 법률 산업의 변화

법률과 기술의 결합으로 탄생한 '리걸테크'Legal+Tech는 변호사들의 입지를 더욱 좁힌다. 온라인 기반 법률상담 플랫폼인 로톡의 누적 방문자는 1,300만 명을 넘어섰다. 딥러닝 기술을 바탕으로 판례와 법령 등을 분석해주는 인공지능도 상용화돼 법률 자문 등의 업무를 대체하고 있다. 개인들이 변호사 도움 없이 하는 '셀프 소송'이 확산되고 있는데, 법률 서비스 비용이 지속적으로 낮아지면서 변호사 시장은 더 위축될 가능성이 크다.

코로나19로 비대면 상담이 늘어나면서 리걸테크 활용은 더욱 활성화되는 추세다. 자동화 시스템이 온라인으로 제공되면서 변호사와 고객의 시간과 비용도 획기적으로 줄여준다. 소송 여부나 형량 등을 예측해주기도 한다. 언택트 기술은 변호사와 고객 간의 의사소통뿐 아니라 법원도 적용하기 시작했다. 코로나19 감염을 막고 이용자의 편의를 증진하기 위해 서울고등법원을 중심으로 화상 재판을 진행하는 사례가 증가했다. 재판 당사자의 동의를 받으면 변론 준비기일 등 민사재판 과정을 영상으로 진행할 수 있는 법적 근거도 마련됐다.

국내 법률 시장에도 인공지능의 도입으로 법률 인공지능 업체들이 본격적인 영업에 나서고 있다. 인텔리콘연구소는 법률판례를 검색할 수 있는 서비스 '유렉스'를 더욱 고도화시켰고, 최근 '코로나 Q&A' 카테고리를 오픈했다. 법률서비스 플랫폼인 '로톡'을 운영하는 로앤컴퍼니는 형량 예측, 법률문서 자동 작성, 계약서 분석 서비스 등을 내놓을 예정이다.

인간의 생명을 인공지능에 맡기는 세상이 온다

인공지능으로 작동되는 중국의 로봇 샤오이Xiaoyi가 2017년 의사 면허 시험에 통과했다. 로봇으로서는 처음 성취한 일이며 600점 만점에 456점을 받았는데 합격선 360점보다 월등히 높은 점수다. 인공지능을 인류에게 도움이 되는 이로운 방향으로 활용하기 위해 정부와 민간 기업들이 처음으로 적용시킨 분야가 의학 연구와 의료 산업이다.

의사보다 정확한 인공지능의 암 진단

암 진단과 치료 및 입원 환자들의 관리를 돕는 인공지능 IBM의 왓슨Watson이 대표적이다. IBM GMU 비즈니스혁신 정보기술 부사장인 브렛 그린스타인은 '왓슨이 IBM의 심장'이라고 말하기도 했다. 아마존의 에코Echo와 인공지능으로 작동되는 가상 보조원 알렉사Alexa도 이미 의료 산업 분야에서 활동하고 있다. 구글의 딥마인드 헬스DeepMind Health도 영국의 의료 시스템을 보완하기 위해서 머신러닝을 적용시키는 작업 중이다. 구글은 영국과 미국에서 각각 7만 6,000명, 1만 5,000명 이상의 유방조영술 결과를 활용해 인공지능을 학습시켰다. 그 결과 암 환자를 음성이라고 오진한 비율이 인간 의사와 비교해 미국과 영국에서 각각 9.4퍼센트, 2.7퍼센트 낮게 나왔다. 암세포가 없는데 암이라고 오진한 비율도 각각 5.7퍼센트, 1.2퍼센트 낮았다.

이처럼 미래에는 의사가 하는 일 대부분을 로봇, 인공지능, 센서, 칩이 대신하기 때문에 무의사 병원이 보편화된다. 이들은 인간 의사보다 훨씬 싸고, 교육이 필요 없으며, 더 정확하다. 뿐만 아니라 신기술 습득 능력도 인간을 훨씬 앞선다. 선 마이크로시스템즈의 CEO 코슬라 벤처스Khosla Ventures는 보건 산업 분야에서 10년 또는 15년 후에는 구글의 알파고와 같은 지능형 알고리즘이 의사들을 대체할 것이라고 예측한다.

보건 분야는 진단, 수술, 만성적 치료, 약품의 4개 범주로 나눠 살펴볼 수 있다. 우선 진단에서는 인공지능이 적용돼 의료비의 무료화가 이루어진다. 인공지능은 이미 암 환자 진단 분야에서 세계 최고 수준의 의사보다 낫다는 것을 입증했다. 인공지능은 영상 임상병리학, 유전자 데이터와 결론 도출, 기가바이트의 표현형 데이터 분류 작업 등을 전기 요금 정도의 비용으로 해낼 수 있다.

의사가 사라진 로봇 병원

가까운 미래에는 로봇이 세계에서 가장 뛰어난 외과의가 된다. 로봇은 정확하게 움직일 뿐 아니라 수술 부위를 높은 배율로 볼 수 있다. 약품은 인공지능에 의해 더욱 효율적인 방법으로 개발과 생산이 이뤄질 전망이다. 가까운 미래에는 누구나 3D 프린터를 통해 집에서 약이 필요한 순간에 자신에게 가장 적합한 약을 조합해 만들 수 있게 된다.

물론 의사가 사라진 로봇 병원은 최종 단계다. 그러나 로봇 병원의 많은 요소들이 이미 존재한다. 외과 의사들은 수술을 지원하는 로봇을 공개적으로 사용하고 있다. 현재는 기계들이 외과 의사들의 통제를 받으며, 명령을 수행하는 방식으로 협업이 이루어지고 있다. 그러나 기계들이 점차 발달하면, 숙련된 의료기술자들이 감시하고 있는 가운데 로봇이 전적인 책임을 지고 수술하게 될 가능성도 있다.

20~30년 후가 되면 병원은 지금과는 사뭇 다른 장소가 되어 있을 것이다. 응급실에서 이루어지는 환자 선별과 이동 등 인공지능 기기의 도움을 받고, 상당수의 진료 결정 역시 인공지능의 도움을 받는다. 그리고 처방전을 포함한 의료 정보가 우리의 피부 밑 또는 휴대폰에 있는 칩에 저장된다. 의식이 없는 응급환자의 의료 기록을 파악하느라 기다리는 일은 없어질 것이다. 그 외에도 안전한 약품 조제, 재활 프로그램 등 다양하게 로봇의 지원이 이루어진다.

이러한 변화를 위협적인 것으로 보는 의사들이 있지만, 인류를 위해서는 전례 없이 좋은 기회다. 다른 어느 분야보다 의료 부문은 정확성과 안전이 최우선이다. 의학이 생긴 이래 의료 전문가들은 새로운 치료 방법과 기술을 통해 환자에게 이익을 주는 쪽으로 고민해왔다. 그런 측면에서 보자면 인공지능의 목표는 의사를 대체하는 것만은 아니다. 의사의 능력을 최적화하고 잡무에서 해방시킴으로써 환자에게 최상의 서비스를 제공하는 데 핵심 목표가 있다. 미래의 의료 시장이 지금과는 사뭇 다를 것이라는 점은 부정하기 어렵다. 그러니 미래에 의료 일자리가 어디에 있을지 어떤 역량을 요구할지, 미리 준비해야 한다.

"

독립형 근로자의 확산과
부상하는 긱이코노미

"

전 세계적으로 고용 시장에는 상당한 변화가 일어나고 있다. 코로나19로 인해 어떤 영역은 쇠퇴하고 어떤 영역은 확장되며 변화가 가속화하는 중이고, 변화의 방향도 달라지고 있다. 이동은 제한되고 도시는 봉쇄되었으며 데미지를 입은 기업들은 멈춰 섰다. 세계 경제의 성장은 요원한 상황이다. 감염을 예방하고 확산을 막으려는 사회적 거리두기로 인한 재택근무와 원격수업 등으로, 생활 패턴도 갑작스레 바뀌었다.

이러한 예상치 못한 전염병의 급습은 우리의 삶과 일자리에 큰 혼란을 초래하고 있다. 제4차 산업혁명으로 인한 기술발달과 장기화되는 코로나19는 비즈니스, 일자리, 경제에 어떤 영향을 미칠까?

IT 플랫폼의 발전과 코로나가 가져온 노동 시장의 변화

딜로이트 센터 포 더엣지DCE, Deloitte Center for the Edge의 공동 회장 존 헤이글
은 보스턴에서 열린 싱귤래리티대학교의 익스포넨셜 매뉴팩처링 콘퍼
런스Exponential Manufacturing Conference를 통해 수십 년 동안 지속된 경제 트렌드
가 강력한 '빅 시프트'를 맞이하고 있다고 말했다. 헤이글은 빅 시프트
를 제대로 이해함으로써 디지털 기술, 자유화, 글로벌화로 생겨난 불확
실성의 경제를 바르게 수용할 수 있다고 말한다. 빅 시프트가 오는 것
은 당연하며, 중요한 것은 '빅 시프트가 우리를 어디로 이끌어갈 것인
가'이다.

헤이글은 미래 경제를 2가지 시각으로 바라봤다. 디지털 기술의 영
향력이 모든 것을 해체해 조각낼 것이라는 게 그중 하나다. 모든 사람
은 독립적인 근로자가 되어 특정한 프로젝트가 있을 때만 느슨하게 연
계된다. 이에 따라 긱 이코노미Gig Economy(산업 현장에서 필요에 따라 인력을
구해 임시로 계약을 맺고 일하는 형태의 임시직 경제)가 극대화될 것이라고
한다. 다른 하나는 네트워크 효과로 승자가 모든 것을 독식하는 경제로
나아간다는 견해다. 페이스북이나 구글처럼 소수의 조직이 부의 대부
분을 독차지하고 모든 사람은 하찮은 존재가 된다는 것이다.

재택근무가 확장되고, 워크 플랫폼을 통한 프리랜서들이 대거 생성
되면서 직장의 경계는 무너지기 시작했다. 이런 흐름에 따라 회사에 소
속되지 않은 채 일하는 독립형 근로자들은 늘어날 전망이다. 나아가 직
장이 없는 직업의 세계로 변화되는 '긱 워커Gig worker들의 시대'가 찾아왔

다. 밀레니엄 세대를 주축으로 이루어진 긱 워커들의 활약과 그로 인한 경제 변화를 민감하게 받아들이고 빠르게 대응하지 않으면 미래의 생태계에서 도태되고 만다.

새로운 비즈니스 모델과 독립형 근로자들

맥킨지 앤드 컴퍼니의 최근 연구에 따르면 유럽과 미국의 경우 생산연령인구의 약 30퍼센트가 독립형 근로에 참여하고 있는 것으로 나타났다. 스마트폰이나 온라인 플랫폼을 통해 단기간만 일하는 노동자들이 늘어나고 있으며, 우리나라에서는 배달업이나 대리운전 등 임시직이나 계약직이 확산되는 추세다. 단순 업무부터 전문기술까지 전직 경험과 자산을 무기로 새로운 일자리 창출이 가능해지는 플랫폼 또한 증가하고 있다.

독립형 근로자들은 대부분 다음 4가지 유형으로 구분된다. 첫째, 적극적으로 독립형 근로를 선택하고 거기서 주된 수입을 얻는 프리 에이전트Free Agent다. 둘째, 보조적인 수익을 위해 독립형 근로를 스스로 선택한 간헐적 소득자Casual Earner다. 셋째, 독립형 근로로 주된 생계를 유지하지만 전통적인 일자리를 선호하는 소극적 독립형 근로자Reluctant다. 마지막으로 필요에 의해 독립형 근로를 보완적으로 하고 있는 재정적 궁핍자Financially Strapped가 넷째 유형이다.

독립형 근로를 자발적으로 선택한 사람들은 필요에 의해 선택한 사람들보다 업무 생활에 대한 만족도가 크다고 보고됐다. 이 결과는 국가, 연령, 교육 수준, 수입 범위와 무관한 것으로 나타났다. 자발적 선택이니 만족도가 높은 것이 당연하며, 이는 많은 사람들이 '스스로 정한 조건'으로 일하는 경우 비금전적 측면을 높게 평가한다는 사실을 시사한다.

독립형 근로의 예는 쉽게 찾을 수 있다. 최근 몇 년 동안 공유경제는 너무나 많이 알려졌고, 기술 기업들은 물리적 자본을 많이 소유하지 않아도 수백억 달러의 기업 가치를 갖게 되었다. 이들은 물리적 자본을 소유하는 대신 소프트웨어 플랫폼을 만들고 기업가들을 모집하고 조직한다. 미래에는 거의 모든 물건을 공유하는 시대가 온다.

공유경제의 대표적인 사례는 미국의 차량공유 업체 우버와 리프트, 숙박공유 업체 에어비앤비 등을 들 수 있다. 자동차나 집을 소유하지 않고 빌려 쓴다. 1년에 한두 번 사용하는 드라이버, 자전거, 배드민턴 채, 옷, 구두, 주방 도구도 마찬가지로 빌려서 쓴다. 어떤 것도 소유하지 않는 무소유 경제가 되면 정보 소스 또한 무료가 되어 수입이 늘어나고 더 많은 사람들이 나누고 협력하게 된다. 이런 경제에서는 연결되지 않으면 물건을 팔 수도, 빌릴 수도 없기에 자연스럽게 공유경제로 이동한다. 그리고 이는 미래 우리 삶의 형태로 자리 잡아 놀라운 비즈니스 모델을 만들어낸다.

최근 코로나19로 인해 우버와 에어비앤비가 타격을 입기는 했으나 공유경제 자체의 흐름이 둔화되는 건 아니다. 팬데믹 이후 공유경제의 지형에 일부 변화가 있긴 하겠지만 연결성은 사라지지 않을 것이다. 앞으로 기업은 제품이나 서비스를 공유 및 렌트하는 방식으로 판매 전략을 바꾸게 된다.

이와 더불어 공유하는 제품, 고객, 네트워크를 관리하며 공유하는 물건과 판매하는 물건의 상관관계를 분석하는 기업 공유 관리자Corporate Sharing Manager가 새로운 직업으로 등장한다. 또한 공유할 수 있는 물건인지 아닌지를 판별하는 공유 가능성 감사Sharability Auditor 같은 일자리도 만들어진다. 이런 흐름이 가속화되면 대형 공장이나 사무실이 필요 없어지고, 2030년에는 지구촌 인구의 90퍼센트 이상이 1인 기업이 된다.

긱이코노미가 가져오는 변화

독립형 근로자 유형 중에서도 최근 눈에 띄는 것은 긱근로자인데, 이들의 활동으로 생성되는 경제가 긱이코노미다. 긱이코노미는 고용시장의 필요에 따라 임시직을 섭외해 일을 맡기는 경제 형태로, 비정규 프리랜서 근로 형태가 확산되는 경제현상을 말한다. '긱'Gig이란 일시적인 일을 뜻하는 단어로 1920년대 미국 재즈 공연장에서 연주자를 섭외해 단기 공연을 진행한 데서 비롯된 용어다. 현대에 와서 긱워커는 회사에 소속되지 않고 시간을 자유롭게 쓰면서 자신이 좋아하는 일을 하는 독립형 근로자를 일컫는다. '디지털 플랫폼에서 거래되는 기간제 근로'라는 의미로 사용되고 있으며 '플랫폼 노동자'라고도 불린다.

긱이코노미의 발전은 인터넷과 모바일의 발전이 큰 영향을 끼쳤다.

IT 플랫폼이 다방면으로 진화했고 기업에서는 유연하게 공급되는 노동력인 프리랜서를 고용하기 시작했다. 코로나로 인해 재택근무가 늘어나면서 유연한 근무시간과 일의 효율성 문제로 긱이코노미가 더 부각되고 있다.

또 조직생활이나 회사에 얽매이기 싫어하고, 근로 시간과 공간을 스스로 선택해서 자율적으로 일하고자 하는 밀레니얼 세대의 성향도 이런 문화 확산에 영향을 미쳤다. 스마트폰이 일상화되면서 배달 플랫폼, 차량 공유 서비스, 숙박 공유 서비스 등이 긱이코노미로 운영되고 있다. 제4차 산업혁명의 가속화, 기술발전과 온라인 문화, 코로나로 인한 비대면 업무 환경이 확산되고 있어 긱이코노미, 1인 창조 기업 등 독립형 근로자들은 늘어날 추세다.

평생직장의 개념이 사라지는 상황에서 회사에 소속되지 않은 채로 일하고 싶을 때만 일한다는 것은 장점이다. 무엇보다 경제적인 수입을 보장하되 자유를 누릴 수 있다는 것은 매력적인 요소다. 하지만 단점도 있다. 불안한 노동과 수입이다. 일이 지속적으로 들어오지 않으면 안정된 수입을 보장할 수 없으며 정규직이 누리는 복지 혜택도 온전히 누릴 수 없다. 법적으로 노동자의 권리를 보호받기 어려운 부분도 존재한다. 그럼에도 경제전문가들은 2025년에는 긱이코노미가 창출하는 부가가치가 2조 7,000억 달러까지 늘어난다고 전망한다.

증강현실로 만나는
현실 너머의 세상

미래를 예측하기 어려운 경영환경 속에서 산업의 붕괴는 일상화되었다. 그러나 그 와중에도 새롭게 부상하거나 각광받는 산업이 있다. 코로나19를 맞아 증강현실 기술이 산업계에 대변혁을 예고하며 다시금 떠오르고 있다.

증강현실은 가상현실과 관련된 기술로, 우리가 보고 있는 실제 세계 위에 컴퓨터로 만든 그래픽이나 영상을 통합하는 것이다. 즉 현실 이미지나 배경에 3차원 가상이미지를 겹쳐 하나의 영상으로 보여준다. 최근에는 게임, 광고, 홍보, 쇼핑 외에도 다양한 분야에 접목되어 각광을 받고 있다.

다시 증강현실이 부상하는 이유

증강현실 하면 대표적으로 떠오르는 것이 포켓몬고_{Pokemon GO}다. 증강현실은 스마트폰이나 헤드셋을 사용해 현실의 물리적인 세계에 디지털 정보 또는 3차원의 가상 이미지를 오버레이_{Overlay}한다. 가장 단순한 형태의 가상현실은 구글이 개발한 스마트 안경 구글 글라스처럼 눈앞에 단순한 사각형의 디스플레이를 띄우는 것이다. 이보다 더 진보된 가상현실 형태는 집이나 산업용 창고 같은 물리적인 공간에서 비디오게임 캐릭터나 유용한 정보를 자연스럽게 보여준다. 이제 가상현실은 보다 더 상업적인 단계로 옮겨가고 있으며, 잠재적인 응용 가능성이 주목받고 있다.

증강현실은 가상현실보다 기술적 구현은 더 쉽지만 소비자용 제품에 적용하기에는 어려움이 있었다. 그러나 마이크로 LED, 실리콘 액정 기술 등이 발전하면서 페이스북, 구글, 애플 등 IT 기업들이 대거 증강현실에 투자하고 있다.

일단 컴퓨팅 파워를 포함한 관련 기술이 지난 몇 년간 급성장했고, 구글 글라스가 출시될 때와는 기술 차원이 다른 수준이다. 당시엔 스마트폰이 있는데 굳이 구글 글라스를 쓸 이유가 별로 없었다. 성능 면에서 특별한 메리트가 없다 보니 더욱 그랬다. 그러나 2019년 아마존이 공개한 스마트 글라스(에코 프레임)는 알렉사를 통해 이 문제를 해결했다. 글라스에서 알렉사를 불러 일정, 통화, 문자 메시지 등의 기능을 사용할 수 있다. 보통 안경처럼 생긴 에코 프레임은 스마트폰과 이어폰으로 하던 일을 글라스로 통합했으며, 인터페이스가 편리하게 개선됐다.

그러나 더 핵심적인 것은 스마트폰의 증강현실 앱이 출시됐다는 점이다. 더불어 소셜미디어를 넘어 커머스로 진화하는 것도 증강현실이 부상하는 이유 중 하나다. 이케아는 증강현실을 통해 방에 가구를 배치해보는 앱을 선보였고, 애플이나 핀터레스트 등도 증강현실로 제품을 본 뒤 바로 구매하는 기능을 선보였다.

가상이 아닌 현실의 확장은 매력적이다

가상현실은 말 그대로 가상이지만 증강현실은 현실세계의 연장이라는 점도 메리트가 있다. "증강현실이야말로 사람들을 고독하게 내버려 두지 않는 기술이라고 생각한다. 다른 기술이 인간 소외를 초래할 우려가 있는 것과 달리 증강현실은 사람들이 서로 이야기 나누고, 함께 스크린을 보며 대화하도록 해준다." 〈실리콘 리퍼블릭〉에 실린 팀 쿡의 말이다. 발전된 기술이 인간을 단절시키고 소외시키는 게 아니라 오히려 그런 문제들을 해결하게 돕는 것, 바로 이런 점이 증강현실 기술이 부각되고 산업적으로도 활성화되는 이유다.

나이키, 애플, 구글 등 여러 기업들에서 증강현실을 적용한 제품을 잇달아 내놓고 있다. 나이키는 컴퓨터 비전과 데이터 분석, 머신러닝과 추천 알고리즘을 결합한 스캔 기술을 이용한 '핏'을 선보였다. 핏은 스마트폰 증강현실 스캐닝 앱으로 발 상하좌우를 스캔하여 데이터를 수집하고, 각 개인의 발 모양과 사이즈에 딱 맞는 신발을 추천해준다.

구글의 '라이브 뷰'는 구글맵에서 가려는 목적지와 위치, 경로 등을 화살표를 활용해 로드맵 뷰로 보여준다. 칸 국제 광고제에서 구글이 처음 선보인 '트라이온'은 주목을 끌었다. 유튜브 증강현실 뷰티 '트라이온' 기술이 적용된 유튜브 콘텐츠를 재생하면 테스트 버튼이 활성화된다. 뷰티 유튜버의 메이크업 동영상을 보다가 버튼을 누르면 유튜버가 바르는 립스틱을 증강현실 필터로 내 입술에 적용할 수 있다. 애플리케이션이나 웹사이트 연동 없이 유튜브 모바일 애플리케이션 안에서 증강현실을 체험할 수 있다.

애플의 증강현실 쇼핑서비스 '퀵룩'은 애플 기기를 통해 브랜드가 올린 자전거, 스피커 등의 3D 이미지를 증강현실로 볼 수 있으며 소리도 지원한다. 페이스북의 '스파크 AR'은 인스타그램 이용자들이 손쉽게 증강현실 효과를 제작하고 스토리에 공유할 수 있는 플랫폼이다. 5년 전 개발됐다가 여러 가지 문제들로 출시가 중단된 스마트 안경 구글 글라스와 유사한 증강현실 글라스도 다시 등장할 전망이다. 페이스북은 '오리온'이라는 증강현실 글라스를 이르면 2023년에 출시할 예정이라고 했다.

증강현실과 관련된 산업 군이 부상함과 동시에 '증강현실 전문가'라는 직업도 뜨고 있다. 그들은 현실 이미지나 배경에 3차원 가상이미지를 겹쳐서 '인공의 공간 체험'을 할 수 있는 콘텐츠를 만드는 사람이다. 고층 빌딩 난간을 걷거나 우주여행을 하는 등 현실에서는 불가능한 체험을 할 수 있다. ICT 기업, 게임 회사, 공연·여행·오락 등 엔터테인

먼트 기업 등 다양한 서비스 산업 전반에서 증강현실 전문가를 필요로
한다.

증강현실과 융합하는 기술들이 품은 수십억 달러의 잠재력

모바일 혁명과 마찬가지로 증강현실의 미래 역시 가격의 하락, 하드
웨어의 소형화, 성능의 향상만으로 결정되지는 않는다. 이런 기술발전
은 증강현실의 유비쿼터스 채택을 도울 수 있겠지만 증강현실의 미래
를 이런 기준에 의존하면 더 큰 시장 기회를 놓칠 수 있다. 앞으로 증강
현실은 수많은 기술과 융합한다. 증강현실과 산업용 사물인터넷, 머신
러닝과 3D 프린팅의 융합이 무엇을 의미하는지를 상상하면 증강현실
의 미래 잠재력을 짐작할 수 있다.

산업용 사물인터넷과의 융합

증강현실은 산업용 사물인터넷과 가장 먼저 융합한다. 증강현실 기
기는 기업이 제조에서 물류, 소비자에 이르는 인프라를 신속하게 개발
하기 시작하면 막대한 양의 데이터가 수집되어 분석되는 것을 돕는다.
또 휴먼 인터페이스에 데이터를 추가로 제공해 근로자와 관리자, 경영
진이 풍부한 데이터로 보완된 세계를 볼 수 있도록 해준다. 공장, 창고,
병원에서 직원들은 자신이 일하는 환경에 투영되는 정보를 볼 수 있고
기업은 자원 활용 계획, 창고 관리, 전자보건기록 시스템 등에서 직원

들을 주변 환경과 연결할 수도 있다. 결과적으로 근로자의 작업이 데이터 생태계를 통해 연결되어 물리적 환경과 디지털 세계가 서로 연결된다.

머신러닝과의 융합

머신러닝 기술은 증강현실과 융합을 이뤄 손이 자유로운 인터페이스가 만들어진다. 키보드가 데스크톱과 랩톱 사용의 중요한 혁신이었고 터치스크린이 모바일 기기의 핵심이었던 것처럼, 머신러닝은 증강현실 인터페이스에서 중요한 역할을 하게 된다. 키보드의 타이핑에서 터치스크린으로 이동한 것은 새로운 인터페이스가 새로운 유저 인터페이스를 필요로 하는 좋은 예다. 앞으로 머신러닝 기술로 가능해지는 음성–텍스트 변환, 텍스트–음성 변환 기술은 증강현실 기술의 발전에서 중요한 혁신이 된다. 이제 우리가 사용하는 기기들은 우리가 움직이고 말하고 터치하는 방식을 이해해야 한다. 그리고 사용자 행동과 관련된 데이터는 사용자 행동을 캡처, 전송, 저장, 활용할 수 있는 시장을 열어주는 매우 가치 있는 데이터가 된다.

3D 프린팅과의 융합

3D 프린팅은 제조 산업이라는 거대한 시장을 가지고 있으며 고유의 복잡성과 물리적 특성을 지녔다는 잠재적 이점이 있다. 복잡한 3D 구조를 가진 독특한 디자인 요구 사항은 기존 소프트웨어 도구에는 적합하지 않은 경우가 많다. 이때 증강현실을 이용해 모델을 만들고 편집하

고 시각화하면 문제를 해소할 수 있다.

증강현실 기술은 3D 프린팅 개념과 기존의 도구(예를 들면 키보드, 마우스, 2D 스크린, 인터페이스 등) 사이의 괴리를 제거해 디자이너가 직관적이고 창의적인 방법으로 제품과 직접 상호작용할 수 있도록 돕는다. 증강현실의 잠재력은 생각보다 크다. 증강현실 기술에는 입체 영상 프로세싱, 하드웨어 기기 기술, 디스플레이 기술을 비롯해 사회적 인식에 이르는 수많은 기술적 잠재력이 포함되어 있다. 증강현실 기술이 미래의 혁신과 어떻게 연계되고 융합되는지에 따라 엄청난 경제적 잠재력이 우리 앞에 펼쳐질 수 있다.

인간 수명 연장의 기술, 불로장생의 꿈을 이룰 것인가

텔로미어는 진핵생물 염색체 말단에 존재하는 반복적인 염기서열을 가진 DNA 조각이다. 염색체 말단의 손상 혹은 근접한 염색체와의 융합으로부터 보호하는 역할을 수행한다. 진핵세포가 분열하는 동안 DNA 복제가 일어날 때 길이가 줄어드는데 그 이유는 DNA중합효소가 염색체의 끝까지 복제를 계속할 수 없고, 반드시 RNA 시발체$_{Primer}$가 필요하기 때문이다.

텔로미어는 그리스어로 '끝'을 뜻하는 텔로스$_{Telos}$와 '부분'을 뜻하는 메로스$_{Meros}$가 만나 붙여진 이름이다. 일부 세포에서는 줄어든 텔로미어를 보호하는 텔로머레이즈 효소가 분비되기도 한다. 그러나 텔로머레이즈 효소가 분비되지 않은 세포의 텔로미어는 단축이 어느 수준을 넘어서면 분열을 멈추고 노화 상태에 들어간다. 정상세포의 경우 텔로미어의 길이가 수명과 직결된다. 이처럼 세포 복제가 멈춤으로써 죽는다는 사실이 밝혀지면서, 이것이 노화와 수명을 결정하는 원인으로 추정되고 있다.

DNA 변화로 인간의 자연수명을 알 수 있다

인간의 평균 텔로미어 길이는 출생할 때 약 11킬로베이스에서 노년기에는 4킬로베이스 미만으로 감소한다. 텔로 이얼스TeloYears에 따르면 나이는 시간이 얼마나 흘렀나 하는 것보다는 세포의 활력과 연관되어 있다. 한 방울의 혈액만으로도 사용자는 3~4주 내에 테스트 결과를 얻을 수 있다.

결과를 바탕으로 자신의 평균 텔로미어 길이를 알 수 있고 같은 연령대 및 같은 성별의 사람들의 결과와 백분위 수로 비교할 수 있는 정보를 얻을 수 있다. 또한 산화 스트레스, 염증, 생활습관 및 텔로미어 단축을 가속화하는 기타 요인들에 대해 자세한 설명이 들어 있는 '노화를 위한 청사진'이 함께 제공된다.

시간이 흐르면 먼지가 쌓이듯 DNA도 세월이 지남에 따라 화학 구조가 바뀌기 때문에, 생명체의 설계도인 DNA를 통해서 죽음을 미리 알수 있다고 한다. 부모로부터 자손에게 전해지는 유전정보는 DNA라는 언어로 쓰여 있고, DNA 염기서열의 변화와 재조합에 의해 형질의 변화가 발생한다는 관점이 유전학의 바탕을 이룬다.

그러나 최근엔 DNA 염기서열에 변화가 전혀 발생하지 않으면서도 유전정보를 바꾸고, 이 변화가 부모로부터 자손에게 전해진다는 '후성유전학'이 주목을 받고 있다. 먼저 후성유전학이란 DNA 염기서열 자체의 변화가 아닌 DNA 주변 환경이 유전자의 발현에 영향을 미치는 양상을 연구하는 분야를 일컫는다. 후성유전학에서 DNA 염기서열 변화가 아닌 외부 환경의 변이는 크게 2가지로 나뉜다. 바로 '메틸화'와 '히스톤 단백질 변형'이다. 후성유전적 코드는 염기서열보다 환경의 영향을 많이 받는다. 예를 들어 일란성 쌍둥이는 DNA 염기서열이 유전적으로 동일하다. 하지만 쌍둥이들의 후성유전적 프로파일을 비교하면 멀리 떨어진 환경에서 자란 쌍둥이들은 비슷한 환경에 자란 쌍둥이들보다 프로파일의 차이가 크다.

DNA 메틸화

우리가 주목할 것은 DNA 메틸화다. DNA 메틸화 분석을 통해 포유동물 수명을 계산할 수 있다. 유전학에서 핵심이 되는 메커니즘이 DNA에서 염기가 바뀌는 돌연변이라면, 후성유전학에서 가장 중요한 역할을 하는 것은 유전자 형질 발현을 조절하는 화학적 변형 중 하나인 '메틸화'다. 메틸화는 DNA 염기에 메틸기가 달라붙는다는 뜻이다.

DNA의 염기서열 중 시토신과 구아닌 두 염기가 나란히 존재하는 것을 CpG라 하는데, 여기서 시토신이 메틸화될 수 있다. 특히 인간을 포함한 포유동물의 염기서열에는 CpG가 밀집돼 있는 부위가 존재하는데, 이런 영역은 'CpG섬'CpG Island이라 부른다.

최근 DNA 메틸화가 그 사람의 연령을 기억한다는 연구가 많이 등장하고 있다. 오스트레일리아 연방과학원 CSIRO의 분자생물학자 벤저민 메인과 웨스턴 오스트레일리아대학교의 연구진은 DNA 메틸화 현상을 분석해 사람을 포함한 포유동물의 자연수명을 계산해냈다.

자연에 의해 규정된 수명, 즉 인간이 살 수 있는 최대한의 수명을 자연수명이라 한다. 질병 등의 변수를 배제하고 노화율에 기초한 수명을 의미한다. 살아 있는 동안 우리 신체의 유전자 기관에는 조금씩 오류가 쌓여 기능을 제대로 하지 못하는 나쁜 단백질이 생성된다. 이로 인해 언젠가는 세포막이 제대로 작동하지 않게 되고, 대사 작용도 잘 일어나지 않는다. 세포의 수명에 한계가 있어 우리 몸의 모든 시스템이 늙는다는 뜻이다.

연구진은 이 수명 모델을 인간의 자연수명에 적용해 '38년'이라는 결과를 얻어냈다. 인류학자들은 초기 인류의 수명이 40년이라고 추정해왔는데, 그 수치에 가까운 결과다. 반면 과학자들이 추정한 자연수명보다 더 높게 나온 동물들도 있다. 북극고래의 경우 연구진이 수명 모델을 적용해 나온 자연수명은 268년이나 되었다. 핀타섬거북 또한 자연수명이 100여 년일 것이라는 예상과 달리 연구진의 결과는 120년으로 나타났다. 그렇다면 인간의 수명은 어디까지 늘 수 있을까?

2016년 《네이처》Nature에 실린 알베르트 아인슈타인 의학대학교 연구 팀에 따르면 인간 수명의 한계는 115세다. 이는 세계 41개국 인구의 수명 데이터를 기초로 분석한 결과다. 그렇다면 개개인이 자신의 수명을 예측할 수 있는 시대가 멀지 않았다는 뜻이 된다. 우리 각자가 자신의 수명을 알 수 있다면, 남은 삶을 보내는 인간들의 태도와 삶의 방식에는 어떤 변화가 생겨날까? 그리고 수명 예측은 노화를 늦추고 생명을 연장하는 기술들과 어떻게 접목될까? 미래의 가능성과 변화가 기대된다.

실리콘밸리는
왜 생명공학에 주목하는가

페이스북의 CEO 마크 저크버그와 그의 부인인 소아과 전문의 프리실라 챈은 본격적으로 생명과학 연구에 뛰어들었다. 그들은 2015년 딸을 출산하면서 딸이 살아갈 세상의 모든 질병을 없애기 위해 전 재산을 내놓겠다고 말하며 '챈 저커버그 바이오허브'를 설립했고 6,800억 원을 투자했다. 과학자 47명을 뽑았으며 5년간 총 5,000만 달러를 지원할 것이라고 발표했다. 이는 미국 국립보건원NIH에서 운영하는 최대 연구 지원 프로그램인 R01과 맞먹는 규모다.

바이오허브의 연구 분야는 크게 2가지다. 지카·에볼라 등 바이러스와 알츠하이머와 같은 난치병을 퇴치하는 게 그 하나다. 다른 하나는 인체 주요 기관을 움직이는 세포들을 지도로 만드는 '셀 아틀라스' 작업이다. 셀 아틀라스 역시 질병 퇴치 연구와 관련이 있다.

실리콘밸리, 생명 연장과 노화 정복에 뛰어들다

인류는 지금 질병을 치료하고 고장 난 신체를 고치기 위해 생물학 리프로그램을 학습하는 중이다. 이러한 연구는 앞으로 수십 년 동안 가속될 것이며 나노기술혁명이 그 뒤를 따르게 된다. 현대 생물학은 노화과정에 대해 보다 깊이 이해할 수 있게 해줬고, 생명공학은 이런 이해를 통해 질병을 조기에 발견하는 것은 물론 신체를 재생시키기도 한다.

최근 실리콘밸리의 생명과학 연구팀들은 '생명의 암호'를 해킹해 실제로 젊음을 유지할 수 있는 프로젝트를 내놓고 임상시험을 시작했다. 2015년 설립된 '팰로앨토 장수상'Palo Alto Longevity Prize은 2018년까지 노화의 비밀을 풀어냈다고 인정되는 팀에게 100만 달러의 상금을 지급하기로 했다. 하버드대학교, 조지워싱턴대학교, 스탠퍼드대학교 등 세계 최고의 연구팀들이 참가했다. 이들이 임상시험을 앞두고 있는 노화 방지 기술이 실제로 적용되는 날이 오면 인간의 평균수명은 120~130세까지 늘어나게 된다.

바이오기술에 큰 관심을 보이며 투자를 아끼지 않는 기업 CEO는 저커버그 부부만이 아니다. 구글의 생명공학 계열사 캘리코Calico를 비롯해 애플, 페이스북, IBM 등이 인공지능, 빅데이터, 클라우드 등을 활용해 IT와 바이오 기술을 융합하는 혁신에 도전하고 있다.

2013년 구글의 공동창업자 래리 페이지는 캘리코를 설립하고 세계 10위 글로벌 제약사 애브비Abbvie와 노화 연구에 3억 3,000만 달러를 투자했다. 세계적 소프트웨어 기업인 독일 SAP의 공동창업자인 디트마어 호프도 지금까지 생명공학 사업에 4억 7,000만 달러를 투자했다. IBM은 인공지능 의사 '왓슨'을 기반으로 불치병 정복에 도전하고 있다. 애플은 지난해 세계 최초로 심전도 측정이 가능한 스마트워치를 내놓으면서 헬스케어 분야의 영향력을 강화하는 중이다.

지난 2000년 인간게놈을 완전히 해독한 미국의 생명과학자 크레이그 벤터Craig Venter와 엑스프라이즈X-Prize 재단의 피터 디아만디스Peter Diamandis가 설립한 휴먼 롱제티비Human Longevity도 유전자와 질병의 관계를 밝히기 위해 데이터를 수집하고 있다. 인간 게놈을 기반으로 한 데이터들을 통해 적은 돈으로 DNA를 분석해주고, 남아공의 보험사 디스커버리와 협력해 개인에게 맞춤화된 질병 분석 서비스를 제공한다.

세계 2위 소프트웨어 업체 오라클Oracle의 공동 창업자 래리 엘리슨Larry Ellison은 자신의 이름을 딴 '엘리슨 의학 재단'을 설립하고 1997년부터 현재까지 노화 연구에 3억 3,500만 달러를 지원했다. 인터넷 결제 시스템 업체 페이팔의 공동 창업자 피터 틸Peter Thiel 역시 노화 연구자인 오브리 드 그레이Aubrey de Grey 박사가 이끄는 센스 연구 재단의 인간 수명 연장 연구에 600만 달러를 지원했다.

이처럼 실리콘밸리의 억만장자들이 수명 연장과 노화 정복 연구에 투자하는 이유는 고령화 사회의 문제를 해결할 수 있다고 믿기 때문이다. 만일 이 연구들이 긍정적 성과를 내게 된다면 '건강 수명'이 늘어나 노년층의 의료비 부담을 크게 줄일 수 있다.

개인 맞춤형 진료가 가능한 유전체 진단

스티브 잡스는 최초로 자신의 유전자를 분석한 전 세계 20명의 선구자 중 한 명이다. 그는 2003년 10월 췌장암 진단을 받았는데, 미국 췌장암 환자의 1퍼센트가 앓는 아일렛세포 신경내분비암이라는 희소한 췌장암이었다. 2004년 췌장암 수술을 받았으나 2008년에 재발했고, 2009년엔 생체 간이식까지 받았다. 잡스는 두 번째 재발한 암으로 항암 치료를 받던 중 브로드 연구소를 찾았다. 하버드대학과 매사추세츠 공과대학이 공동 설립한 브로드 연구소는 세계 유전자 분석 영역에서 가장 유명한 곳 중 하나로, 휴먼 게놈 프로젝트를 주도했던 곳이다.

자신의 희귀한 암이 기존 의학으로는 치료에 한계가 있음을 알아차린 잡스는 자신의 유전자에 딱 맞는 맞춤약이 있을 것이란 희망을 품었다. 연구소에서 자신의 게놈 서열의 일부를 해독하고 이를 바탕으로 가장 효과가 좋을 것으로 예측되었던 표적 암 치료를 받으려 했다. 하지만 안타깝게도 유전자 분석을 통해 암을 유발하는 변이유전자는 찾았지만, 적합한 치료제가 그 당시엔 개발되지 않았다. 잡스의 몸은 극도로 악화된 상태였고, 끝내 그는 죽음을 맞았다. 잡스는 세상을 떠났지만 그가 받았던 유전체 분석 기술은 병원 진료에 활용되며 우리 곁으로 성큼 다가왔다.

잡스의 투병 이후 빌 게이츠와 래리 페이지는 비밀리에 진행됐던 유전정보 분석에 대해 알게 되고, 브로드 연구소가 만든 유전체 분석 벤처기업 '파운데이션 메디신'Foundation Medicine에 투자한다. 파운데이션 메디신은 2012년부터 암과 관련된 유전자 300여 개를 분석해 환자에게 적합한 항암제를 찾아주는 일을 하고 있다.

유전자 분석에 의한 개인맞춤 의료가 가진 여러 장점에도 불구하고 대중화되지 못했던 가장 큰 이유는 비싼 비용 때문이었다. 2011년 당시 잡스가 개인 유전체를 분석하는 데 든 비용은 10만 달러가 넘었다. 그러나 유전자 분석 시장의 획기적인 발달 덕분에 지금은 약 100달러 정도의 비용으로 한 사람의 모든 유전자를 해독할 수 있다. 미국 기업 일루미나가 발표한 차세대 염기서열분석 기반의 새로운 플랫폼 노바식NovaSeq이 그 주역이다.

현재 유전자 검사 비용 부담이 많이 감소해 일반인들도 받을 수 있을 만큼 대중화되었다. 이로 인해 개인 맞춤형 진단과 치료가 현실화되는 것은 머지않았다.

유전자에 대한 연구와 도전, 새롭게 창출될 미래

수명 연장 산업의 대표 주자는 단연 줄기세포 연구, 유전자 편집 가위인 크리스퍼와 관련된 산업이다. 줄기세포는 심장, 뉴런, 간, 폐, 피부 등 특수한 세포로 변형될 수 있으며 더 많은 줄기세포를 만들기 위해 분열할 수 있는 세포다. 또한 손상이나 염증 부위로 소환되어 상처를 치료하고 정상적인 기능을 회복시키기도 한다. 이 독특한 세포를 이해하고 활용하면 수명 연장 분야뿐 아니라 모든 종류의 만성질환과 재생 치료에서 혁신적인 성과를 낼 수 있다.

　줄기세포를 이용해 질병을 치료하고 마비 환자의 재활에 성공한 사례는 이미 여럿 있다. 스탠퍼드대학교에서 줄기세포 주사로 다시 걷게 된 뇌졸중 환자의 사례가 있고, 서던캘리포니아대학교의 신경회복센터는 마비된 21세 남자의 손상된 경추에 줄기세포를 주사했다. 그러자 3개월 후 그의 두 팔에 감각과 움직임이 크게 향상되는 결과가 나타났다. 이런 줄기세포 치료를 통해 알츠하이머병, 파킨슨병, 루게릭병 같은 신경퇴행성질환 치료의 새로운 길이 열렸다.

의료 혁명의 주역, 줄기세포

만성질환 치료 방법을 개발하고 재생 치료 옵션에 대한 수요가 늘어나면서 줄기세포 연구는 더욱 동력을 얻고 있다. 줄기세포 연구와 관련해 앞으로 성장 잠재력이 가장 높은 분야는 조직공학, 줄기세포 은행, 중간엽줄기세포MSC, Mesenchymal Stem Cells 임상적 응용, 중간엽줄기세포의 임상적 응용, 세포 재생 프로그램 등이다.

먼저 체외에서 배양한 조직을 이식해 조직을 재생하고, 생체 기능을 유지, 향상, 복원하는 데 목적을 둔 조직공학Issue Engineering이 있다. 조직공학 분야의 과학자들은 손상된 조직에서 정상적인 기능을 회복하고 유지할 생물학적 대체물질을 만들기 위해 세포이식, 소재과학, 생체공학을 적용하고 있다. 줄기세포 분야의 발달로 연구가 가속화되고 있으며, 특히 출생 후 줄기세포에 대한 연구는 조직공학의 관점을 크게 바꿀 수 있는 잠재력을 지닌다.

줄기세포 은행은 출생할 때 손상되지 않은 원래의 DNA가 있는 줄기세포를 채취해서 이를 많은 양으로 복제한 다음 동결시켜 보관한다. 신생아의 탯줄에서 발견되는 혈액과 태반은 줄기세포가 매우 풍부한 기관으로, 이를 잘 보존해 줄기세포를 활용하면 장수와 건강한 삶의 열쇠가 될 수 있다. 이미 세포를 분리하고 가공한 뒤 저온 보관(세포를 영하 180도 정도에서 동결)하는 라이프 뱅크LifeBankUSA라는 개인 세포은행 회사가 있다.

중간엽줄기세포는 약 10년 동안 의료기관에서 사용되어왔다. 현재 전 세계에서 MSC 기반 세포 치료의 잠재력을 평가하기 위해 임상시험 단계별로 344건의 등록된 임상시험이 진행되고 있다. 동물 실험에서 임상시험에 이르기까지 MSC는 수많은 질병 치료에 유망한 진전을 보이고 있다. 정형외과에서는 골아세포, 간세포, 연골세포로 분화하는 MSC의 능력을 주목하고 있다.

솔크 연구소Salk Institute의 연구진은 일반적인 성숙 세포를 만능줄기세포Pluripotent Stem Cells로 재프로그래밍하는 프로세스를 이용해 생쥐의 수명을 최대 30퍼센트까지 늘리고 일부 조직을 젊어지게 하는 데 성공했다. 이것은 세포의 유전 암호를 변화시키지는 않았지만 유전자에 규제를 가하고 특정 유전자의 활동성을 결정하는 '후생유전학적 흔적'Epigenetic Mark이라고 불리는 DNA의 화학적 성격을 변경한다. 이 발견은 후생유전학적 변화가 노화 과정의 핵심임을 시사하며, 그런 변화를 바꿀 수 있고 심지어 가역적일 수 있다는 가능성을 제시한다.

인공지능을 통한 빠르고 효과적인 신약 개발

수명 연장과 관련해서 주목해야 할 또 다른 분야는 바로 제약 산업이다. 평균적으로 신약 하나가 시장에 출시되기까지는 1,000여 명의 인력과 12~15년의 시간이 들어가고, 평균 16억 달러가 소요된다. 그러나 신약 발견 및 개발에 인공지능 시스템을 도입하면 신약 개발에 소요되는 시간과 비용을 획기적으로 줄일 수 있다.

신약 개발 과정에 딥러닝 기술과 인공지능을 도입한 최초의 회사는 인실리코 메디신이다. 이곳의 과학자들은 생체의학 연구결과를 추적하고 노화와 수명 연장 관련 물질, 화합물을 식별하는 데이터베이스를 구축했다. 이 데이터베이스는 나중에 사람에게 안전하고 효과적인 신약 후보군의 우선순위를 정하는 딥러닝 기술 기반의 독점적 생체 정보 도구를 사용해 스크리닝된다. 딥러닝 GAN 기술을 이용해 실제 이미지와 합성 이미지를 구분하도록 훈련한다. 이런 방법으로 각각의 환자를 위한 약과 약의 조합을 개발, 생산할 수 있고 노화를 늦추거나 젊어지게 하는 약을 개발할 수 있다. 또한 약이 노화를 비롯해 나이와 관련된 상태를 어떻게 호전시키는지 그 효과를 측정할 수 있다.

생명공학 및 유전공학과 관련한 새로운 직업군이 뜬다

우리는 죽는다는 사실을 받아들이며 살고 있다. 그러나 오브리 드 그레이 박사와 벅 노화연구소의 브라이언 케네디[Brian Kennedy] 박사는 수명 연장이야말로 인류가 추구할 가치가 있는 목표라고 말한다. 수명 연장은 더 오래 사는 것뿐만 아니라 노년기를 무병 상태로 보내는 것을 포함한다.

지금까지 의료 부문의 연구는 노화와 관련된 질병인 당뇨, 암, 치매 등을 하나씩 개별적으로 치료하는 데 중점을 두었지만 거의 성공하지 못했다. 그런 만성질환의 가장 크고 확실한 원인은 사람이 나이를 먹는 데 있다. 따라서 노화 방지를 목표로 하면 대부분의 질병 발생을 지연시킬 수 있다는 게 그들의 의견이다.

DNA에 대한 연구가 급속히 발전함에 따라 관련 일자리들도 새롭게 창출된다. 최근 밀레니엄 프로젝트의 연구 결과를 보면 미래 일자리 중 가장 인기 있는 직종이 인공지능과 바이오제약을 합친 AIBIO다. 그다음은 컴퓨터 관련 데이터과학, AV(자율차), 사물인터넷, 가상·증강현실, 드론 등 기술 분야이다. 전통적인 직업 중에는 의사, 간호사, 약사 등이 인기가 있다.

그런데 인기도의 순서가 바뀌고 있다. 의사, 약사, DNA사 혹은 유전자사, 그다음이 간호사다. 하지만 현재 의사나 간호사들은 DNA 검사를 한 후 나오는 100여 페이지의 내용을 유전자검사자들에게 일일이 설명해줄 시간이 없다. 그래서 이와 관련된 일을 하는 유전자사가 의료 분야에서 가장 크게 성장하는 신직업이라고 한다. 한국에도 한국유전자협회에서 유전자사들을 교육시킨다.

동식물의 유전 방식을 연구하고, 유전자 조합을 새로이 만드는 유전자공학연구원, 생명공학연구원, 생명과학연구원 등의 활약은 더욱 활성화된다. 인공 장기를 만드는 조직 공학자, 유전자 검사를 통해 수검자와 가족에게 유전 질환 정보를 제공하고 치료와 예방법을 알려주는 유전자 컨설턴트, 유전자를 분석해서 병을 예방하거나 치료하는 유전자 분석사나, 유전자 프로그래머 같은 직업도 미국이나 일본에서는 인기 직종으로 주목받고 있다.

바이오 공학 분야의 연구 내용을 바탕으로 생물제품의 생산을 하는데 필요한 기술과 생산을 담당하는 바이오화학제품제조기사 등도 부각되는 직업이다. 이 외에도 생명공학과 관련한 직업으로는 생물공학기사, 수질환경기사, 대기환경기사, 식품기사, 폐기물처리기사 등 다양하게 존재한다.

결과적으로 수명 연장은 사회에 도움이 된다. 향후 20년 안에 줄기세포와 인공지능 기반 신약은 의학 분야를 영원히 바꿔놓을 것이다. 앞으로 의학은 질병을 치료하는 것에 그치지 않는다. 생명을 연장시키고 잠재적으로는 생명을 구하는 역할을 하게 된다. 그리고 이와 관련된 다양한 분야의 산업들이 창출되며, 관련 일자리와 전문가들도 늘어난다. 어쩌면 우리는 인류 역사상 가장 흥미진진한 시대를 살아가고 있는지도 모른다.

COVID–19

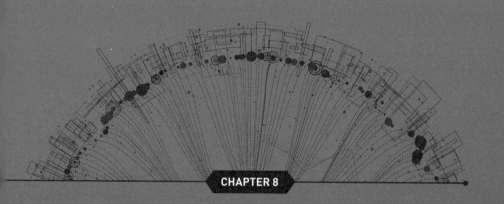

CHAPTER 8

인류 문명의
지각변동

기술과 문명의 미래

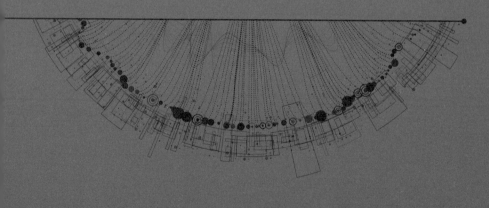

자급자족 시대가 만들어낼
대격변

미국의 신기술 부문 연구소 리싱크X RethinkX의 공동창업자이자 스탠퍼드 대학교 교수인 토니 세바는 디지털 기술혁신이 바꾸어놓은 우리의 삶에 대한 〈인류문명 재고〉 Rethinking Humanity라는 보고서에서 다음과 같이 말했다. "에너지, 교통, 정보, 식품 등의 재료값이 크게 낮아지면서 지역 사회의 자급자족, 자유의 시대가 도래한다." 대의민주주의, 자본주의, 민족주의가 붕괴되고 분권화된 도시의 자급자족 시대가 열리며 생활비는 현재의 10분의 1로 줄어들게 된다는 게 그의 주장이다.

토니 세바는 2017년에 1차 보고서 〈에너지혁명 2030〉에서 석탄, 석유, 핵발전, 자동차 산업의 붕괴 및 태양광과 자율차로 넘어가는 교통

운송의 미래를 예측했다. 2019년 발표된 보고서 〈농축 산업의 혁명〉에서는 농축 산업의 붕괴 후 세포배양, 정밀발효기술 등의 신기술로 고기나 식량을 생산할 것이라고 예측했다.

그의 연구는 계속 이어지며 우리 삶의 지각변동을 살핀다. 2020년에 발표된 보고서 〈인류문명 재고〉에서는 지금까지 땅에서 추출하던 화석에너지, 곡물 등을 신기술로 생성해낼 것이라고 했다. 이 세계는 추출의 시대에서 생성의 시대로 옮겨가는데, 2030년 그 흐름이 본격화될 것이라는 게 그의 전망이다.

공장에서 육류를 배양해낸다

배양육 연구개발 선두주자인 네덜란드의 축산농가에서 이미 이런 일이 벌어지고 있다. 배양육은 가축을 사육하거나 도축하지 않고, 실험실에서 동물의 세포를 배양시켜 생산되는 육류를 말한다. 그래서 실험실 고기 또는 청정육으로 부른다.

배양해서 키우므로 물 사용량, 토지 사용 면적, 에너지 사용량을 90퍼센트 이상 줄일 수 있다. 공장식 축산은 30억 톤의 이산화탄소를 배출하며 지구온난화 최대 원인으로 지목되었다. 배양육 기술은 오래도록 지구가 앓아온 온난화 문제를 해결할 대안이기에 미래 기술로 더욱 주목받고 있다.

에너지가 고갈되지 않는 시대로

에너지 역시 마찬가지다. 추출해서 쓰는 석유는 다 퍼서 쓰면 고갈되고 말지만 태양광은 그렇지 않다. 무제한으로 주어지기에 고갈될 위험이 없고, 에너지원으로 유용하며, 값도 무척 싸다. 칠레의 경우 태양광 1킬로와트에 2센트 정도인데, 우리나라 한전 전기는 9센트인 걸 비교하면 얼마나 저렴한지 알 수 있다. 더구나 매일같이 새로운 기술이 나오는 중이라 태양광 효율성은 20퍼센트에서 60퍼센트까지 높아졌다. UC데이비스에서는 밤에도 25퍼센트가량의 태양광 생산이 가능한 기술을 이미 개발했다.

이처럼 다양한 분야에서 급속하게 진행되는 기술의 발전은 에너지 개발에서도 그 힘을 발휘하는 중이다. 이와 더불어 에너지 저장장치ESS, Energy Storage System 산업이 급성장하고 있다. 음식이 상하지 않도록 냉장고에 보관했다가 꺼내 먹는 것처럼 ESS는 에너지를 저장해두었다가 필요할 때 꺼내 쓰는 에너지 저장장치다. 석탄, 석유 등의 화석 연료가 고갈되어가면서 기존의 화석 연료를 대체할 신재생에너지에 대한 관심과 연구가 늘었고 그 일환으로 ESS가 개발되었다.

태양열이나 풍력 등을 활용하는 신재생에너지의 가장 큰 문제 중 하나는 날씨나 기상환경의 영향으로 전력 생산량이 일정치 않다는 점이다. 따라서 이를 저장할 ESS가 필수적이다. 신재생에너지가 세계적인 트렌드로 떠오르면서 ESS 산업도 성장하고 있으며, 국내 업체들도 본격적으로 뛰어들기 시작했다. 이 기술이 상용화되면 핸드폰이나 전기차 충전을 고민할 필요가 없어진다. 한번 충전하면 두 번 다시 충전할 필요가 없기 때문이다. ESS는 에너지업계의 패러다임을 바꿀 혁신의 산물이다.

이런 기술변화의 노력 덕분에 2030년이면 생활비가 저렴한 자유의 시대가 온다. 전통적인 농축산업에선 유전자 편집과 세포배양 등으로 미생물을 정밀발효 및 양조하고, 적층제조하므로 제조업 생산비는 급격히 낮아지게 된다. 그러면 정보, 에너지, 식량, 교통, 소재 등 사회를 지탱하는 5개 기초 부문의 생산비용이 10분의 1로 떨어진다. 또 생산 공정은 10배 늘어나는데도 재료는 90퍼센트 절약할 수 있으며, 천연자원 역시 10분의 1 혹은 100분의 1 정도로 사용량을 줄일 수 있다.

사물인터넷으로
더욱 스마트해지는 삶

사물인터넷이 컴퓨터나 모바일 기기에서부터 온도조절장치, 자동차, 도어락, 심지어는 애완동물 추적장치 등 물리적 세상의 일반적인 부분들로 급속하게 확장되고 있다.

인공지능 시스템이 모니터하고 통제하는 품목들이 폭발적으로 증가하면서 일상적인 물건들이 놀라운 기능과 역량을 지닐 수 있게 되었다. 주인이 일터에서 돌아왔다는 것을 인식하고 자동으로 현관문을 열어준다든지, 사람의 장기가 움직이지 않는 응급 상황을 의사에게 연락하는 모니터 등이 그 대표적 예다. 하지만 온라인 세계의 진짜 빅뱅은 아직 오지 않았다.

웹에 접속할 수 있는 초소형 고감도 센서

사람이 촉각, 시각, 청각, 후각, 미각과 같은 감각을 통해 세상을 느끼고 관찰한다면, 사물들은 센서를 통해 감각 능력을 얻고 상황을 파악한다. 센서는 주변의 신호나 물리·화학·생물학적 자극을 받아 전기 신호로 변환하는 장치다. 그래서 사물인터넷에서는 매우 핵심적인 기술이기도 하다.

과학자들은 밀리미터나 미크론(100만 분의 1미터) 단위에 머물러 있던 센서의 크기를 살아 있는 사람의 몸 안에서 순환시키거나 건설 자재에 섞을 수 있을 정도로 작은 나노미터(10억분의 1미터) 단위로 축소시키기 시작했다. 이것을 첫걸음 삼아 나노 사물인터넷이 의학, 에너지 효율 등 여러 분야를 이끌며 완전히 새로운 차원으로 바꾸고 있다.

지금까지 가장 발전된 나노센서는 합성생물학의 도구들을 이용해서 박테리아 같은 단세포 생물체를 변형시켜 만들어졌다. 이제는 DNA와 단백질이 특정 화학적 표적을 인식하고, 약간의 정보를 저장하며 색상을 변화시키거나 쉽게 탐지할 수 있는 신호를 보내도록 하는 식으로 표적의 상태를 알리는 바이오 컴퓨터를 만드는 것이 목표다. MIT에서 공동 설립한 스타트업 신로직Synlogic은 희귀 대사 장애를 치료하는 생균 박테리아를 상용화했다. 세포 나노센서는 의학 외에도 농업이나 약물 제조까지 그 응용이 확산되고 있다.

많은 나노센서들은 나노튜브처럼 생물학적 시료가 아닌 것으로도 만들어진다. 이들은 무선 나노안테나와 같이 작동하면서 감지하고, 신호를 전송할 수 있다. 나노센서는 크기가 매우 작기 때문에 수백만의 다른 부위에서 정보를 수집하는 것이 가능하다. 외부장치는 그 데이터들을 통합해 빛, 진동, 전류, 자기장, 화학적 농도 등 환경적 조건의 미묘한 변화를 보여주는 상상하기 힘들 정도로 상세한 지도를 만들어낸다.

더욱 똑똑해지는 세상에서 살아가기

스마트 나노센서에서 나노 사물인터넷으로의 이행은 당연한 수순이다. 하지만 그 과정에는 큰 어려움들이 존재한다. 우선 자가 동력의 나노장치가 변화를 감지하고 웹으로 신호를 전송하는 데 필요한 모든 부품을 통합하는 기술적인 문제를 해결해야 한다. 사생활 보호와 안전성이라는 문제도 큰 장애물이다. 의도적이든 아니든 몸에 들어가는 나노장치는 인체에 유해하거나 면역 반응을 유발할 수 있다. 이 기술로 정밀한 감시도 가능하기에 마냥 환영할 수만은 없는 일이다. 초기에는 나노센서를 산업 공정에 사용되는 식물이나 비감염성 미생물 등 보다 단순하고 덜 위험한 유기체에 적용하는 방법을 택함으로써 가장 까다로운 문제는 피해갈 수 있다.

사물인터넷의 이용이 가능해지면, 훨씬 더 상세할 뿐만 아니라 저렴한, 최첨단의 도시, 가정, 공장, 심지어는 우리 몸의 지도를 가질 수 있다. 이미 우리 삶 속에는 100억 개가 넘는 기기들이 서로 연결되어 있으며 세상이 그만큼 똑똑해졌다.

현재는 신호등, 착용형 카메라 혹은 감시 카메라 정도에만 인터넷이 연결되어 있지만 향후에는 수십억 개의 나노센서가 엄청난 양의 실시간 정보를 수집해서 클라우드로 전송하게 된다.

"

현실보다 리얼하고
드라마틱한 가상의 세상

,,

가상현실이란 무엇일까? 단순하게 의미를 정의하자면 특정한 환경이나 상황을 인위적으로 만들고 그 안에서 인공적으로 시각, 청각, 촉각 등의 감각적 경험을 창조하는 것이다. 우리는 헤드셋을 통해 컴퓨터가 만들어낸 이미지들을 보면서 가상현실을 체험하게 된다.

가장 유명한 가상현실 기기는 오큘러스 리프트Oculus Rift, 삼성의 기어Gear, 구글의 카드보드Cardboard 등을 들 수 있다. 이후 핸드 컨트롤러가 추가되면 사용자들은 디지털 목표물을 조작할 수도 있다. 가상현실은 부동산 산업에서 특히 소매업, 그리고 보건과 교육에 이르는 모든 분야에 근본적인 영향을 주게 된다. 이렇게 되면 조만간 비즈니스 미팅, 콘퍼런스, 콘서트까지도 모두 가상 환경에서 개최된다.

코로나로 더욱 가속화될 가상현실, 증강현실, 혼합현실, 확장현실

증강현실은 가상현실과 관련된 기술로, 우리가 보고 있는 실제 세계와 컴퓨터가 만들어낸 영상이나 그래픽을 통합하는 것이다. 인터넷 지도 검색이나 위치 검색 등도 넓은 의미의 증강현실이다. 이 두 기술은 이미 우리의 생활에 밀접하게 들어와 있으며, 잘 활용한다면 우리 삶은 더욱 윤택하고 풍요로워질 것이다. 구글, 애플, 페이스북, 마이크로소프트, 삼성 등 메이저 기술 회사들이 가상현실과 증강현실 부문에 돈과 에너지를 집중 투자하고 있다.

그리고 이 둘을 합한 기술로 혼합현실MR, Mixed Reality이 있다. 혼합현실은 가상과 증강의 정보를 결합해서 융합한 공간을 만드는 기술이다. 가상현실의 몰입도, 증강현실의 현실감으로 현실 속에서 가상의 세계를 만들어내기에 이 둘의 장점을 두루 지닌다. 현실에서 가상의 이미지를 구현할 수 있기에 사용자가 한층 편안하게 이용 가능하다. 혼합현실은 쇼핑할 때 사진만 보며 고심하지 않도록 가상의 3D화면을 활용해 인터넷 쇼핑을 도와주며, 교육 분야에서도 실감나는 영상을 통해 이해도를 높여준다.

이 외에 확장현실XR, eXpended Reality도 있다. 확장현실은 가상현실, 증강현실, 혼합현실을 모두 아우르는 기술이며, 이 3가지 외에 미래에 나타날 새로운 기술까지 포괄하는 의미로 사용되고 있다.

코로나 팬데믹으로 언택트 문화가 강화되면서 이러한 기술들은 발전의 가속과 함께 활용의 범위가 확대되는 중이다. 가상현실과 증강현실을 활용한 원격수업, MBA 과정의 리더십 시뮬레이션도 활성화되고 있다. 2020년 7월 과학기술정보통신부가 주관한 '제1회 가상·증강현실 글로벌 비대면 콘퍼런스'에서 데이비드 크럼 교수는 코로나19로 활성화된 화상회의에 가상·증강현실 기술을 접목하는 방법을 제안했다. 최근 화상회의에 많이 사용하는 소프트웨어 '줌'이 대표적이다. 노이즈나 소음 등의 단점을 빠르게 극복한다면 언택트 시대를 이끌어갈 중요한 도구가 될 것이다.

그뿐 아니다. 같은 콘퍼런스에 참여한 고려대학교 김정현 교수는 일상생활 속에서도 이 기술들을 활용할 수 있다며 스마트폰에 '착탈식 VR·AR렌즈'를 부착하는 방식을 제시했다. 착탈식 VR·AR 렌즈는 스마트폰 사용자가 인터넷 등의 일반 업무를 하다가 잠시 가상·증강현실 콘텐츠를 사용하는 등 멀티태스킹multitasking이 가능하다.

가까운 미래에 상용화될 가상현실 기술들

가상현실 기술은 상당 부분 우리 삶에 들어와 있고 잠재적 발전 가능성이 무궁무진하다. 특히 코로나19로 인해 라이프 스타일과 패턴이 완전히 바뀌는 상황에서 그 활용도는 더욱 커질 전망이다. 가까운 미래에 상용화될 가상현실 기술 몇 가지를 소개하면 다음과 같다.

화면 해상도가 두뇌의 시각적 입력과 같아진다

가상국가 커뮤니티 세컨드 라이프Second Life의 개발자인 필립 로즈데일
Philip Rosedale은 이렇게 말했다. "디스플레이의 픽셀 사이즈가 우리가 볼 수
없을 만큼 작아지면 마술과도 같은 전환점이 생긴다. 디스플레이의 해
상도가 대략적으로 4K에서 8K 사이에 이르는 수준으로 발전하면, 우
리는 실제와 가상현실 또는 증강현실을 육안으로는 분간할 수 없게 된
다. 오큘러스나 HTC, 그 외 회사들의 헤드셋 디스플레이 기기가 앞으
로 몇 세대를 거치면 곧 이러한 제품이 등장한다.

아이트래킹 기술로 모든 것이 조종 가능하다

아이트래킹eye tracking과 아이인터랙션eye interaction 기술은 매우 빠르게 발
전하고 있다. 이와 관련해 로즈데일은 이렇게 말했다. "아이트래킹과
관련된 기술적 문제는 없다. 스크린에 어떤 사람의 얼굴이 나타나면 그
사람의 안구 움직임도 볼 수 있다. 이것이 커뮤니케이션에서 얼마나 중
요한지를 생각해보라. 가상현실 회의에 참석했을 때 사람들과 눈을 마
주칠 수 있다는 것을 의미한다. 이는 또한 눈을 마우스처럼 이용하여
컴퓨터를 조종할 수 있다는 것을 의미하기도 한다."

이 기술은 구글, 애플, 페이스북 등이 관련 기술 보유 업체를 잇달아
인수했을 만큼 관심이 높은 분야다. 시선을 따라 화면이 움직이거나 눈
동자를 인식하는 스마트폰 등 아이트래킹과 아이인터랙션 기술은 스마

트폰 제조사나, 어린이 교육용 앱, 게임 UI · UX 등의 분야에 접목되어 다양하게 활용 가능하다.

실제 외모를 그대로, 헤드 마운티드 디스플레이의 얼굴 인식기술

가상·증강현실 기술이 광범위하게 적용되면, 아이트래킹과 함께 얼굴인식 기술은 중심 기술이 된다. 만약 얼굴 아주 가까이 하드웨어가 있다면 얼굴의 움직임을 측정하고 추적할 수 있다. 이는 당신 얼굴의 움직임을 완벽하게 재현하여 멀리 떨어져 있는 다른 사람에게 보여줄 수 있음을 의미한다. 영화 〈아바타〉에서 아바타 외모에 배우의 실제 캐릭터를 얼마나 잘 구현했는지를 생각해보자. 이 기술이 보편화되면 당신과 똑같이 움직이고 감정을 표현하는 캐릭터를 만들어 가상회의에 참석시킬 수도 있다.

가상현실은 콘퍼런스, 교육, 여행 분야에 영향을 미친다

편안한 방에서 더 깊고, 다양한 경험을 생생하게 할 수 있다면 무엇 때문에 콘퍼런스에 참석하고, 학교에 가고, 출장을 가겠는가? 기술이 발전하고 비용이 저렴해져서 상용화되면 이 기기는 스마트폰처럼 모두가 소유하게 된다. 만일 당신의 아이에게 50만 원짜리 가상현실 헤드셋을 사주었다고 해보자. 학습 속도가 다른 아이들에 비해 5배나 더 빠르다면 어떨까? 당신이 이 헤드셋 덕분에 집에서 해외 각국의 사람들과 소통하고, 콘퍼런스나 중요 회의에 참석할 수 있다면 어떻겠는가? 말도 못할 정도로 상당한 시간과 에너지, 돈을 절약할 수 있다.

디스플레이와 스크린의 종말

로즈데일은, 증강현실 회사들은 모든 디스플레이와 스크린을 대체하기 위해 노력할 것이라고 말했다. 앞으로는 헤드셋만 쓰면 가상의 TV를 어디에서나 볼 수 있다. 벽이든, 손바닥 안에 놓인 스마트폰 스크린이든 당신 앞에는 화면이 펼쳐지게 된다. 투박한 유리로 된 기기를 가지고 다니거나 벽에 TV를 걸 필요가 없어진다. 홀로그램 기술도 보편화되어 공중에 화면을 띄워서 본다. 마이크로소프트는 이미 홀로그램 카메라인 홀로렌즈Holo Lens를 출시했다. 이제 모든 곳이, 그리고 모든 것이 스크린이 된다.

"

지구의 디지털화와
드론 기술

"

2020년 미국 버지니아주 몽고메리 카운티의 한 소도시에서는 구글의 드론 자회사 윙이 학교 도서관 책을 드론으로 배송해주는 서비스를 시작했다. 코로나19로 학교에 가지 못하는 학생들을 위해 새로운 서비스를 추가한 것이다.

수십억 명의 발을 묶어버린 코로나19 바이러스가 드론 배송에 활력을 불어넣고 있다. 윙에 따르면 코로나19 이후 드론 배송 수요가 급증해 1주일 동안 1,000건의 배송을 기록한 적도 있다고 한다. 2020년 발전하고 있는 드론 시장의 규모는 약 59억 달러가 될 전망이다. 본격적인 드론의 활약으로 어떤 변화들이 생겨날까?

드론의 시대가 온다

제4차 산업혁명의 주요 기술 산업 가운데 하나로 꼽히는 드론의 시대가 마침내 오고 있는 것일까? 제1차 세계대전 당시 영국군이 무선으로 조종할 수 있는 비행체를 만들고 '드론'이라 이름을 붙인 것이 그 시초다. 이처럼 군용기로 개발된 드론의 주된 용도는 카메라를 달고 목표 지역을 날면서 촬영과 감시를 하는 것이었다. 그러나 시간이 흐르며 민간용 드론 시장도 빠르게 성장했다. 현재는 산업현장 점검, 응급구조 등 다양한 용도로도 활용 중이다.

이러한 드론을 물품 배송으로 연결시켜 미래 사업 모델로 제시한 사람은 아마존 창업자 제프 베이조스다. 그는 아마존의 택배 '프라임에어'Prime Air는 모든 곳에 배달이 가능하며, 단돈 1달러로 30분 내 배달할 수 있다고 말한다. 그러나 구글이 더 싼 가격, 혹은 무료 드론 배달을 제시했으며 결국 두 대기업의 경쟁으로 드론 택배는 무료 가능성이 커졌다.

주문한 물건이 모든 사람들의 집 정원이나 아파트 베란다에, 그것도 새벽 3시에 슬쩍 배달된다면 과연 냉장고가 필요할까? 신선한 우유, 갓 따온 야채나 과일, 방금 구운 따끈한 빵 등을 그날그날 받아서 먹을 수 있으니 말이다. 아직 고객을 대상으로 한 드론 배송은 시험 운영 단계지만, 많은 IT 기업과 물류 기업이 드론 배송에 뛰어들며 미래를 준비하고 있다. 아마존의 경쟁자인 월마트도 드론 관련 특허를 출원했고, 구글은 미국 약국 체인인 월그린과 손잡고 상비약을 배송하는 프로젝트를 성공적으로 마친 바 있다. 또 최근 아마존은 미국 연방항공청으로부터 운항 허가까지 받아 현실화를 눈앞에 두고 있다.

드론택시와 항공차량으로 도시의 모습이 변한다

몇 년 후 도심에 드론택시들이 날아다니는 시대가 온다. 40여 개 기업들이 에어택시를 시범운행하고 있다. 드론택시와 항공차량으로 도시의 모습이 변할 것이고, 이를 준비하기 위해 도심은 심오한 재고가 필요하다. 드론택시, 배달드론 등이 둥근 원형을 한 드론포트의 뾰족 튀어나온 드론 착륙장에서 전국으로 배달할 물건들을 계속해서 픽업하고 배송한다. 우체국을 대체한 둥근 돔형의 드론포트가 대도시 주변에 건설된다.

드론택시, 개인 비행차량 및 에어택시는 가까운 미래에 우리 일상생활의 일부가 될 수 있다. 드론과 에어택시는 새로운 이동 수단과 교통 경로를 만드는 중이다. 드론은 이미 감시, 배달 및 건축 분야에서 자동화를 가속화시키고 있다. 이러한 항공기를 도시에 도입하려면 건축 환경이 극적으로 변해야 한다. 드론 및 새로운 항공기에는 랜딩패드, 충전 지점, 드론포트가 필요하다. 그리고 지속가능한 새로운 스타일의 건물을 지어야 한다.

이제 가능한 미래 궤도를 매핑하여 도시 설계에 대한 항공차량의 영향을 탐구할 때가 되었다. 지었다가 다시 부수거나 보강하지 않아도 되게끔 처음부터 제대로 설계하고 건설해야 한다.

드론이 펼치는 공중 시대

이미 민간용 드론은 크기와 복잡성이 매우 다양하다. 고해상도 카메라, 전달 메커니즘, 열화상 기술에서 스피커 및 스캐너에 이르기까지 다양한 품목을 운반할 수 있다. 공공부문에서 드론은 재난 대응 및 소방관을 위험에 빠뜨릴 수 있는 화재를 미리 처리하는 데 사용된다.

코로나바이러스가 유행하는 동안 경찰은 드론을 사용하여 도시 봉쇄를 시행했다. 일반적으로 농업에서 사용되던 드론이 도시 전체에 소독제를 뿌려댔다. 영국에서는 의료 물품을 와이트섬으로 운반하기 위해 드론 배송 시험이 진행되었다. 드론과 함께 미래의 도시는 개인 드론 항공기, 에어택시 및 항공택시로 사용되는 수직 이착륙기VTOL로 채워질 수도 있다.

에어택시는 미드나 영화로 공상과학을 즐기는 팬들에게는 이미 친숙하다. 〈블레이드 러너 2049〉에서 주인공은 '스피너'라 불리는 수직 이착륙기를 타고 지상 위를 다니는데, 이 장면은 대중의 상상력을 자극한다. 스피너는 자동차를 오래 연구해온 회사와 디자이너들에 의해 지상을 나는 차량 유형의 조종 경험을 주의 깊게 디자인해서 만들었다.

이제는 이러한 비행차량이 현실로 나타난다. 많은 회사가 전기 멀티로터 제트를 사용하여 eVTOL을 개발하고 있으며, 그 기술 주변에 새로운 모터스포츠가 구축되고 있다. 이 항공기는 우리 도시를 완전히 바꿀 잠재력을 갖고 있다. 하지만 드론택시들은 도시 영공에서 광범위하게 테스트되어야 한다. 에어버스_{Airbus}에서 실시한 연구에 따르면 VTOL이 사용될 경우 대중은 지상에 있는 사람들의 안전과 소음 방출을 우려하는 것으로 나타났기 때문이다.

우리는 기후변화와 전염병에 직면한 도심 인구집중 현상을 잘 배분해야 할 중요한 시기에 있다. 드론과 항공기는 도시환경에 대해 다시 고민하게 할 뿐 아니라 자동차 오염을 없애는 대안이 될 수 있다.

공장이 필요 없어지는
3D 프린팅의 시대

3D 프린터는 인간이 물건이나 제품을 만드는 방법을 근본적으로 바꾼다. 옷을 프린트하는 기기 하나면 평생 옷 걱정 없이 살 수 있다. 싫증나는 옷은 넣으면 분해되어 다시 카트리지에 보관된다. 집도 저렴하게 프린트하고, 식품도 대부분 원료를 카트리지에 보관하고 프린트하여 음식물쓰레기가 생기지 않는다. 이렇게 되면 의식주가 자급자족될 뿐 아니라, 비용도 거의 들지 않는다. 신체 장기도 프린트하여 의료비용을 획기적으로 낮출 수 있다. 3D 프린팅 기술의 잠재력은 실로 어마어마하다. 3D 프린팅 기술이 고도화되면 우리의 삶은 어떻게 달라질까? 그에 대한 예측을 정리하면 다음과 같다.

개인화된 영양 공급이 새로운 종류의 3D 프린터를 창조한다

3D 프린터를 활용한 푸드테크는 발전을 거듭하는 중이다. 오븐이나 팬 등의 조리도구를 만드는 것 외에 음식을 프린트함으로써 셰프의 역할까지 대신하고 있다. 최근 개인화된 음식에 대한 욕구가 증가하고 있는 것과 관련해 아비 레이첸틀Avi Reichental은 이렇게 말했다. "식품 프린터가 가정에서 쓰이게 되면 필요한 음식을 원하는 시기에 내놓을 수 있다. 그때그때 가장 필요한 단백질, 탄수화물, 비타민, 미량요소들을 포함한 개인화된 영양 공급 바bar를 만들게 된다." 노인이나 아이, 환자, 특이체질 등 영양 결핍에 시달리는 이들에게는 더욱 의미 있는 기술이다.

그다음에는 3D 프린터가 약학의 영역에서 활동하게 된다. 개인의 유전자를 분석해 맞춤형 약품을 프린트할 수 있다. 그리고 환자의 특정 요구 사항에 맞춰 약품을 개인화함으로써 그 효능을 증가시킨다.

신발과 옷감의 프린트는 패션과 소매업을 붕괴시킨다

3D 프린팅이 영역을 넓혀가면서 패션 산업에도 큰 변화를 일으키고 있다. 스캐닝, 디지털화, 컴퓨팅, 센서, 혼합소재 등의 발전은 기능적인 의복과 웨어러블 디바이스를 프린트할 수 있게 만들었다. 신발도 자세, 걸음걸이, 보폭, 발 모양에 맞춰 프린트할 수 있다. 액세서리도 개인 맞춤형으로 디자인되어 세상에 단 하나뿐인 독특한 액세서리를 프

린트할 수 있다. 모든 것이 당신의 신체와 취향에 완벽하게 들어맞는다. 아름답게 디자인된 드레스 시안을 보고 출근했다가 저녁에 돌아오면, 그 드레스는 이미 완성되어 옷장에 걸려 있을 것이다.

3D 프린팅 건축은 주거문화와 도시를 바꾼다

3D 프린팅 기술은 건설 산업에도 막대한 영향을 미치게 된다. 또 건축 방법뿐만 아니라 건축물의 외양과 환경에도 영향을 주게 될 것이다. 이는 3D로 설계도를 출력한 후 이를 조립하여 집을 짓는 개념이다. 현재는 그 재료로 주로 플라스틱을 사용하고 있지만, 기존의 콘크리트 소재도 사용하기 시작했으며 바이오 등 신소재 연구도 활발히 진행되고 있다. 특히 로봇 산업과 함께 시너지를 낼 경우 고층 빌딩 건설도 가능해질 전망이다.

오늘날 대부분의 건축 소재는 나무, 콘크리트, 유리, 철재이다. 하지만 3D 프린팅 건축에서는 전적으로 새로운 소재를 도입하게 된다. 보다 더 두꺼운 콘크리트와 건축물을 스스로 지지하는 합성물의 혼합 소재 등을 사용한다. 이러한 소재의 다양화는 디자인에도 영향을 미친다. 현재는 콘크리트를 사용해서 건물을 3D 프린트하는 콘투어 크래프팅Contour Craftin이 큰 관심을 얻지 못하고 있지만, 차세대 콘투어 크래프팅은 구조물 프린트 이상의 역할을 하게 된다. 여러 가지 소재를 이용할 수 있는 기계가 전선과 배관을 벽체 안에 프린트하고, 찬장과 가구들을 부엌에 설치하며, 화장실에 변기와 세면대를 프린트하여 설치한다. 더 이상 평평한 벽을 고집할 이유도 없다. 모든 벽체에 예술적인 장식을 설치할 수 있다. 이처럼 콘투어 크래프팅의 무한한 잠재력 덕분에 주택과 콘도, 사무실의 개념은 바뀔 수밖에 없다. 오늘날의 건축 방법으로는 불가능했던 자유로운 형태의 디자인이 선보이게 된다.

3D 프린팅의 다음 단계는 도시 계획이다. 중국의 건축회사 윈선_{Winsun}은 4D 프린팅을 이용하여 중국 내에 100개의 공장을 건설하고 향후 몇 년 내에 20개국으로 생산을 확대할 계획이다.

미국의 경우는 스마트 도시의 생성과 더불어 3D 프린팅 도시도 함께 나타날 전망이다. 스마트 기술의 적용 사례로는 로스앤젤레스를 들 수 있다. 길가의 가로등이 조명 담당 부서와 무선으로 연결되어 있어서 가로등 수리가 필요하거나, 신호등 변경이 필요한 긴급 상황을 즉각 파악할 수 있다. 또한 로스앤젤레스는 디지털 에코 시스템을 통해 무선 연결되어 있는 임대 아파트에 3D 건축 방식을 도입할 계획이다. 이러한 빌딩들에는 스마트 온도 조절기, 목소리 반응형 보안장치, 서라운드 사운드를 갖춘 UHD TV 등 호사품들이 적절한 가격으로 주택 벽체 안에 사전 시공된다.

3D 프린터로 인간의 기관과 조직을 인쇄하는 미래

3D 프린팅 기술은 인체 분야까지 확대되고 있다. 연구원들은 단순한

기관과 복잡한 조직의 프린트를 3D 프린터로 시연해 보였다. 줄기세포를 채취하여 이를 증식시키고, 만들고자 하는 기관의 콜라겐 비계에 이를 증착시킨다. 이 세포들은 완전히 이식 가능하고 제 기능을 다하는 기관으로 성장하게 된다.

3D 프린팅으로 인공기관이 만들어지고, 더불어 생체공학 분야도 발전한다. UNYQ라는 회사는 장애인들을 위한 팔다리를 만들고 있으며, 엑소 바이오닉스Ekso Bionics는 장애인이 다시 걸을 수 있도록 도와주는 로봇 외골격을 만들고 있다.

앞으로 5~10년 이내에 우리 신체의 일부분이나 기관을 대체하는 산업이 발달할 것이고, 우리는 이를 거부하지 않게 된다. 그러한 기관들은 우리가 태어날 때 가지고 있던 기관들보다 더 나을 것이다. 이와 동시에 간이나 심장의 건강 상태를 모니터하고 지속적인 데이터를 알려줄 수 있는 바이오센서도 함께 프린트할 수 있다.

인간과 더불어 살아가게 될
인공지능 로봇

인공지능 로봇은 어느새 미래 산업을 이끌 주체로 부상하고 있다. 그리고 기업들은 로봇 연구가 진행된 지 50여 년 만에 처음으로 상업성이 있음을 알아챘다. 이미 몇 년 전 구글이 로봇 회사를 8개 이상 인수한 것만 봐도 알 수 있다. 구글의 무인 자동차를 로봇 자동차라고 지칭하듯이 자동차도 이제 로봇의 영역으로 들어섰다.

인공지능 로봇은 코로나19 이후 그 필요성이 더욱 강화되면서 활성화될 조짐이다. 덴마크의 UVD 로봇은 유럽과 중국의 병원으로 수백 대의 로봇을 수출하고 있다. UVD 로봇은 방에 들어가 UV-C 광선으로 방을 살균하는 자동화 모바일 로봇을 제작 중인데, 레스토랑과 식료

품점에서는 이미 이 로봇을 사용하고 있다. 이에 전문가들은 더 많은 기업들이 재개한다면 사무실과 학교에서 더 많은 로봇이 살균 작업하는 것을 볼 수 있게 될 것이라고 전망했다.

코로나19에 대처하기 위해 가상 의료 에이전트도 활용되는 추세다. 비상대책과 의료 시스템에 과부하가 걸릴 수 있기 때문에, 다중언어 챗봇 또는 가상 의료 보조인력 등을 보강했다. 이 로봇들은 코로나19와 관련된 질문에 답하고 가이드라인과 신뢰할 수 있는 정보를 제시하며 보호 조치를 제안한다. 전 세계를 뒤엎은 코로나 팬데믹을 극복하고자, 일부 국가에서는 디지털화를 통해 로봇을 방역 최전선에 배치해 대처 메커니즘을 개선하고 있다.

인공지능 로봇은 인간의 삶을 돕는다

스마트폰 모듈은 로봇을 위한 슈퍼컴퓨터의 한 부분으로 연결된다. 사람들이 느끼지 못하는 사이 스마트폰은 이미 '손 안의 강력한 슈퍼컴퓨터'가 되어가고 있다. 최초의 로봇 청소기 룸바Roomba는 512바이트 램을 가졌지만 그 당시에는 획기적인 것이었다. 오늘날 룸바는 내비게이션을 실행시킬 작은 슈퍼컴퓨터를 갖추고 방 안을 자동으로 움직이면서도 불과 300달러 정도에 판매되고 있다. 향후 5년 이내에 이러한 능력은 기하급수적으로 발전해 로봇 공학에 엄청난 영향을 주게 된다.

로봇을 위한 클라우드 내에서의 공유 학습

로봇이 클라우드와 연결되면서 기존의 로봇 개념이 변화하고 있다. 이렇게 되면 자체적인 데이터뿐 아니라 클라우드상의 무궁무진한 데이터를 공유할 수 있어 현실세계에서 로봇이 스스로 배우는 능력을 빠르게 발전시키게 된다.

이런 기술의 가장 중요한 예가 자율주행자동차이다. 자동차들은 센서에서 받아들이는 드라이빙 데이터를 끊임없이 클라우드에 업로드하고, 전체 시스템은 모든 개별 자동차가 업로드하는 정보를 통해 학습한다. 예를 들어 한 대의 자동차가 도로 위의 새로운 장애물을 피하게 되면 이 정보가 업로드되어 즉시 모든 자동차들이 이 장애물이 어떤 것인지, 어떻게 피할 수 있는지 학습하게 된다.

협력형 로봇의 활용

로봇과 인간, 그리고 로봇들 사이의 협력이 가능해지고 더욱 발전하게 된다. '협력형 로봇'이란 특정 작업에서 인간을 도와 안전성 및 작업 능력 등을 높일 수 있는 로봇을 말한다. 리싱크 로보틱스Rethink Robotics의 백스터Baxter와 소여Sawyer는 협력형 로봇의 좋은 예다. 로봇 회사들은 활용도가 높은 협력형 로봇 개발에 보다 주력하고 있다. 머신러닝 기술을 바탕으로 로봇의 학습 능력이 발전하고 있으며 협력 능력도 빠르게 발전하는 중이다.

신경으로 통제되는 인공기관

향후 몇 년 이내에 뇌로 통제되는 인공기관들이 만들어질 것이며, 우리를 슈퍼맨으로 만들어줄 수 있다. 인류는 이미 스스로를 더 나은 존재로 만드는 기술을 가속화하고 있는데, 달팽이관 임플란트가 중요한 예다. 신경으로 통제되는 로봇 기기를 만들기 위한 미국방위고등연구계획국DARPA, Defence Advanced Research Projects Agency 프로그램도 진행 중이다. 인간이 슈퍼맨이 되는 날이 머지않았다.

이러한 인공기관들은 우리가 세상과 상호작용하는 방식을 바꾼다. 또 수십 년 전에는 꿈도 꾸지 못했을 능력을 인간에게 부여한다. 우리는 70세에도 뛰어난 암벽등반가, 혹은 그 어떤 것도 될 수 있다.

신체 장애인과 노인들을 돌보는 로봇

세계적으로 고령화 현상이 빠르게 진행되면서 늙은 사람들이 더 늙은 사람들을 돌봐야 하는 일이 늘어나고 있다. 하지만 로봇의 발전은 이런 우려와 고충을 해결해준다. 인류는 이미 로봇을 통한 노인의 잠자리 수발, 이동 보조 등이 가능한 기술을 갖고 있다. 무인자동차로 인해 노인들이 더 멀리 갈 수 있는 것처럼 노인 돌봄 로봇은 노인들의 독립적인 생활을 보다 오래 가능하게 해준다. 노인뿐 아니다. 신체적 장애 때문에 혼자 움직이거나 이동하기 어려운 이들에게도 돌봄 로봇은 일상생활에서부터 직업 활동까지 매우 큰 도움을 줄 수 있다.

"

신의 영역에 도전하는
생명공학

"

실리콘밸리의 억만장자인 숀 파커Sean Parker는 암 면역치료법 개발을 위한 연구자들의 협력을 증진하기 위해 2억 5,000만 달러를 기부했다. 마크 저크버그와 프리실라 챈은 '챈 저커버그 바이오허브'를 설립해 생명공학 연구를 시작했다. 구글은 당뇨병 환자의 당 수치를 모니터할 수 있는 콘택트렌즈를 개발하는 중이며, 유전자 자료들을 수집해 인간 수명 연장을 연구하고 있다. 그 외에도 실리콘밸리의 많은 기업들이 앞다퉈 생명공학에 투자하고 있다.

  기술 산업은 의학 분야에 진입했고, 목표는 질병 자체를 제거하는 것이다. 컴퓨팅, 인공지능, 센서, 유전자 배열 같은 기술들의 융합으로 이러한 목표는 달성 가능성이 커졌다. 우리는 다음 10년 동안 지난 100년 간 이룬 것보다 더 많은 발전을 경험하게 된다. 다음은 생명공학 분야에서 현재 진행 중이거나, 앞으로 이루어질 기술에 대한 예측이다.

신체 데이터를 볼 수 있는 기기의 일상화

몸에 착용해 신체활동, 수면 사이클, 스트레스와 에너지 레벨을 측정할 수 있는 핏빗fitbit, 애플워치 같은 기기는 이미 시중에 나와 있다. 이렇게 측정된 데이터는 스마트폰을 통해 분산 서버에 업로드된다. 스마트폰에는 우리의 신체 자료와 감정적, 심리적 상태를 측정할 수 있는 수많은 어플리케이션이 깔려 있다. 2001년에 최초로 인간 게놈을 배열하는 비용은 30억 달러였으나 오늘날에는 1,000달러 수준으로 낮아졌다. 2022년경에는 혈액 테스트 비용보다 더 저렴해진다.

유전자 가위 '크리스퍼' 기술

가장 놀랍고 무섭기까지 한 유전자 기술은 유전자 가위 크리스퍼 기술이다. 크리스퍼는 인간이나 동식물의 세포에서 특정 유전자가 있는 DNA를 잘라내는 카스9Cas9 효소로, 교정하려는 DNA를 찾아내는 가이드 RNA와 DNA를 잘라내는 단백질로 구성된다. 기존에는 유전자를 잘라내고 새로 바꾸는 데 몇 년씩 걸렸지만 크리스퍼 카스9을 이용하면 단 며칠이면 된다. 동시에 여러 부위의 유전자를 편집하거나 재구성할 수도 있다. 그리고 이 기술은 전 세계 수백 군데의 연구소가 이를 가지고 실험할 수 있을 정도로 저렴하고 사용하기 쉽다.

크리스퍼 카스9의 발견과 개발은 정확한 유전자 편집의 세계를 열었다. 2016년도에 중국의 유전학자들은 이 기술을 사용하여 인간 배아 DNA를 수정했다. 그 잠재력은 엄청나다. 크리스퍼 카스9을 사용하면 모든 생물체의 유전자를 수정할 수 있다. 유전공학으로 의학적 치료를 강화시키며 수명 연장, 죽음 정복도 가능해진다. 이 말은 자연을 우리의 이익에 따라 직접적으로 제어할 수 있음을 뜻하며, 여기에는 반드시 윤리적 문제가 결부된다.

최근 과학기술 기업인 머크의 크리스퍼 카스9 지원 게놈 편집 특허 중 2개가 미국에서 허용되었다. 그러나 앞서 말했듯 유전자 편집 기술은 조심스럽게 접근해야 한다. 머크 이사회 일원이자 생명과학부 CEO인 우딧 바트라Udit Batra는 다음과 같이 강조했다. "크리스퍼 기술의 선도적 혁신기업으로서 머크는 이 기술에 라이선스를 부여한다. 그리고 이 강력한 툴의 모든 잠재력이 과학계 전체에 걸쳐 책임감 있고 윤리적으로 실현되도록 할 것이다. 학계와 산업 파트너들이 지속해서 협력함으로써 가장 치료가 까다로운 질병들과 싸우고 인류의 건강을 증진시키기 위해 최고의 집단적 혁신을 실현할 수 있기를 기대한다."

신경과 직접 연결되는 전자기기

아르거스 II 인공 망막 보조 시스템은 시력을 완전히 회복시키지는 못하지만, 거의 근접할 정도로 회복이 가능하다. 이것은 사실상 시력을 거의 상실한 중증 환자의 망막에 직접 이식하는 전자신경 기기다. 이 시스템은 망막이 손상된 환자의 시신경 말단을 직접 자극해서 일정한 패턴이 보이는 것처럼 만든다. 2030년 정도가 되면, 1970년대 TV 시리즈 〈육백만 불의 사나이〉에서 보았던 시각, 청각, 체력 등을 강화시켜주는 기기들이 개발된다.

물론 이 제품이 실제로 필요한 사람들에게 보급되기까지는 시간이 걸릴 것이다. 기술 산업이 가치를 구축하는 방법은 기술을 민주화시켜 비용을 낮추고 다수가 이를 사용하도록 만드는 것이기 때문이다. 그런 점에서 IBM, 페이스북, 구글 같은 회사들이 보건 산업에서 중요한 역할을 하게 된 것은 매우 반가운 일이다.

American Enterprise Institute
미국 기업연구소. 미국의 공화당계 정책 연구 기관. https://www.aei.org/

Asia Society Policy Institute
아시아소사이어티정책연구소. https://asiasociety.org/policy-institute

Atlantic Council Scowcroft Center for Strategy And Security
스코크로프트 전략·안보센터(애틀랜틱 협의회). https://www.atlanticcouncil.org/programs/scowcroft-center-for-strategy-and-security/

Center for Strategic and International Studies
전략·국제 문제 연구소. https://www.csis.org/

Center for Disease Control(Atlanta)
애틀랜타 질병관리센터. https://www.cdc.gov/

CIDRAP Center for Infectious Disease Research and Policy, Univ of Minnesota
미네소타대학 감염병연구정책센터. https://www.eiu.com/n/

Economist Intelligence Unit EIU
이코노미스트 인텔리전스 유닛. 국제적 정치·경제 분석기관

Foreign Affairs
《포린어페어스》. 미국 뉴욕시에서 창간된 국제관계 평론 잡지. https://www.foreignaffairs.com/

Foreign Policy
《포린폴리시》. 미국 카네기 국제평화재단이 격월간으로 발행하는 외교전문지. https://foreignpolicy.com/

Georgetown University Center for Health Science and Security
조지타운대학 보건과학 및 안전센터. https://ghss.georgetown.edu/

Global Challenges Foundation(Stockholm)
스웨덴 비영리단체 글로벌 챌린지 재단. https://globalchallenges.org/

Global Disinformation Index
글로벌 허위 정보 지수. https://disinformationindex.org/

Global Mayors' COVID—19 Recovery Task Force
글로벌 포스트 코로나 TF. https://www.c40.org/other/covid-task-force

Group of Eight Australia
호주의 8대 명문대학 내 주요 연구 중심 대학들의 모임. https://go8.edu.au/

Harvard Global Health Institute
하버드 세계 건강 연구소. https://globalhealth.harvard.edu/

Healthy Recovery.net
건강 회복 네트워크

Heritage Foundation
헤리티지 재단. 미국 보수주의 성향의 싱크탱크. https://www.heritage.org/

Indian Institute for Human Settlements(Delhi)
인도 국토 연구원. https://iihs.co.in/

International Growth Centre(UK)
국제 성장 센터. 런던 경제대학에 기반을 둔 경제연구센터. https://www.theigc.org/

IPBES Intergovernmental Science-Policy Platform on Biodiversity and Ecosystem Services
생물 다양성 및 생태계 서비스에 관한 정부 간 과학 정책 플랫폼. https://ipbes.net/

Johns Hopkins Center for Health Security
존스 홉킨스 보건안전센터. https://www.centerforhealthsecurity.org/

Johns Hopkins Coronavirus Resource Center
존스 홉킨스 코로나바이러스 정보센터. https://coronavirus.jhu.edu/

Lancet COVID—19 Commission
국제 의학 학술지 《더 란셋》의 코로나19 위원회. https://www.thelancet.com/coro
avirus?dgcid=kr_pop-up_tlcoronavirus20

McKinsey & Company
글로벌전략컨설팅회사 맥킨지 앤드 컴퍼니. https://www.mckinsey.com/

McMaster University(Hamilton, Ontario)
캐나다 온타리오주 맥마스터대학교. https://www.mcmaster.ca/

National Center for Disaster PreparednessEarth Institute, Columbia Univ
콜롬비아대학교 국립 재난대비센터. https://ncdp.columbia.edu/

NIAID National Institute of Allergy and Infectious Disease; Dr. Anthony Fauci
미국 국립 알레르기·감염병 연구소. https://www.nih.gov/about-nih

Nuclear Threat Initiative
핵위협방지구상. 미국 비영리기관. https://www.nti.org/

Parliamentarians for Nuclear Non-Proliferation and Disarmament
핵 비확산 및 군축을 위한 의원들의 글로벌 네트워크. http://www.pnnd.org/

Swiss Re(Zurich)
스위스리. 세계 최대 재보험사. https://www.swissre.com/

UN Committee for Coordination of Statistical Activities
유엔 통계활동조정위원회. https://unstats.un.org/unsd/ccsa/

UN Dept of Economic and Social Affairs
유엔 경제사회처 공공행정발전국. https://www.un.org/development/desa/en/

UN Environment Programme
유엔 환경계획. https://www.unenvironment.org/

UN Sustainable Development Group
유엔 지속가능한 발전그룹. https://unsdg.un.org/

UN World Food Programme
유엔 세계식량계획. https://ko.wfp.org/

US Dept of Health and Human Services
미국 보건복지부. https://www.hhs.gov/

WHO World Health Organization
세계보건기구. https://www.who.int/

Women Legislator's Lobby
여성의원모임

World Future Council

세계미래협의회. https://www.worldfuturecouncil.org/

World Wildlife Fund

세계야생동물기금. https://www.worldwildlife.org/

Worldometer

월드오미터. 국제통계 사이트. https://www.worldometers.info/